U0450274

本书系教育部哲学社会科学研究后期资助项目"广西壮语地名常见对音汉字的规范字推介研究"（项目批准号：17JHQ053）的结项成果

本书由广西高校人文社会科学重点研究基地广西大学文学与文化研究中心、广西大学国家语言文字推广基地资助出版

广西壮语地名规范字研究

覃凤余 著

中国社会科学出版社

图书在版编目(CIP)数据

广西壮语地名规范字研究/覃凤余著．—北京：中国社会科学出版社，2023.8
ISBN 978-7-5227-2328-0

Ⅰ.①广… Ⅱ.①覃… Ⅲ.①壮语—地名—规范化—研究—广西 Ⅳ.①K926.7

中国国家版本馆 CIP 数据核字(2023)第 139834 号

出 版 人	赵剑英
责任编辑	杨 康
责任校对	李芳芳
责任印制	戴 宽

出　　版	中国社会科学出版社
社　　址	北京鼓楼西大街甲 158 号
邮　　编	100720
网　　址	http://www.csspw.cn
发 行 部	010-84083685
门 市 部	010-84029450
经　　销	新华书店及其他书店

印刷装订	三河市华骏印务包装有限公司
版　　次	2023 年 8 月第 1 版
印　　次	2023 年 8 月第 1 次印刷

开　　本	710×1000　1/16
印　　张	21.5
插　　页	2
字　　数	330 千字
定　　价	119.00 元

凡购买中国社会科学出版社图书，如有质量问题请与本社营销中心联系调换
电话：010-84083683
版权所有　侵权必究

目 录

前 言 ·· 1

第一章 绪论 ·· 1
第一节 少数民族语地名规范化简介 ····················· 1
第二节 对音汉字规范化的原则 ···························· 16

第二章 对音汉字的语言学分析及规范字推介 ······ 49
第一节 天类 ·· 51
第二节 山岭类 ··· 54
第三节 河流类 ··· 92
第四节 田地类 ··· 117
第五节 村街行政单位类 ······································ 153
第六节 人工地物类 ·· 163
第七节 植物类 ··· 179
第八节 动物类 ··· 209
第九节 方位类 ··· 234
第十节 描述类 ··· 270

第三章 常见壮语地名对音汉字的规范字推介表 ··· 311
第一节 推介表汇总 ·· 311

第二节　本著的创新之处和学术价值 …………………………… 325
第三节　两个相关的问题 …………………………………………… 328

参考文献 ……………………………………………………………………… 333

前　　言

笔者的研究兴趣集中于壮族的语言与文化方面，此前有一本《壮语地名的语言与文化》的小书。由于此书，本人经常受广西壮族自治区民政厅区划地名处和地名档案馆的邀请，参加他们的地名命名、更名以及地名规划等工作。2014年，中华人民共和国民政部开展第二次全国地名普查，广西壮族自治区民政厅也启动了相应的工作。我又参与了一些地名普查的策划、培训、指导、验收等工作。广西是壮语地名最为集中的区域，壮语地名长期用方块字来记录，实际就是用方块字给壮语地名标注读音。在地名普查过程中，区划地名处的同志们对壮语地名的困扰主要集中在两个方面。一是地名释义方面，"望文生义"普遍得不到解决，比如"六景""百朋"等释为"六个景点""一百个棚子"，长期受人诟病。二是壮语地名同一个词竟然写成好几个甚至好几十个汉字，造成理解、沟通、规范方面的巨大不便。由于后者的困扰，区划地名处于2016年立了个横向的研究课题，委托我的团队在一定规模地名普查材料的基础上，做出一个壮语地名规范的框架。我们经过2年的研究，形成了初步的成果，呈交给区划地名处。在这一成果的基础上，我们进一步申请并获批了2017年教育部哲学社会科学研究后期资助项目（17JHQ053）。现在呈现出来的，就是这个项目的结项报告。

我国的地名规范化包括三个方面的内容，即汉语地名规范（包括各方言地名规范化）、少数民族语地名规范化及汉译规范化、我国地名的国际标准化。壮语地名规范化就属于其中的第二项内容。关于少数民族语地名的规范化，国家层面的指导性文件是《少数民族语地名汉语拼音字母音译转写法》(中华人民共和国测绘总局、中国文字改革委员会，1976年6月)。基于这一指导性的文件，少数民族语地名规范化的主流看法都是：根据少数民族语的发音，给出一一对应的汉语拼音字母，然后依据汉语拼音选定适当的汉字。跟壮语同属一个语族的云南傣语，就在这样的主流看法之下有两个重要的实践：《德宏傣语地名汉字译音规则》(CH/T4006-1998)和《西双版纳傣语地名汉字译音规则》(CH/T4014-1999)。这两份规则首先制定了"德宏/西双版纳傣语地名汉字译音表"，即音译转写的规则，然后，按照这个转写规则去寻找相应的官话读音的汉字，让德宏/西双版纳傣语地名中的每一个音节都有官话音的汉字。然而，壮语地名却一直没有官方出台与云南傣语地名类似的规则。有专家试图比照此办法来解决壮语地名的汉字规范问题，也只停留在专家谈论的层面。壮语地名的规范化问题，如果用主流的看法来处理，会碰到很大的困难。首先，"按照少数民族语的发音，给出一一对应的汉语拼音字母"，这第一步就难以做到。《德宏傣语地名汉字译音规则》(CH/T4006-1998)和《西双版纳傣语地名汉字译音规则》(CH/T4014-1999)这两份规则都是在德宏傣语或西双版纳傣语内部进行的，方言之间的差别很小。"根据少数民族语的发音"，这个"发音"在德宏傣语/西双版纳傣语中都比较单纯。但是，按李方桂的分类，壮语的南部方言、北部方言的差别，远大于傣语与泰语、老挝语的差别。比如"石头"，选择北部的发音 hin，就无法照顾南部的发音 tin。对应汉语拼音字母是依据 hin 还是依据 tin，这在广西确实不是个容易解决的问题。其次，云南傣语区的汉语方言非常简单，只有西南官话一种，而广西的汉语方言则非常复杂，历史上用来记录壮语地名的汉字承载着各个时期的汉语方言读音。这两方面的复杂性导致广西的壮语地名规范化工作在既定的主流框架内无法取得实质性的进展。本著就是基于这样的背景，讨论广西的壮语地名的规范化问题，在主流框架外寻求壮语地名规范化的解决之道，力求给地名主管部门提供可操作的现实参考目录。本著分三章，分别对壮语地名规范化的基本概念、具体操作的原则和实践做出描述和探讨。

本著的研究方法主要是：定量统计与静态描写分析相结合。本著材料来自广西壮族自治区民政厅区划地名处提供的第二次地名普查材料，有少数是项目组收集的第一次地名普查材料，涉及 39 个壮族聚居市、县、城区的壮语地名材料共 21663 条。各个地名用字有具体的定量统计，在定量统计的基础上，对 198 个常见壮语地名的对音汉字做语言学的分析，结合广西壮语、汉语的历史和现实，推介其对音汉字的规范字。

笔者资质愚钝，学力浅薄，书中错误一定不少，恳请读者指正。

覃凤余

2020 年冬于南宁

第一章 绪论

第一节 少数民族语地名规范化简介

一 国家少数民族语地名规范化

我国少数民族语地名的规范化早在 20 世纪 50 年代初就被提上议事日程。1965 年,中华人民共和国测绘总局和中国文字改革委员会在总结了新疆和内蒙古地名调查的经验后,制定了《少数民族语地名汉语拼音字母音译转写(草案)》,为少数民族语言地名标准化工作提供了参考和依据,这一"草案"到 1976 年 6 月修订出版为《少数民族语地名汉语拼音字母音译转写法》。

1975 年,中华人民共和国测绘总局在联合国总部举行的地名专家组会议上的发言中提出了用《汉语拼音方案》作为中国地名罗马字母拼写法的国际标准,并特别提到了少数民族语言地名标准化的问题,"中国地名的书写标准化,还包括用各少数民族文字书写本民族语和其他民族语的地名的标准化问题,以及包括用汉字和汉语拼音字母译写各少数民族语地名的标准化问题"。

20 世纪 80 年代初,《民族语文》杂志社组织了一场笔会,专门讨论中国少数民族语地名音译转写法和国际地名标准化问题。之后,中华人民共和国测绘总局又组织力量重新修订并出版了蒙古族、藏族、维吾尔族、哈萨克族、彝族、黎族等语言的《少数民族地名汉字译音规则》。80 年代,第一次全国地名普查工作完成，少数民族地名的规范化和译写标准问题更加凸显。进入90年代，云南省就着手进行云南傣语地名的音译规范，并由中华人民共和国测绘总局颁布了《德宏傣语地名汉字译音规则》（CH/T4006-1998）和《西双版纳傣语地名汉字译音规则》（CH/T4014-1999）。

二 广西壮语地名规范化

（一）广西壮语地名的基本状况

广西是壮语地名最为集中的省份，据20世纪80年代全国第一次地名普查的成果，广西共有壮语地名7万多条。新中国成立前，壮语长期有语无文，壮语地名是以方块字的形式记录的。1958年，国家通过了《壮文方案》，壮语有了拼音壮文。但是长期处于汉字文化圈内的壮族人民，对拼音壮文的使用率不高，仍然习惯性地用方块字来记录壮语地名。这些方块字有两部分。一部分是土俗的方块壮字，如壮语的水田读音为naz，壮族人依据汉字的造字用字原理造了方块字"䛟、壭、哪"等，这种字民间叫sawndip「生字」，学界称"土俗方块字""方块壮字""类汉字"等，本书统一称为"方块壮字"。另一部分是汉字，跟汉族人使用的汉字一模一样。那么，这一部分用来记录壮语地名的汉字，是以什么样的方式呢？有两种方式。以宁明县的入选联合国教科文组织2016年"世界文化遗产"名录的花山壁画为例。这个壁画的壮语名叫byaraiz，bya是"石山"，raiz是"花纹、斑点"的意思，而它的方块字名有两个。一个叫"花山"，意思是"花花绿绿的山"，另一个叫"岜莱"，"岜"是bya的记音方块字，"莱"是raiz的对音汉字。"花山"是对byaraiz的意译，使这个地名转化成了汉语名。而"岜莱"则还是壮名，是对byaraiz的音译。后面这一种方式才是我们这本论著要着重讨论的，也是壮语地名中大量存在的汉字形式。后一种方式说明，当地的壮族知识分子，把汉字当作一种记音的符号来记录壮语的读音，汉字A的读音与壮语B的读音相同或相似，就可以用汉字A来记录壮语B。实际上，汉字A是壮语B的一个音译符号，我们看到很多文献上说，"壮语地名的汉字译写""壮语地名的汉字音译转写""壮语地名的对音汉字"等，都是这个意思。本著使用"对音汉字"这一名称。

上述以汉字当作记音符号来记录壮语地名的方式，带来两个问题。第一个是关于汉字的。汉字是超方言的，同一个汉字，不同的方言读音不同，今天"北京"的"北"，普通话读为 běi、广西的官话读为[pə²¹]、广西的粤语读为[pek⁵]，各读音之间差别很大。广西历史上汉语方言众多，文献上一直记录着广西的汉语方言有"官、平、客、白"，说明历史上的读音差别大的问题，情况可能比今天更甚。壮族知识分子会选择"官、平、客、白"的哪个读音呢？这取决于这个知识分子所在的地区通行哪种汉语方言。如果他住在官话区，他可能会讲官话，那么他可能选择官话的读音；如果在平话区，他可能会讲平话，那么他可能会选择平话的读音。跟这个问题叠加在一起的还有一个主流语言的问题。今天各地的人都讲自己的方言，但是有一个主流的普通话。过去的广西地区也一样，各地人们都会讲自己地区的方言，但是当时可能还有一个主流的语言。过去的广西人，人们在自己的地区居住生活，口语交际用自己地区的方言。但是，读书、官府的行政用语、外出交流，可能会用当时的主流语言。在地名上也可能会有这种情况，当地知识分子口语说的是当地话，但是用汉字去记录壮语地名的读音时，汉字的读音可能会选择主流语言的读音。不同时期，广西的主流语言不一样。据考证，宋元时期，广西的主流语言是古平话（现在平话的源头，可以从今天的平话往回溯源，构拟其相应的语音系统）。明清时期，广西的主流语言是西南官话。地名中的对音汉字，就能反映出平话和西南官话两个很明显的层次。两个层次叠加在今天的壮语地名中，使之呈现出复杂的面貌。

第二个是关于壮语的。壮语的方言土语并不比汉语的方言土语少，甚至比汉语的还多。常见的"村庄"这个词，北部壮语读为 mbanj，南部壮语读为 manj。用汉字的音去对北部壮语的 mbanj，在白话平话官话中，用"班、板"等字，读音都能对上。用汉字去对南部壮语的 manj，选择官话平话，用"曼、蛮"等字，读音都能对上，但是如果用"晚"，就肯定不是官话的音，因为官话"晚"的声母不读[m]，而读[w]。这个"晚"就是平话白话的读音了。

由于上述两个问题的相互作用，造成今天壮语地名两个方面的复杂情况。一方面，同一个壮语词，各地用来译写的汉字五花八门，比如 gumz「洼地、坑」共有"勒、寨、种、逐、柏、叭、盆、勿、模、对、等、登、底、同、覃、翁、凹、意、供、共、贡、更、肯、坤、昆、岑、坑、琴、果、群、勤、孔、谷、克、菊、禁、噤、钦、渠、近"，多达 40 个汉字；rij「溪」也有"沟、渠、利、尾、委、伟、辉、挥、里、礼、哩、令、垒、喜、威、吕、会、渭、馗、奎、魁、西、洗、泗、鱼、闷、烘、弄"等 28 个汉字；mboq「泉水」，各地所用汉字有"闷、汶、杏、沦、门、富、莫、谟、漠、摸、么、坡、布、木、幕、慕、墓、波、母、磨、泊、咘、务、猛、谋、卜、和、窝"等 28 余个；rin「石头」，各地有"领、兴、亨、英、音、阴、因、引、岭、林、磷、令、仁、另、哩、论、空、肆、欣、岩、石"21 个汉字；daemz「水塘」，各地有"塘、堂、凼、防、顶、廷、平、腾、坛、潭、屯、寻、簪、敦、墩、贪、单、登、淡"19 个汉字。goraeu「一棵枫树」，各地音近汉字有：各楼、歌柳、可有、可友、古优、古娄、果有、过要、可楼、古楼、古求、枯萎、阁楼、各漏等。即便是同一个县，同一个词也译写众多。rungh「峎场」，仅在南丹一县有 20 个汉字："弄、龙、洞、冗、垌、陇、聋、懂、东、隆、红、同、冲、拥、董、绿、总、哄、六、峒。"另一方面，同一个汉字，对应的壮语词有多个，比如"林"字，对应的壮语词有 lingq「陡坡」、raengz「地下溶洞」、raemx「水」、loemq「下陷处」、rengz「平地」、rin「石头」、ranz「家」、rengx「干旱」、nding「红色」、ndaem「黑色」等 10 个之多；"么"，对应的壮语词有 moz「黄牛」、mou「猪」、moq「新」、mboq「泉水」等。同是"那么"，在巴马、百色、河池、西林、象州、来宾是 nazmoq「新田」，在东兰是 nazmboq「泉水旁的田」，在宁明是 nazmou「猪吃草的田」、nazmoz「牛吃草的田」。这种状况严重地制约了地名的规范化，对现代社会的地名信息处理、地名文化的解读与传承有不利的影响。自 2014 年始，在国务院统一部署下，进行了第二次地名普查，壮语地名的最终数量尚未有确切的统计。但是壮语地名对音汉字的规范化问题引起了有关部门的高度重视。

（二）广西壮语地名规范化工作的回顾

1976年6月中华人民共和国测绘总局、中国文字改革委员会修订发布了《少数民族语地名汉语拼音字母音译转写法》，到现在已经40多年了，广西做过的壮语地名对音汉字规范化工作如下：

1. 2001年10月12日广西壮族自治区少数民族语言文字工作委员会（以下简称"广西民语委"）就应国家语言文字工作委员会（以下简称"国家语委"）的要求，召开了"少数民族人名、地名汉字音译转写专家座谈会"。与会专家有两种看法，一种认为，壮语地名的对音汉字没有必要规范，当地人怎么写就怎么写，只要这些字是规范汉字且不伤害民族感情就行。而且写成不同的汉字，避免重名，投递邮件等事务还很方便，有什么不好呢？这些专家进一步认为，"规定写一个汉字"未免有点把问题简单化了。地名不仅是一个名称，它还记录着社会变迁、民族发展的历史，承载着许多文化的内涵。我们在用文字去记录地名的时候，千万不要割裂它们与社会文化之间的千丝万缕的联系。另一种认为，壮语地名的汉字译写，写法上的混乱给地名的辨认、识别和规范带来了很大困难，所以必须规范成一个汉字。

2. 出版《广西壮语地名选集》，主要以资料汇编为目的，涉及规范化的内容也有一些。

3. 20世纪80年代的第一次地名普查完成，各县出版了一批地名志。这批地名志主要是普查的成果汇编，但还是做了一些局部性的规范化工作。总结起来，这一工作涉及三个方面。

（1）对方块壮字进行整改，改用相应的规范汉字。第一次地名普查前，民间的壮语地名有很多是用方块壮字来书写的。从当时规范化的认识角度看，所有的方块壮字都要在《现代汉语词典》《新华字典》的收字范围内。而民间绝大多数方块壮字既然是"类汉字"，自然都不在其收字范围内，都要改用《现代汉语词典》《新华字典》中相应的汉字。于是，一大批方块壮字被相应的汉字替换掉，如表1-1所示。

表 1-1　第一次地名普查被替换的部分方块壮字

拼音壮文	语义	方块壮字	规范汉字
bak	嘴巴、出入口	咟、咟、晗	百
naz	水田	罾、挪、堲	那
laj	下面	忞、喇、夻、荖、忈、冽	拉
gwnz	上面	丕、㤈	肯、根
ndaw	里面	㞔、閝	内
nw	上面	妥	汝
mwnx	地下水	杏	泵（读 mèn）、闷
mboq	地下水	咘、沛	布
raemx	水	淰、淰、淰	念
doengh	田峒、田野	峝、垵、峳	峒、东
ngox	芦苇	䓆、䒼、㭲	蛾
ndoeng	森林	㟱、㭌、橔	㟖、农、秾
geng	有路的山坳	㯟	更
goek	根部	哈、櫔、榕、椢	谷
cih、ceh	角落、范围	甞	社、设
rin	石头	磺、砱、磤、硌	幸
ndoi	土岭	嵒、壚、岎、岯	雷
bo	山坡	㙟	坡
raengz	地下溶洞、深潭	湧	楞、恒
daemz	水塘	墰、𪤗、㙮、垯	潭
hung	大	控、崆	空
nding	红色	闵、㐨	灵、宁
lueg	山谷	渌、吷	陆、六
fax	天	㕮、㙅	发
reih	畲地	犁	利
yah	妇女	奵	娅
hang	尾部	䰿	康

第一章 绪论

某些方块壮字无法替换成汉字，某些方块壮字历史悠久且使用面广，各地向有关地名管理部门要求保留，如宜山县（今河池市宜州区）要求保留"㴖"和"㲎"，并且规定了两个字的普通话读音，"㴖"读 léng，"㲎"读 mèn。宁明县要求保留"㵯"和"呒"，"㵯"普通话读作 bó，"呒"普通话读作 mō。崇左县要求保留"呒"，普通话读为 mō。隆安县要求保留"㟖"和"呒"，"㟖"普通话读为 gēng，"呒"普通话读为 mǒ。南丹县要求保留"岑"，普通话读音为 mèn。

（2）对一些"含义不健康"的地名做整改，举例如下：

县	原名（含义不健康）	改名
田林	弄妹 runghmui	熊家寨
田林	囊屯 ndawnang	弄福
田林	牛屎	岩站 ngamzcamh
罗城	荀头	向阳
罗城	归顺堡	甫上
融安	田尾	田伟
靖西	社王巷	中府巷
靖西	鸡爪	吉照

（3）对某些通名的汉译字做统一处理。比如常见的通名 mbanj/manj「村庄」，靖西县提出"自然村在当地壮语中叫'晚'，习惯汉译为'屯'"，如 manjmoq 叫"新屯"，manjgvangq 叫"况屯"，manjcangh 叫"匠屯"，manjyaeuz 叫"由屯"等。也就是说，靖西县政府的书面语写为"屯"，当地百姓并不读 daenz，而是读与 manj 对音的"晚"。

上述各个县在普查时的一些规范化处理，还是局部性的，没有上升到全广西的统一规划、统一部署，但是有的却已经有相当大的影响。我们对这些影响简单做一些评论。

先谈措施（1），方块壮字基本整改为规范汉字，这一措施对壮语地名书写形式的改变和定型举足轻重。时至今日的第二次地名普查，方块壮字记录的壮语地名已经成为极少数个别的现象，多数都用规范的对音汉字来记录了。笔者多次参加广西壮族自治区民政厅就第二次地名普查组织召开的研讨会，曾有专家对"规范汉字替换方块壮字"有异议。方块壮字是一种类汉字，其中有80%的形声字，其形旁和声旁其实都来自汉字。形旁表的意义比较概括，这种概括意义也来自汉语汉字的语义系统，如"氵"表示与水有关，"土"表示与田地等相关，"木"表示跟林木有关，"口"表示跟嘴相关，"女"表示与女性相关，等等。声旁的汉字音一般来自历史上的主流语言，宋元时期的主流语言是平话，而明清以来的主流语言是官话。以表1-1中的方块壮字为例，bak「嘴巴、出入口」~㗆，"㗆"是左形右声，左边的"口"表示与"嘴巴"相关，右边的"百"表音，此音是其历史上的平话音。naz「水田」~畓，上声下形，上面的"那"是声旁，其读音来自汉语的平话音或官话音，下面的"田"则是形旁，代表水田。ngox「芦苇」~莪、䓩，"莪"是上形下声，上面的"艹"表示跟草类有关，下面的"我"是声旁，读音来自汉语平话音。"䓩"是左形右声，左边的"木"表示跟林木有关，下面"我"是声旁，读音来自汉语平话音。goek「根部」~橘、㭲、棞，"橘、㭲、棞"全是左形右声，左边的"木"是形旁，代表跟植物相关的语义，右边的"菊、谷、国"是声旁，读音来自汉语平话音。ndoi「土岭」~壨、岎，"壨"是左形右声，左边的"土"是形旁，代表与土地相关的语义，右边的"雷"是声旁，其读音来自汉语平话音；"岎"也是左形右声，左边的"山"是形旁，代表与山岭有关，右边的"内"是声旁，读音来自汉语平话音。fax「天」~奝、奓，"奝、奓"都是上下结构，上面的"天"是形旁，下面的"怕""法"是声旁。用"怕"做声旁却要表示fax的读音，说明壮语曾经发生过p>f的语音演变，"天"原来是读bax的；而用"法"做声旁表示fax的读音，中古"法"是入声字，而fax并不读促声调，因此可推知此对音用的是官话音。hang「尾部」~𡱖，"𡱖"是左形右声，左边的"尾"表示形旁，右边的"康"是声旁，读音来自汉语平话音。有的方块壮字，其声旁的读音会发生一些比较"绕"的音转，如raengz「地下溶洞、深潭」~㳉，"㳉"左形右声，左边的"氵"是形旁，代表跟水相关，而右边的声旁，则是从汉字"楞、愣、塄"等的右边部首离析出来的。raemx「水」~淰，"淰"是左形右声，左边的"氵"是形旁，代表跟水相关，而右边的声旁"念"，"挂念""想念""念书"之类的"念"未见哪个广西的汉语方言讲。声旁"念"可能是从"想念"的语义辗转而来，因为广西粤语平话"想念"读[nɐm]，此读音与raemx「水」的声韵调皆能对应，所以，就可以用"念"来承载 raemx「水」的读音。方块壮字的规范，最理想的做法是能够保留其形声字的构字原理，比如山岭类地名、田地类地名、河流类地名、植物类地名等，如果分别有"山""土""田""氵""艹""木"一类的形旁，在传递地名的含义、方便群众使用方面会起到很大的作用。进行地名用字的规范，可以从若干个壮字中选取其中的一个，如 bak「嘴巴、出入口」有"哊、咟、晿"等若干个壮字，可以推介形旁和声旁都比较稳定的"咟"作为规范字，壮族和汉族的群众既能从"百"读得出其音，也能从"口"推测出其语义。表1-1中选取规范字做得最好的是：yah「妇女」奼→娅，用"娅"代替"奼"，"娅"仍然是形声字，左边的"女"是形旁，能直观地传达出壮语的语义，右边的"亚"是声旁，其读音来自汉语的官话音。可惜，第一次地名普查时这样的思路太少了。如果保留方块壮字的形旁，当时考虑到字库没有这些字，其读音、书写都存在障碍，但今天看来，这些技术方面的问题都不难解决。第一次地名普查时被改用《新华字典》《现代汉语词典》中读音相同的字，读音倒是方便了，但是壮语的语义流失了。bak「嘴巴、出入口」~百、naz「水田」~那、ngox「芦苇」~峨、ndoi「土岭」~雷、fax「天」~发、hang「尾部」~康，这些全部替换为规范汉字，有将壮语地名"汉化"为汉语地名的趋势，势必导致壮族文化的流失。由于全都是规范汉语，只有语音跟壮语的读音相联系，语义则看不到壮语的信息了。从第一次地名普查到今天，时间过去了40多年，这个影响非常大，以至今天地名中的方块字几乎看不到壮字了，都是《新华字典》《现代汉语词典》中的字，人们如果光看汉字，也很难意识到这是个壮语地名，释义的时候也根据汉字去"望文生义"。比如把"百朋"释义为"一百个棚子"，把"六景"释义为"六个景点"就受到广泛的诟病。

　　措施（2）的整改，今天看来也要重新评价。当时的视野和认识，对所谓"含义不健康"的简单化整改看似符合精神文明的要求，但是有可能导致壮族文化丢失或部分丢失。比如靖西县的"社王巷"改成"中府巷"。社王是壮族社会普遍崇拜的土地之神，社王崇拜有广泛的群众基础，这么一改，地名中所含的壮族宗教文化会流失。田林县把"弄妹"改为"熊家寨"，哪里还有半点的"壮"味，变成地道的汉语地名了。

措施（3），壮语通名的汉译字做统一处理，也要重新评价，因为意译是将壮语地名转化为汉语地名的最直接的办法。前述宁明县的花山壁画，壮语名叫 byaraiz，bya 是"石山"，raiz 是"花纹、斑点"的意思。汉语叫"岜莱"是音译，叫"花山"是意译。采用意译的"花山"，直接将壮语名转换为汉语名了。靖西县将所有的 manj「村庄」意译为"屯"，而放弃音译的"晚"，导致壮族文化集体性、成批量地流失，应该引起相关部门的重视。

（三）壮语地名规范化的基本概念

根据一些专家如戴红亮（2005）的意见[①]，"地名规范化是指按照一定的要求统一地名的书写形式，它根据不同的要求有着不同的规范层次。一般而言，一个国家的地名规范化主要包括三个方面的内容，即民族语地名规范化、地名国家标准化和地名国际标准化。在我国，也主要包括三个方面的内容，即汉语地名规范化（包括各方言地名规范化）、少数民族语地名规范化及汉译规范化、我国地名的国际标准化"。壮语地名的规范属于这个意见当中的"少数民族语地名规范化及汉译规范化"。按照字面的解释，"少数民族语地名规范化及汉译规范化"这一概念包含两个部分：一是少数民族语内部，要先规范；二是少数民族语对译为汉语之后要规范。既然所有的壮语地名都有壮语的和汉字的两种称说形式，其规范自然也应包括两个步骤。其一，壮语内部有各种方言土语，要先把方言土语的说法规范为标准语。壮语标准语以武鸣双桥一带的语音为基础音系，其词汇则基本来自北部壮语。按这种逻辑，各地的壮语方言土语要改成武鸣壮语或北部壮语的说法。其二，用汉字对音之后，再对汉字进行规范。

第一次地名普查和第二次地名普查对这两个步骤的概念并不十分明确，很明显反映在地名普查的材料上。举个例子，第一次普查材料中，靖西县有个地名叫"利靠"「利：畲地；靠：白色」，记录的壮语是 reihhau，第二次普查材料中，崇左江州有个地名叫"渠圩"「渠：水塘；圩：野猪」，记录的壮语是 daemzmou。"利靠~reihhau"，"利"对音 reih，"靠"理应与

[①] 戴红亮：《汉译"通名"统一规范化的原则及意义——以壮傣语支语言为例》，《语言文字应用》2005年第2期。

hau 对音，可是汉语无论哪个方言"靠"的声母都不读为 h；"渠坯~daemzmou"，按理"渠"对音 daemz，"坯"对音 mou，可是汉语无论哪个方言"渠"的读音都跟 daemz 对不上，"坯"的读音也跟 mou 对不上。hau「白色」是北部壮语的读音，南部壮语读为 gau；"水塘"念 daemz 是北部壮语的说法，南部壮语的"水塘"说成 gw/gwz。壮语方言的"野猪"说 gyauh，而"猪"说 mou。壮语地名普查的时候，普查人员追求壮语方言的说法要规范为壮语标准语的说法，结果南部的"白色"gau 记录为标准语的 hau，南部的"水塘"gw/gwz 记录为标准语的 daemz，"野猪"gyauh 记录为标准语的 mou "猪"。结果，壮语方言倒是向标准语靠拢了，可是对音的汉字仍然没有对应标准语的音，还是不规范的。"利靠~reihhau""渠坯~dacmzmou"这种汉语与壮语的不一致甚至相差很远，使人无法相信是一个地名的汉语与壮语两种称说形式，给人的感觉是两个不相干的地名。要使其在记录上成为一致的地名，有两种办法：

① 利靠~reihgau、渠坯~gwzgyauh

② 利蒿~reihhau、替母~daemzmou

第①个办法是壮语内部保留方言的读音，壮语的方言怎么读拼音壮文就怎么写，不强求改为标准语的读法，对音汉字的读音也能跟壮语方言的读音对得上。第②个办法是壮语内部方言的读法先规范为标准语，再选用跟标准语语音能对得上的规范汉字。两种办法相比较，显然①是合乎实际的记录。第②种办法，不仅壮语变了，汉语也变了，完全不是名从土人的记录了，当地人不认可是本地的地名。

壮语的情况反映出戴红亮（2005）的"少数民族语地名规范化及汉译规范化"这一笼统提法有缺陷。我们分别对这两层意思做一下分析。首先，讨论"少数民族语地名规范化"。不同的民族，其语言状况也不同，不能一概而论。就壮语而言，壮语内部各个方言先规范为标准语，这样的做法不可行。为什么不可行呢？壮语各方言理论上说有个标准语，这个标准语是官方人为制定的，不是自发形成的。自发形成的标准语会受经济政治文化方面的影响，如英伦三岛以伦敦口音为标准，是因为伦敦是英伦三岛的经济中心；中国的粤方言，人们心中都以广州、香港为标准也是经济的因素；中国境内的汉语以北京音为标准音，以北方话为基础方言，是政治文化的因素。如果出现了经济政治文化的核心区域，别的区域的人说话会不自觉地向该核心区域的语音靠拢，最终导致大家公认以此核心区域的语言为标准语。如果没有经济政治文化方面的影响，很难自发地形成标准语，比如中国境内的西南官话，使用人口众多，但缺乏一个经济政治文化的核心区域，所以没有形成一个标准语，没人认为四川话比武汉话更标准、贵州话比云南话更标准，在广西，也没有人认为柳州的西南官话比桂林的西南官话更标准。壮语就是这样。壮族自秦汉以来就一直受到汉族统治者的管辖，没有机会也无法形成以壮语为主要交际语的经济政治文化的核心区域，历史上壮语并没有哪种方言能够取得权威方言的地位，所以并没有出现自发的标准语。目前被政府指定作为标准语的武鸣壮语，无论是从政治、经济地位还是从历史文化传统来看，其影响力都不足以成为真正意义上的标准语。以标准壮语为基础的壮语书面语教育也渐渐萎缩，能开出壮文课的中小学少得可怜。笔者甚至听到某些专家言论说，新中国成立以来的壮语标准语推广基本不成功。偌大一个县，很难找到一两个能写拼音壮文的人。拼音壮文除了出现在自治区内国家政府部门和某些企事业单位的铭牌上，别无他处可见。在这种情况下，壮族群众普遍认为学习拼音壮文实际意义不大，因而没有什么学习的积极性。更有甚者，可能会认为这是一种毫无意义的多余负担，从而在心理上产生抵触。近年来，开播壮语广播电视的呼声很高，全区有20多个县开播了壮语广播电视。但是各县并没能用壮语标准语来播音，都是用壮语方言土语播音，还有专家呼吁要研制"方言壮文"用于编辑壮语广播电视的节目。2020年新春新冠肺炎疫情凶猛而来，各地的广播电视、自媒体纷纷推出各种宣传的视频音频，无一例外全是当地的方言土语，因为只有方言土语老百姓可以听得懂、能接受。如果用武鸣标准语，老百姓听不懂，达不到宣传的效果。可见，在民间，标准语的普及率是多么低。公开场合没有人会说标准壮语，也没有人听得懂标准壮语，学校的标准壮语教学面临崩溃。在这样的情况下，没有人说壮语的时候向标准语靠拢，而是老一辈人怎么教就怎么说，说的都是方言。地名就更是方言了。地名命名的时候都在遥远的过去，那时恐怕连标准语这个概念都还没有。按地名名从主人的规则，更不可能规范为标准语的说法了。

所以，单就壮语而言，壮语内部的规范化是无从谈起的、行不通的。按前面的论述，"水塘"北部壮语说 daemz，南部壮语说 gw/gwz，"白色"北部壮语说 hau，南部壮语说 gau，各说各的，名从主人，拼音壮文如实记录各自的说法，谁也不向谁靠拢，不能强行把南部壮语的 gw/gwz 改为北部壮语的 daemz，把南部壮语的 gau 改为北部壮语的 hau。

其次，再看"汉译规范化"。根据前述，所有的壮语地名，都有汉字译写的形式。那么，对译为汉语之后，汉字的规范化需不需要呢？"水塘"北部壮语说 daemz，对译的汉字有"塘、函、堂、防、顶、廷、平、腾、坛、潭、屯、寻、替、敦、墩、贪、单、登、淡"19个之多，南部壮语说 gwz/gw，对译的汉字有"渠、溪、启、克、决、吉、革、堪、其、奇"10个之多，"白色"北部壮语说 hau，对译汉字有"好、号、皓、浩、耗、敲、蒿"7个，南部壮语说 gau，对译的汉字有"告、考、靠、皓、毫"5个，每一个壮语词都有这么多个译写汉字，当然需要规范了。这就是本著的主要工作。

三 材料来源

本著的材料主要源于广西壮族自治区民政厅区划地名处提供的第二次地名普查（简称"二普"）材料，有少数是项目组自己收集的第一次地名普查（简称"一普"）材料。涉及39个壮族聚居市、县、城区的壮语地名材料共21663条，如表1-2所示。

表1-2 壮语地名材料来源汇总

21663（未注明的均来自第二次地名普查）			
北部壮语	桂北土语	巴马县	1202
		环江县	29
		东兰县	517
		金城江区	1062
		天峨县	82
		融安县	76
		罗城县	200

续表

21663（未注明的均来自第二次地名普查）			
北部壮语	柳江土语	合山市	38
		忻城县	380
		兴宾区	160
		柳城县	64
		柳江区	741
		宜州区	91
	红水河土语	都安县	543
		大化县	331
		港北区	6
		桂平市	100
		覃塘区	11
		鹿寨县	129
		武宣县	14
		象州县	179
	邕北土语	平果县	47
	右江土语	田东县	260
		田阳县	2066
	桂边土语	凤山县	1111
		乐业县	29
		西林县	90
南部壮语	邕南土语	钦州市	155
		防城港市	417
		上思县	100
		隆安县	1334（一普）
	左江土语	大新县	2931
		江州区	271
		龙州县	104

续表

21663（未注明的均来自第二次地名普查）			
南部壮语	左江土语	天等县	154
		宁明县	2772
		凭祥市	379
	德靖土语	德保县	774
		靖西县	2714（一普）

另外，南丹500条、凌云117条、隆林1063条、那坡16条、扶绥974条，这些县的二普材料，还没有写上壮文，项目组在统计的时候，没有统计进去，甚为遗憾。

四　本著的主要内容

本著的主要内容有四个方面。

（一）确立壮语地名对音汉字规范化的择字原则，如下：

Ⅰ．音值相似，音类对应；

Ⅱ．立足中古平话，兼顾现代官话；

Ⅲ．高频优先、从宽，低频补充、从严；

Ⅳ．汉语借词还原；

Ⅴ．兼顾方块壮字；

Ⅵ．兼顾同语支傣语的情况；

Ⅶ．避免汉字成词；

Ⅷ．撞字避让；

Ⅸ．兼顾社会影响力。

（详见本章第二节）

（二）对常见壮语地名的对音汉字做使用频率统计。从21663条地名中挑选出198个常见的壮语地名，分为10个语义类，即天类、山岭类、河流类、田地类、村街行政单位类、人工地物类、植物类、动物类、方位类、描述类。每类有的几个词条，有的20多个词条，统计每一个词条的对音汉字的使用频率（详见第二章）。

（三）对每个词条的若干对音汉字做语言学分析，对照择字原则，每个词条推介一个规范汉字（详见第二章）。

（四）制作"常见壮语地名对音汉字的规范字推介表"（详见第三章）。

第二节 对音汉字规范化的原则

一 前贤的规范化原则

我国少数民族语地名的规范化最为重要的文献是中华人民共和国测绘总局和中国文字改革委员会于1976年6月修订出版的《少数民族语地名汉语拼音字母音译转写法》。20世纪80年代初，《民族语文》杂志社组织了一场笔会，专门讨论中国少数民族语地名音译转写法和国际地名标准化问题。之后，中华人民共和国测绘总局又组织力量重新修订并出版了蒙古族、藏族、维吾尔族、哈萨克族、彝族、黎族等语言的《少数民族地名汉字译音规则》。这一文件涉及的具体语言不多，即使有所涉及，大多也是针对藏语和北方阿尔泰语系多音节的语言制定的。比如，壮侗语的地名标准化问题就没有考虑进去。另外，在当时拼音化的思想主导下，主张少数民族语地名一律采用音译转写法。曾世英、孙竹认为："音译转写是直接的办法，汉字注音是间接的办法，直接的办法一般来说比间接的办法要精确一些。汉字是音节文字，长于表意，拙于表音。汉语拼音字母代表音素，可以不受汉字固定音节结构的限制，灵活拼音，拼出汉语中有音无字的音，所以至少在表音上，音译转写法要比汉字注音法优越得多"；费锦昌认为："汉字译名表音不准，用字不一，汉字注音法也是表音不准，拼式不一致。音译转写法比较准确，拼式完全一致。准确性和一致性就是科学性。为了提高科学性，应该放弃汉字注音法，采用音译转写法。……以音译转写法为基础，根据字母的拼写形式规定汉字的写法，提高汉字译音的准确性和一致性。"①这种完全摒弃对音汉字的看法是很冒进的,但是在当时的历史条件下,人们的视野难免有一定局限,不可苛求。这样的看法至今还很有影响力,庞森权、刘静的《制定少数民族语地名汉字译写标准的基本规则》还主张"根据少数民族语的发音,给出一一对应的汉语拼音字母,然后依据汉语拼音选定适当的汉字"②。

我们知道,中国境内的少数民族长期生活在汉字文化圈内,绝大多数少数民族语地名都有汉字的对音形式,用对音汉字来记录民族语地名,在我国有悠久的历史,更有广泛的群众基础。如果对少数民族语地名对音汉字的广泛群众基础视而不见,一律要求音译转写,就会丧失土人感,地名的使用就会混乱甚至瘫痪。比如,广西最著名的壮语地名"百色"。这一对音汉字记录的壮语地名,不仅壮族使用,非壮族也用,这个历史少说也有几百年了。假如不用对音汉字,完全音译转写,拼写为 baksaeg,恐怕一大半壮族、汉族的广西人不知道 baksaeg 在哪里。

20 世纪 80 年代,随着第一次全国地名普查工作的完成,少数民族语地名的规范化和译写标准问题更加凸显,迫切需要解决的是:中国境内的民族语地名完全采用音译转写法而摒弃汉字对音法是行不通的。汉字对音法虽然有音译不准、用字不一等一系列问题,但它是一种历史的选择,有着很大的历史惯性和规范力量。摒弃它是无视历史,也是无视现实的实际使用,我们要做的是补充它、完善它,使之更规范、更便捷地迈入现代化。进入 90 年代,云南省就傣语地名的情况在音译转写和汉字译音两方面进行探索,并由中华人民共和国测绘总局颁布了《德宏傣语地名汉字译音规则》(CH/T4006-1998)和《西双版纳傣语地名汉字译音规则》(CH/T4014-1999)。其音译转写和汉字对音的操作直接来源于 80 年代初的那场讨论,即"以音译转写法为基础,根据字母的拼写形式规定汉字的写法"(见费锦昌论)。这两份规则首先制定了"德宏傣语地名汉字译音规则"和"西双版纳傣语地名汉字译音规则",即音译转写的规则,然后,按照这个转写规则去寻找

---

① 转引自戴红亮《西双版纳傣语地名研究》,中央民族大学出版社 2012 年版,第 185 页。
② 庞森权、刘静:《制定少数民族语地名汉字译写标准的基本规则》,载于胖三、浦善新主编《方舆·行政区划与地名 1601》,中国社会出版社 2016 年版,第 60—87 页。

相应的官话音的汉字,让德宏傣语和西双版纳傣语地名中的每一个音节都有官话音的汉字。现各摘一小节,见表 1-3 和表 1-4。

表 1-3 《德宏傣语地名汉字译音规则》(CH/T4006-1998)节录

汉语拼音字母标音	德宏傣文	汉字译音	意义
ba⁴dae⁴		拔德	下面
ba⁴ha⁶		拔哈	右
ba⁴la⁴		拔拉	前面,正面
ba⁴lae²		拔勒	里面
ba⁴lang⁶		拔朗	背后
ba⁴le⁶		拔勒	上面
ba⁴luag⁵		拔洛	外面
ba⁴saai⁵		拔腮	左
ba⁴wan²dog³		拔畹独	西
ba⁴wan²uag³		拔畹挖	东
baag³		拔	百
baag³baai¹leng¹		拔拜冷	一百零一
baag³baai¹xib⁶		拔拜西	一百一十
baag³dab⁵lam⁵		拔答南	水闸
bag⁵		拔	南瓜
baag⁵lam⁵		拔南	水口

表 1-4 《西双版纳傣语地名汉字译音规则》(CH/T4014-1999)节录

汉语拼音字母标音	西双版纳傣文	汉字译音	意义
bagdu		巴都	门
bahhäu		坝晓	坟地
bailaŋ		拜朗	后边
baina		拜那	前边

表 1-3 和表 1-4 第一列"汉语拼音字母标音"应该就是音译转写,而

第三列"汉字译音"应该就是对音汉字的规范字。由于其方法是循音觅字，两份规则的问题也不少，最主要的就是"撞字"太多。以《德宏傣语地名汉字译音规则》为例，比如一个"拔"，就跟4个傣语词对音：ba^4「方位词"面、边"」、$baag^3$「数词"百"」、bag^5「南瓜」、$baag^3$「出入口」；一个"南"，既表示 lam^5「水」，也表示 lam^1「黑」；同一个"休"，既表示 $hieu^6$「绿色」，又表示 $hieu^2$「镰刀」，还表示 $hieu^4$「牙齿」；同一个"抹"既表示 $maag^3$「水果」，又表示 mad^6「跳蚤」；同一个"勒"，既表示 leg^5「深」，又表示 le^5「肉」；同一个"腊"，既表示 lag^5「偷盗」，又表示 lag^6「重」、$laab^3$「剑」、lab^6「暗」等。

进入20世纪90年代和21世纪，明确探索规范化择字原则的文献有两个。一个是V. 费都亚杰、颜海云（1992）的《关于壮语地名的汉译规范化问题》[①]；另一个是戴红亮（2005）的《汉译"通名"统一规范化的原则及意义——以壮傣语支语言为例》[②]。

V. 费都亚杰、颜海云（1992）的操作步骤是：第一步，壮语有壮语的标准音，汉字有汉语的普通话音，所以要用壮语的标准音来对应汉语的普通话音，建立壮汉标准音的语音对应关系表。第二步，依据对应关系表选择相应的汉字，对选字也要进行统一的规范，制定出统一的标准形式。如果壮语标准音与汉语标准音之间的语音完全对应，只需根据语音严格汉译就可以了。如果两者语音不完全对应，依据其相似关系拟出一个对应关系表。V. 费都亚杰、颜海云（1992）构拟出一个详尽的声韵调对应关系表，见表1-5。

依据这个对应关系表中所构拟出来的普通话音节，再去循音觅字。其操作就是按"壮标准语—汉标准语"的音值近似，推衍汉语标准语的音，给出其汉语拼音的音节拼写形式，根据此音节寻觅汉字。比如壮语的mbanj「村」，据"壮标准语—汉标准语"的音值近似的推衍转写，得到汉语普通话音为bān，于是甄选汉字"班"作为mbanj「村」的规范汉字，mbanj「村」的其他对音汉字"板、办、盘、番、慢、晚、蛮、万、麻"等统统替换为

---

① V. 费都亚杰、颜海云：《关于壮语地名的汉译规范化问题》，《地名知识》1992年第2期。
② 戴红亮：《汉译"通名"统一规范化的原则及意义——以壮傣语支语言为例》，《语言文字应用》2005年第2期。

表 1-5 V. 费都亚杰、颜海云（1992）的语音对应

声母对应（a）

	壮文	b	mb	by	m	my	f	v	ngv	d	nd	n	l	r
	汉语拼音	b	b		m		f	w		d		n	l	
例词	壮文	banz（斜坡）	mbanj（村）	byaj（雷）	moj（凸）	myox（暗淡）	feiz（火）	vang（横）	ngveih（粒）	dumh（淹）	nding（红）	naz（田）	lueg（山谷）	ranz（家）
	汉语拼音	bǎn	bǎn	bá	mō	mò	fēi	wáng	wēi	dūn	dǐng	nǎ	lū	lǒn

	壮文	g		gy	h		j	y		s	x		Ø	
	汉语拼音	g		gy	h		j	y	ny	s	x		Ø	ng
例词	壮文	gauj（棒树）	gvang（棕榈）	gyu（盐）	haz（茅草）	hoh（节）	gyang（中间）	yah（婆）	nyungz（蚊）	sok（码头）	siuq（嚼）	ngox（芦苇）	angq（高兴）	ɵmg
	汉语拼音	gǒu	guǒng	gū	hǎ	hǒ	jiǎng	yǎ	yǒng	suó	xiū	ò	ǒmg	

韵母对应（b）

a/ia/ua

	壮文	a	ap	aep	at	aet	ak	aek	ab	aeb	ad	aed	ag	aeg
	汉语拼音													
例词	壮文	faz（铁）	hap（回声）	laep（黑）	dat（悬崖）	maet（跳蚤）	lak（塌）	gvaek（敲）	rab（脏脏）	raeb（背面）	cad（呛）	haed（绑）	fag（对面）	laeg（深）
	汉语拼音	fā	hǎ	lā	dǒ	mā	lǒ	guǒ	lā	lā	xiū	hā	fā	lā

续表

		ai	ae	aw	au	ao/ɑo		aeu	am	an/ɑn		aem	ang	ang/iong/uang			aeng
例词	壮文	lai	lae	ndaw	laux	gyaux		ʐaeu	gamj	gyan		maenj	gangz	gyang	gyangq	gaeng	gyaeng
		（多）	（流）	（里边）	（大）	（捧）		（藤）	（岩洞）	（吞）		（李子）	（合炊树）	（中间）	（宽）	（猴）	（关）
	汉语拼音	lói	lói	dé	lào	jiào		gáo	gǒn	jiǎn		mǎn	gǒng	jiōng	guǒng	gòng	jiōng

		e	e	ep	et	ek	eb	ed	eu	ao		ie					iem	ien
例词	壮文	req	dep	get	dek	reb	led	raemh	leg	gemh		renh	ciemz	mienz				
		（沙哑）	（靠近）	（痛）	（裂）	（粗糠）	（搂）	（荫）	（割）	（山坳）		（苦楝树）	（拔）	（碎的）				
	汉语拼音	lié	dié	jié	diě	lié	lié	lōm	liě	jiōn		liōn	xiōn	miǔn				

		eng	iang/ing				i					ieb	ied	ieg	ig			
例词	壮文	deng	liengj	mieng	i	iep	ip	iet	it	ieb	ib	ied	ieg	ig				
		（对）	（伞）	（沟）				（伸）			（指甲）							
	汉语拼音	dǐng	liòng	míng		riěp	jí	yí	bi	lièb	rib	cieg	dieg	lig				
	壮文	rengx	liòng			cix	ji	gip	bit	biek	lieb	rib	cieg	bid	lig			
		（早）				（角）		（拾）	（鸭）	（芋）	（螺）		（破裂）	（蝉）	（破）			
	汉语拼音	liōng	dǐng	míng		xí	ji	ji	bi	bí	li	li	xí	bi	li			

续表

壮文	im	in	ing	iu	o	op	oep	ot	oet	ok	oek	ob	oeb	od	oed	og	oeg
汉语拼音		in	ing	iu	o	op	oep	ot	oet	ok	o/uo oek	ob	oeb	od	oed	og	oeg
例词 壮文	rim（满）	linz（木柅）	lingz（猴）	liu（柴火）	moj（凸）	hop（周）	goep（田鸡）	hot（刮）	ndoet（吸）	ok（出）	doek（落）	bob（滩）	hoeb（搅）	lod（拔）	moed（蚂蚁）	rog（外）	roeg（鸟）
汉语拼音	lín	lín	líng	liú	mō	huó	guó	huó	duō	ó	duō	bō	huó	luō	mō	luō	luō

壮文	ou	om	on	uen	oem	oen	un	um	un	ong	ueng	ob	oeng	ung	ui	ei	
汉语拼音	ou	om	on	uon			un			ong					ui		
例词 壮文	mou（猪）	romh（早）	gonq（先）	nduen（圆）	goemq（盖）	roen（路）	rumz（风）			gong（堆）	gueng（喂）	goenq（座）	mungz（野芋）		guiz（弯）	ngveih（粒）	
汉语拼音	móu	luǎn	guón	duón	gǔn	lǔn	lǔn			guóng	guǒng	gǒng	mǒng		guǐ	wēi	

壮文	u	uep	up	ut	uek	ueb	ued	ug	ueg								
汉语拼音	u																
例词 壮文	ruz（船）	suep（吸气）	lup（朵）	buet（跑）	fueb（半新旧）	hub（拌）	lued（夺）	gud（挖）	mueg（模糊）								
汉语拼音	lú	sú	lú	bú	fú	hū	lū	gū	mū								

壮文					suek（包）		gut（蕨草）		guk（虎）								
例词 汉语拼音					sú		gǔ		gū								

壮文	bug（柚子）																
汉语拼音	bū																

续表

壮文	w	wet	wt	wk	wed	wd	wg	wen	wn	wng	ung
汉语拼音		e						en		eng	
例词 壮文	rwz（耳）	hwet（腰）	mwt（霉）	hwk（腮）	gwed（扛）	gwd（稠）	lwg（子）	bwenj（揭开）	hwnz（夜）	fwngz（手）	bungz（热）
例词 汉语拼音	lě	hé	mē	hē	gē	gē	lē	bēn	hěn	fēng	běng

声调对应表（表c）

壮语调类	第3调	第7短调	第6调	第7长调	第1调	第5调	第8调	第2调	第4调
汉语调类		阴平				阳平		上声	去声
例词 壮语	moj（凸）	gip（拾）/gaet（咬）/baek（捅）	raih（爬）	dieb（踏）/gwed（扛）	fag（对面）/hub（拌）/moed（蚊）/laeg（深）	rap（挑）/ongq（坛）/fwn（雨）	dat（悬崖）/mak（果子）	biz（肥）	fax（天）
例词 汉语	mō	jī/gā/bō	lái	dī/gē	fù/hū/mǒ/lū	ló/óng/fēn	dó/mó	bǐ	fù

"班"。很明显，V. 费都亚杰、颜海云（1992）的操作是以往循音觅字的一贯做法的延续。

"壮标准音—汉标准音"音值近似，看似操作便利、简洁明了，但是从壮语音系推衍汉语音系，从理论到理论的操作，其方法有先天的缺陷，会碰到"无字可选""选字无着""频繁撞字"的实际尴尬，流于简单化、一刀切。

首先看"无字可选"。V. 费都亚杰、颜海云（1992）推导出的某些音节，lāi、luān、guán、gáo、nuán、duán、díng、lě、mē、guáng、ó、góng、díng、liē等，在普通话的声韵调对应表中，就没有字可写，这就是"无字可选"。

其次看"选字无着"。V. 费都亚杰、颜海云（1992）推介"班"为mbanj「村庄」的规范汉字，但整个南部壮语的地名中，mbanj「村庄」的对音汉字没有一个[p]声母字，即便在北部壮语的地名中，"班"也是低频汉字，最高频的是"板"。V. 费都亚杰、颜海云（1992）推导lueg「山谷」的普通话音为lū，汉字有"撸、噜"，壮语地名资料目前还没发现用"撸、噜"来对音lueg「山谷」的，频率最高的是"六、禄、绿"一类入声字。按V. 费都亚杰、颜海云（1992）推导reih「畲地」的普通话音为lēi，《现代汉语词典》中只有一个"勒"（勒紧裤腰带），可是reih「畲地」的对音汉字，目前还没有发现"勒"。又如bak「嘴巴、出入口」，按V. 费都亚杰、颜海云（1992）推导的表，其普通话音为bá，汉字写作"拔、跋"等，各县市的地名资料中，bak「嘴巴、出入口」的对音汉字，"拔、跋"还没有发现。

最后看"频繁撞字"。"撞字"，仿照时尚领域的"撞衫"而来。两个明星碰巧穿了同样款式的衣服叫"撞衫"，两个词碰巧都用同样的字作为规范汉字，叫"撞字"。V. 费都亚杰、颜海云（1992）的推导很细致，每个对应的普通话音节的声韵调都构拟出来，但是没能给每个音节觅好字配上去。如果把所有音节都觅出汉字配上，其撞字的概率会很大，比如lā（配上汉字"拉"），就有laep「黑」、rab「肮脏」、raeb「背面」、laeg「深」四个词；luō（配上汉字"啰"），有lod「拔」、rog「外面」、roeg「鸟」三个词。

戴红亮（2005）也开列了一个比较简略的语音对应关系表，只有声母韵母对应，见表1-6。

表 1-6　戴红亮（2005）的语音对应关系

壮傣语支声母韵母（国际音标）	汉语声母韵母（汉语拼音）
ʔ、j、ŋ	∅
ʔ、v	w
d	d
b	b
ȵ	n
ɣ	l
h	h
ɛ	ie
e	i
ɔ	uo
ɯ	u
ɤ	e 或 er
ui、oi、ɯi	uei
ɔi	uɑi
ɤi	ei
iu、eu	iou
ɛu	iɑo
ɤu	ou

戴红亮（2005）还列有一个通名规范用字表，见表 1-7。

表 1-7　戴红亮（2005）的通名规范用字

壮傣通名	书写形式	规范形式	汉语意义
naa²	那、纳、南、娜	那	水田
baan³	云、万、温、文、板、曼、班、扳、蛮、满、晚、麻、孟、迈、莽、芒	板	村庄
phaa¹ 或 paa¹	怕、帕、葩、岜	岜	山
nam⁴ 或 ɣam⁴	南、念、稔、淋、凛	南	水、河流
dɔi¹ 或 doi¹	雷、垒、内、瑞、吕、俫、堆	堆	山坡

续表

壮傣通名	书写形式	规范形式	汉语意义
luŋ⁶或ɬuŋ⁶	东、栋、洞、崇、峒、拢、弄、隆、陇	陇	平坝子
doŋ¹	龙、弄、农、东、洞、垌、崇、秾	崇	森林
keu⁵	旧、久、纠、叫、交、教	久	山口
paak⁹	博、八、百	八	口
ɣai⁶或rai⁶	利、立、赖、亥、咳	莱	旱地
hau²	墟、圩	圩	街、集市
luuk⁶或ɬuuk⁶	六、渌、罗	渌	山谷、山冲

戴红亮（2005）的做法与V. 费都亚杰、颜海云（1992）的做法不同。戴红亮（2005）不是根据语音对应转写表去觅字，而是在若干个对音汉字中找一个语音最能对上的字，因而不会有"无字可选"和"选字无着"的尴尬，也能减少"频繁撞字"的概率。戴红亮（2005）与V. 费都亚杰、颜海云（1992）的相同之处在于，都主张在规范化过程中，要排除各自的方言因素。V. 费都亚杰、颜海云（1992）称："汉语音译的对象必须是壮语标准语而不是各个壮语方言土语。壮语方言土语众多，如果汉语音译的对象是各个壮语方言土语，势必造成译名的混乱。"戴红亮（2005）称："少数民族语地名汉译标准化的目的就是在民族语标准化基础上实行国家地名标准化和国际地名标准化，如果在选择音点时照顾方言的因素就很难建立一个统一的标准，从而无法真正做到少数民族语地名汉译规范化。"

前贤的择字原则给我们的研究开拓了道路，奠定了基础，是非常好的研究前提。毋庸讳言，其弊端也比较明显，现择其几个表述如下。

第一，除"无字可选""选字无着"之外，即便能选到字，也面临着选字生僻的问题，比如"噜、撸~lueg""勒~reih"，这些字一方面在汉字里就很生僻，另一方面在地名的实际使用中几乎找不到，没有现实基础。放着实际语言中高频率出现的汉字不选用，而选择实际地名中根本不用或几乎不用的字作为规范字，不具现实性的规范很难说会有稳固的根基。

第二，以往壮语地名规范化的研究基本是理论家空想型的，实用性弱。

以往的一般做法是：提出理论上的择字方法，然后通常会从《广西壮语地名选集》中选择一些壮语地名的条目，做一些验证。一方面，他们没有去验证更大规模的材料，无法提供量化的数据，结论缺乏科学性和可信度；另一方面，他们不在大规模材料的基础上择取实际出现的汉字，所以，研究停留在举例阶段，至今无法开出一份系统的规范字推介表，政府管理部门做管理时无所依据。

第三，前贤提出排除方言因素，要根据具体的语言而定，不能一概而论。在具体的操作中，德宏傣语和西双版纳傣语都是云南傣语的方言，然而中华人民共和国测绘局总颁布的《德宏傣语地名汉字译音规则》（CH/T4006-1998）和《西双版纳傣语地名汉字译音规则》（CH/T4014-1999）就是分方言而做的。云南傣语与广西壮语相比，云南傣语地名规范化排除方言因素比壮语还容易做一些，为什么呢？这个问题分两个方面来看，第一个方面是民族语本身，第二个方面涉及汉语。

先看第一个方面，民族语本身，从壮语与云南傣语的语族、语支的关系着眼。广西壮语与云南傣语同属于台语。按李方桂的分法，它们的关系如表1-8所示。

台语分为北支、中支、西南支。北部壮语属于台语的北支，南部壮语属于台语的中支。而云南傣语则跟泰语、老挝语等同属于西南支。单从李方桂的分区看，广西北部壮语与南部壮语的差别肯定要大于傣语内部的方言。傣语内部分为德宏、西双版纳、红金、金平四种方言，跟我们北部壮语内部的红水河土语、柳江土语、右江土语等的地位相当，也跟我们南部壮语内部的德靖土语、左江土语等的地位相当。另外，傣语有四种文字：德宏傣文、西双版纳傣文、勐定傣文、金平傣文，其中德宏傣文和勐定傣文是同一种文字的地方变体。因此，四种文字大体与三种方言相对应，德宏傣文、勐定傣文对应于德宏傣语，西双版纳傣文对应于西双版纳傣语，金平傣文对应于金平傣语[①]。换言之，傣语几种不同的文字已经把傣语的几个方言分门别类固定好了。由于有文字把方言区固定好，傣语地名的研究和规

---

① 周耀文、罗美珍：《傣语方言研究》，民族出版社2001年版，第351—353页。

表1-8 台语简要分类

台语	北支	贵州布依语	
		北部壮语	桂北土语
			柳江土语
			红水河土语
			邕北土语
			右江土语
			桂边土语
			丘北土语
			连山土语
	中支	越南岱侬语	
		南部壮语	邕南土语
			左江土语
			德靖土语
			文麻土语（云南）
	西南支	云南傣语	德宏方言
			西双版纳方言
			红金方言
			金平方言
		老挝语	
		泰语	
		掸语	

范一般都分方言进行，前者如戴红亮（2012）的《西双版纳傣语地名研究》[①]；后者有中华人民共和国测绘总局颁布的《德宏傣语地名汉字译音规则》（CH/T4006-1998）和《西双版纳傣语地名汉字译音规则》（CH/T4014-1999），都是针对傣语某个方言而进行的研究和规范。换言之，德宏傣语或西双版纳傣语的地名规范只相当于对我们北部壮语或南部壮语内部的一个土语进行规范而已，其难度和复杂度都远远小于对整个壮语地名进行规范。

---

① 戴红亮：《西双版纳傣语地名研究》，中央民族大学出版社2012年版，第185页。

其中德宏傣文所记录的语音只是德宏一个方言点的语音，西双版纳傣文记录的只是西双版纳一个方言点的语音，地域变体很少，在做音译转写和对音汉字的规范时，"石头"只有hin，没有din，"青色"只有heu，没有geu，"村子"只有manj，没有mbanj。

如果说壮语如此大差别的南北方言不必分方言进行规范，那么内部一致性比壮语更强的傣语就更不必分方言进行规范了。然而事实是《德宏傣语地名汉字译音规则》（CH/T4006-1998）、《西双版纳傣语地名汉字译音规则》（CH/T4014-1999）中依据德宏傣文或西双版纳傣文做的音译转写，本身就是分方言进行的规范化。从公布的表来看，两种方言之间没有做过什么沟通和交流。比如，表方位的"边、面"德宏说ba⁴，《德宏傣语地名汉字译音规则》（CH/T4006-1998）用汉字"拔"，西双版纳说bai，《西双版纳傣语地名汉字译音规则》（CH/T4014-1999）用汉字"拜"；"出入口"德宏说baag³，《德宏傣语地名汉字译音规则》（CH/T4006-1998）用汉字"拔"，西双版纳说bag，《西双版纳傣语地名汉字译音规则》（CH/T4014-1999）用汉字"巴"，戴红亮（2005）用"八"；"土岭"德宏说luai¹，《德宏傣语地名汉字译音规则》（CH/T4006-1998）用"雷"，《西双版纳傣语地名汉字译音规则》（CH/T4014-1999）用"类"，戴红亮（2005）用"堆"。可见，各规范的规则还是有方言的区分的。

相比之下，壮语的情况就不一样了，壮语的北部方言和南部方言本来差别就大。长期以来，任何一个方言都没有自己的文字。1958年国家帮助壮族创制的《壮文方案》，以武鸣双桥一带的语音为基础语音，以北部方言的词汇为基础词汇。这套壮文的初衷是让北部壮语和南部壮语共享一套文字系统，相当于让云南傣语、泰语、老挝语与南部壮语共用一套文字系统，要克服其间的方枘圆凿难度是很大的。

事实正是如此。首先，南部壮语的某些音位对立无法在标准壮文中体现出来，如靖西的[tam¹]「泥」和[tham¹]「池塘」、kwa⁵「过」和khwa⁵「裤子」、[thu¹]「头」和[tu¹]「一只」①，送气塞音与不送气塞音是对立的音位，但是

---

① 靖西壮语的例字出自郑贻青《靖西壮语研究》，广西民族出版社2013年版，第190—227页。

《壮文方案》并没有为送气与不送气的塞音设计单独的音位。靖西的[u][o][ɔ]的对立在《壮文方案》中也没得到体现，按现行《壮文方案》的拼写规则，总有一个音位写不了。举三个例子如下：

i.

语义	户口	困难	祝贺
国际音标	[hu³]	[ho³]	[hɔ³]
壮文方案	huj	hoj	×

ii.

语义	无力	土坡	里面
国际音标	[nui⁵]	[no:i¹]	[nɔ:i¹]
壮文方案	nuiq	noi	×

iii.

语义	鸟窝	亮	下（山）
国际音标	[luŋ²]	[lo:ŋ⁶]	[lɔ:ŋ²]
壮文方案	lungz	longh	×

由于南部壮语和北部壮语没有形成共同语，现行的《壮文方案》在使用中又无法完全拼写南部壮语，学校教育遇到了空前的困难。据壮文教学第一线的同志说，方言区的群众开始学壮文的积极性很高涨，听说学了之后就能把自己说的话写下来，实现"吾手写吾口"。但是学校教的壮文不能完全写自己的口语，壮文拼写的是武鸣壮语，要先学武鸣标准语。这说明，在跟武鸣音系相差较大的方言区教授拼音壮文，其学习过程不单是学会使用一种跟自己口语相关的书面文字，而是需要通过学习另外一种语言来掌握此文字。这样拉长了学习的长度，有这个精力和时间，直接学汉文都学会了。目前的局面是，《壮文方案》推广了半个世纪，南部方言区的人学习的就很少，全县能用《壮文方案》的人找不出几个来。就第二次地名普查而言，有的县市好不容易找到本县的一两个在壮文学校学过壮文的人来拼写当地的壮语地名。但是南部壮语如靖西、宁明、天等就出现了比较大的问题，他们学的是用《壮文方案》来拼写武鸣的音系，无法用《壮

文方案》来拼写本地的方言，比如方言间调值和调类的关系就比较混乱。武鸣的第1调24，第2调31，第3调55，第4调42，第5调35，第6调33。左江土语的第1调普遍是55，这个55跟武鸣的第3调55刚好一致。我们看到左江土语把第1调的很多词都写成第3调，如dangj「尾巴」、ndingj「红色」、cuj「州」。这无论是对后期整理入库、地名的规范管理，还是对后辈学者的研究都带来很大的困扰，让人费很大精力来辨别dangj「尾巴」、ndingj「红色」、cuj「州」与别的方言的dang「尾巴」、nding「红色」、cu「州」是一个词还是两个词。

其次，标准壮文对南部方言的记录不是很齐全，用标准壮文编纂的词典，对方言词的收录也有缺漏。首先跟北部方言不同的词，如常见地名词gw/gwz「池塘」、coeg「洼地」就没有收录；其次大量的方言变体也没有收录，如gau「白色」、geu「青色」、manj「村庄」、din「石头」、siz「长」。对壮语地名进行规范，不可避免地会碰上hin/din、heu/geu、mbanj/manj到底算一个词还是算两个词的问题。对壮语地名进行规范，是要把台语北支和台语中支合起来规范，这比把云南傣语、泰语、老挝语合起来进行规范的难度还大，如果不考虑方言的差别，是很难行得通的。由于北部壮语和南部壮语在历史上并没有形成自发的共同语，人为地把南部壮语的gw/gwz「池塘」规范为北部壮语的daemz「池塘」，把南部壮语的gau「白色」规范为北部壮语的hau「白色」，把南部壮语的bai「水坝」规范为北部壮语的vai「水坝」，会严重丧失当地的土人感，违背名从主人的基本原则。

再看第二个方面，从汉语来看，这个问题也很重要。云南傣语地名的傣汉对音发生在遥远的过去，傣族居住区历史上估计也通行过西南地区的古平话，其对音的汉字今天还能看出古平话的痕迹，如 mak「果子」~抹、leg「深」~勒。上述字的傣语都是促声韵，对音的汉字也都是入声字。《德宏傣语地名汉字译音规则》（CH/T4006-1998）表中"出入口"的 baag³ 跟数词"百"的 baag³ 同音，情况跟广西是一样的，广西就用"百"来对音"出入口"的 bak。但是，云南共时层面的汉语方言高度单一，只有西南官话一个品种，跟广西的官、平、客、白等汉语方言多品种共存的情况相比单纯多了。也就是说，云南的老百姓只有西南官话的语感，没有中古语音的语感。其规范化时，无须考虑韵母收[p][t][k]尾的促声字，也不需要考虑收[m]尾的字，由于官话的4个声调跟傣语的8个声调对不上，也不需要考虑调类对应的问题，只考虑官话的声母、主元音与傣语的声母、主元音是否相近就行了。

  多语多方言和谐共处正是广西的主要语言生态。广西的汉语方言之多，在全国是很著名的，历史上一直有"官平壮客白"的说法，而且这些方言，到目前还在广泛使用。壮语bak「嘴巴、出入口」是个促声韵尾的词，现在的普通话，入声韵尾消失了，按V. 费都亚杰、颜海云（1992）的推导，bak「嘴巴、出入口」对应普通话音bá，韵母没有入声尾。但是，中古时期的汉语，是有这样的韵尾的。广西的白话平话，就保留了中古汉语的面貌。语言学界普遍认为，平话主要形成于晚唐至两宋时期，是当时西南地区最主流的语言，对西南地区的少数民族影响最大，西南地区的少数民族语言普遍向这个主流汉语借用语音和词汇。中古时期，壮族人民也很自然地使用古平话的字音来记录壮语地名。现在存留下来的壮语地名，bak「嘴巴、出入口」的对音汉字普遍用入声字"百"来对应，"百"中古读音为$[pak_{\circ}]$，与壮语的读音完全吻合。目前广西还有大量的白话平话人把"百"读为$[pak_{\circ}]$的，与壮语的bak「嘴巴、出入口」还保持着相似的音值，有很强的语感。即便是壮语内部，也还有一套汉语读书音的系统，现在还在使用，其音系正是平话音系。当代壮语人用汉字编辑手机短信，涉及壮语的人名时，就会用到这个读书音系。比如男孩的名字叫"lwg×"，汉字就写"力×"或"勒×"。这样的语感，云南的官话完全无法体会出来，bak「出入口」在德宏傣语地名只需选择声母韵母ba的音来对应就可以了，"八、拔、把、爸"等都行。但是在广西，即便是选择"八、拔、白"，白话平话人的语感还不算精确，因为"八、拔"的读音是$[pat_{\circ}]$，收[t]尾不收[k]尾，"白"的读音是$[pak_{\circ}]$，韵尾倒是合适了，但是是个阳入字，与bak的第7调还是对不上。

  基于以上的原因，本著主张，壮语地名对音汉字的规范化，不能不把方言的因素考虑进去。除上述语言体系和语言使用层面的因素之外，更需要考虑的是历史文化方面的因素。地名就是历史，承载着地域开发史。壮语地名中的汉语、壮语对音，必是某个历史时期的语音对应（从材料看，中古时期的对应居多）。汉语、壮语的方言，恰恰能将这些历史信息保存下来，形成地名中层层累积的历史纹理。先看壮语。据张均如、梁敏等的《壮语方言研究》[①]，北部壮语的族群源于古代西瓯部族，而南部壮语的族群源于骆越部族。两大方言区不同的词或同一词的不同发音，反映了西瓯和骆越两个不同的部族在历史演进过程中所携带的特征，如果不考虑这些差别，会人为地将西瓯部族和骆越部族在历史演进过程中所形成的区别特征性抹平，丢失很多历史文化方面的信息。再看汉语。汉语用"百"对音壮语的bak「嘴巴、出入口」，用的是平话层次的音。平话主要形成于晚唐至两宋时期，地名中的这些语音特征很清楚地反映了平话人这一汉族民系参与广西地域开发并在占据着广西主流社会地位的时间至晚也在宋代，这对勾勒平话民系的移民史、与壮民族的交融史、参与壮族地区的开发史，无疑有重大的价值，这就是民族学界说的"语言考古"，也正是地名常被人称为历史文化活化石的原因。如果完全排除方言的因素，只考虑现代层面的"壮标准音—汉标准音"，势必会剥离掉地名中的历史纹理，只剩下最表面的一层，结果倒是规范了，可历史也丢了，得不偿失！把规范化解释为"规定写一个字，只要不引起混乱就行"，是对规范化简单粗暴的理解。地名规范是现代化发展的要求，是必须进行的，但地名不仅是一个简单的名称，而是社会变迁、民族发展的载体，承载着许多文化的内涵，规范化绝对不能以割裂地名的历史文化为代价。

二　本著的规范化原则

本著对壮语地名规范化的认识与以往的主张不同，即不强求"壮标准语—汉标准语"的音值近似，我们主张既保留壮语方言，也保留汉语方言；提出兼顾历史与现代、频率与语音对应的择字原则；在纷繁众多的对音汉字中推介一个规范字，推介的规范字有土人感，与当地人的实际使用不违和；我们不从音系推衍音系，不从纯理论的假设出发，而从实际的地名用字着手，有量化统计的基础作依据，确保规范化有现实性。

---

① 张均如、梁敏、欧阳觉亚等：《壮语方言研究》，四川民族出版社1999年版，第8页。

（一）规范化的对象

1. 地名的类别

地名的词汇量很大，我们无法对所有的地名用字都进行规范，目前本著只能对"常见地名用字"进行规范。"常见地名"是指什么？我们认为：有地理标识作用的实体以及对这些实体做限定、说明、补充的概念最容易成为地名中高频的、常见的词语。我们把常见的地名词语分为10个语义类：即天类、山岭类、河流类、田地类、村街行政单位类、人工地物类、植物类、动物类、方位类、描述类。这10类，每类下面都会有若干个词条，每个词条有数量不等的对音汉字。

2. 汉译字的类别

每个词条的汉字，与壮语的关系有两种，一种是对壮语的意译，另一种是对壮语的音译。比如"水塘"，无论是北部的daemz还是南部的gw/gwz，都用汉语的"塘"来对译，属于意译。"白色"，无论是北部壮语的hau，还是南部壮语的gau，都用汉语的"白"来对译，是意译；"村子"，无论是北部壮语的mbanj还是南部壮语的manj，都用汉语的"村、屯"来对译，属于意译。意译的实质是把壮语地名改写为汉语地名，导致壮族文化流失，记录地名时要避免用这样的方式。"花山壁画"的"花山"，当地壮语为byaraiz，当地本有音译"岜莱"。这个地名被意译为汉语的"花山"之后，进入书面语，乘着书面语的列车快速进入现代社会，饱含着浓郁壮族元素的"岜莱"将很快被人遗忘。意译字不是本著的研究对象。

如果daemz「水塘」用"腾、坛、屯、肉、寻、替、敦、墩、贪、单、登、淡"来记录，gw/gwz「水塘」用"渠、魁、溪、克、决、吉、启、革、堪、其、奇"来记录，hau「白色」用"好、号、皓、浩、耗、敲、蒿"来记录，gau「白色」用"告、考、靠"来记录，mbanj「村庄」用"板、班、办、盘"来记录，manj「村庄」用"晚、万、慢、敏、满、蛮、皿"来记录，则属于音译，我们叫"对音汉字"。音译用的"对音汉字"才是本著的研究对象。

3. 排除意译字，确定对音汉字

daemz、gw/gwz，对译"塘"，hau、gau，对译"白"，mbanj、manj，对

译"村、屯",这样的意译很容易辨别。但有些曲折的意译,需要仔细辨别。隆安的 lingq「陡坡」,对译的汉字"途、秃、斗",这几个字跟 lingq 的语音差别太大,可能就是"陡"的同音字,那么这个判断为意译。隆安有个地名,壮语叫 mboqnoix「mboq:泉水,noix:少」,意思是"水很少的泉",对译的汉字是"卜造","卜"与 mboq 对应,是音译,"造"与 noix 对应,是音译还是意译呢?我们认为就是意译"少"字。汉语"少"读擦音声母[s]/[ʂ],"造"在汉语中是塞擦音[ts],但是好多壮语的方言到目前为止都没有发展出塞擦音,塞擦音与擦音无法分清,汉语塞擦音[ts]的"造"与擦音[s]/[ʂ]的"少"在壮族人看来是同音的。宁明县有个 bayluegraiz「bay:石山;lueg:山谷;raiz:斑纹」,对译汉字为"下来山",bay 对"山",是音译,raiz 对"来"是音译,lueg 对"下"肯定不是音译,那么是意译吗?这里的对译比较曲折:lueg 先音译为"落","落"有"落下"的意思,再训读为"下"。显然,"下"也不能再算对音汉字。

4. 如何确定"一个词"

(1)核对壮文和汉字

普查人员的壮文水平高低不一,工具书中有壮文的,情况还好办。壮语方言区有很多方言变体的词,工具书都没有收录,对普查的记录就需要小心鉴别。比如 bya「石山」,在河池巴马、百色田阳,音变为 gya,到左江土语进一步音变为 ca。可是,壮文工具书只收录有标准语的 bya,河池巴马、百色田阳"石山"都写为 bya,但是其对音汉字"加、架、茄、界、炸、榨"声母并不是[p],我们推测其读音不是 bya。要写一个反映当地实际读音的拼音壮文,如果有录音,可以根据录音来写,但是我们拿到的普查材料,多数还没有采录读音,因此只能根据对音汉字的方言读音来推测拼音壮文的写法为 gya。左江土语读为 ca,其音色跟标准语的 bya 相差实在太远了,普查人员只能自己写一个壮文 caj。这个第3调的 caj 我们就得判断是否跟第1调的 bya 为同一个词的不同变体。我们认为 caj 是普查人员的误写。普查人员受过标准壮语的训练,知道武鸣的调值与调类关系,第1调24,第2调31,第3调55,第4调42,第5调35,第6调33。但是普查人员不一定知道方言的调类与调值。左江土语的第1调普遍是55,这个55跟武鸣的第3调55刚好一致,所以，左江土语普遍都记为第3调的caj。明白这一点，我们才判断caj与bya是同一个词的不同方言变体，而且caj应该写为ca。南部壮语的左江土语把第1调写成第3调的情况还比较常见，gau「白色」写为gauj、dang「尾巴」写作dangj、hu「头部」写为huj、nding「红色」写作ndingj、sung「高」写为sungj、cu「州」写为cuj，我们都统一写为第1调，判断为同一个词的方言变体，避免增加很多新词。

有时，普查人员记录的壮文不是本调，而是个变调，我们也要加以判断。例如河池巴马、百色田林、崇左龙州等地有个"山脊、坡地"的词，写作ndangh/langh，我们判断第6调的ndangh/langh应该是个变调，第5调的ndangq是本调，因为壮语中mb、nd声母的字，只配单数调不配双数调，所以我们统一记录为ndangq。

也有的可能纯粹就是笔误，如donh「戽斗」，其对音汉字是"群"，我们推测可能是gonh的笔误，统计时仍按gonh来记录。

壮语地名中的"出口转内销"比较常见。比如mbanj「村屯」常用"板"来对音，普查时，当地人会念一个"（木）板"的壮语benj，我们统计时仍按mbanj来统计。比如lueg「山谷」通常用"六、绿、禄、渌"等字来对音，调查的时候当地老百姓一时想不起壮语的原来读法，就按汉字的官话音ruz返回去，当作一个壮文写下来，我们统计材料的时候还是按lueg来记录的。又如raengz「地下溶洞、深潭」常用"陵、凌"等字对音，老百姓有时候就把"陵、凌"的官话音lingz反转回去当作壮语读音，我们在统计时，仍然按照raengz来记录。再如ngox「芦苇」常用"五"来对音，用的是平话的读音[ᶜŋu]，但是晚近以来，当地平话衰微，普查时用"五"的官话音vuj反转回去当作壮语读音，我们统计时仍按ngox来记录。

"张冠李戴"也是壮语地名中的常见现象。比如壮语中的giuz「桥」比较常见，工具书也只记录这个词。但是在有些县，如田阳、靖西，giuz「桥」的对音汉字出现"孔、扎"，实为张冠李戴的做法。"孔"可能是gungj的对音汉字，gungj疑为汉语借词"拱"，是那种由若干个拱形墩连续而筑成的桥。"扎"是cad的对音汉字，cad是小溪中的一种木制拦水坝，表面平坦，人可从上面通过，功能也相当于桥。所以，"孔、扎"不是giuz的对音汉字，统计giuz的对音汉字时应当删除。mou「猪」的对音汉字中出现"垝","垝"实为gyauh「野猪」的对音汉字，却张冠李戴为mou「猪」，统计mou的对音汉字时也将其排除。bo「坡」的对音汉字中出现"农"也是张冠李戴，"农"原来是ndongj「岭坡」的对音汉字，写到bo「坡」这里来，统计的时候要把"农"统计到ndongj中去。

（2）壮语地名汉译规范背景下的"词"与语言学的"词"

我们对壮语地名的一个词的若干对音汉字进行规范，先要确定什么是"一个词"。在壮语地名汉译规范这样的背景下谈"一个词"，有两种情况。

①方言间读音不同，词形不相关，每个词形都是一个词。比如北部壮语的daemz「水塘」，南部壮语的gw/gwz「水塘」；北部壮语的mbwn「天」，南部壮语的fax「天」；北部壮语的gumz「洼地」，南部壮语的coeg「洼地」；北部壮语的guk「老虎」，南部壮语的sw「老虎」；北部壮语的gwnz「上面」，南部壮语的nw「上面」，尽管语义相同，但是形式不相关，每一个形式都是独立的"一个词"。换言之，daemz「水塘」是一个独立的词，其规范化要做的是其对音汉字"腾、坛、屯、凼、寻、褥、敦、墩、贪、单、登、淡"，gw/gwz「水塘」是一个独立的词，其规范化要做的是其对音汉字"渠、魁、溪、克、决、吉、启、革、堪、其、奇"，余者类推。此时，壮语地名汉译规范背景下的"词"=语言学的"词"。

② 方言间读音虽然不同，但是词形相关，语言学上一般认定为"有地域变体的一个词"。"头部"，标准壮语读为gyaeuj，这个词在南部壮语及部分北部壮语读caeuj，声母由gy变成c，壮语中这一演变也比较常见，相应的词有：gyang>cang「中间」、gyax>cax「刀」、gyae>cae「远」、geq>ceq「老」、ge>ce「松树」、gyoengq>coengq「帮、群」。"头部"的对音汉字有"周、川、苟、古、吉、丘、垝、邱、久、交、九、旧、教、介、加、甲"，这些对音汉字可分为三组。第一组是"周、川"，中古章、昌母字，在汉语方言中声母的读音只有[tʃ]/[tʃʰ]之类的塞擦音，反映了"头部"声母读c的情况。第二组是"苟、古、吉"，这三个字是见母字，在汉语方言中，这些字都读[kʰ]/[k]，没发现声母读[tʃ]/[tʃʰ]的。所以"苟、古、吉"这几个字反映了"头部"声母为gy的情况。第三组是"丘、垝、邱、久、交、九、旧、教、介、加、甲"，

这些字在汉语方言中声母既有读[k]的，也有可读[tʃ]的，声母既与gyaeuj对应，也能与caeuj对应。"红色"，标准壮语读为nding，这个词在南部壮语读ning，声母变了，北部壮语的nd到了南部壮语变成n是很常见的演变，相应的词有：ndaej>naej「得到」、ndei>nei「好」、ndeu>neuz「数字"一"」、ndang>nang「身体」、ndaem>naem「黑色」。"红色"对音汉字中反映了这一音变，"正、丁、定、顶"反映的是声母读nd的情况，而"良、另、林、灵、零、陵、凌、宁"反映的是声母读n的情况。"水"这个词，标准壮语读为raemx，这个词在南部壮语读为naemx，北部壮语的r到了南部壮语演变为n。"水"的对音汉字刚好反映了这一语音演变，"林、淋、年、隆、泠、伦、仑、文、榄、兰、仁"反映了声母为r的情况，"南、内、念、稔、淰、唸"反映了声母为n的情况。"水坝"这个词，北部壮语读为vai，对音的汉字有"外、歪、怀、槐"，南部壮语读为bai，对音的汉字有"派、排、坝、巴、把"。这个词反映了南部壮语的b声母到了北部壮语演变为v。"村寨"，标准壮语读为mbanj，这个词在南部壮语读manj，北部的声母mb到南部变成了m，类似的演变如mbaw>moi「叶子」、mbang>mang「薄」。mbanj>manj这一音变在对音汉字有很明显的反映，"板、班、办、盘"反映了声母读mb的情况，"晚、万、慢、敏、满、蛮、皿"反映了声母读m的情况。于是，我们得到如下的壮汉语对音的格局：

i. 头部　　gyaeuj~古、苟、吉、吊、丘、坵、邱、久、交、九、旧、教、介、加、甲

　　　　　caeuj~周、川、丘、坵、邱、久、交、九、旧、教、介、加、甲

ii. 红色　　nding~正、丁、定、顶

　　　　　ning~良、另、林、灵、零、陵、凌、宁

iii. 水　　　raemx~林、淋、年、隆、泠、伦、仑、文、榄、兰、仁

　　　　　naemx~南、内、念、稔、淰、唸

iv. 水坝　　vai~外、歪、怀、槐

　　　　　bai~派、排、坝、巴、把

v. 村屯　　mbanj~板、班、办、盘

　　　　　manj~晚、万、慢、敏、满、蛮、皿

语言学上的"头部、红色、水、水坝、村屯"5个词，有10组不同对音汉字，它们到底算5个词还是算10个词。以"水坝"为例，如果是一个词，"外、歪、怀、槐、派、排、坝、巴、把"只需规范为一个汉字，此时，仍然维持着壮语地名汉译规范背景下的"词"=语言学的"词"。如果是两个词，"外、歪、怀、槐"规范为一个汉字，而"派、排、坝、巴、把"则规范为另一个汉字，这时壮语地名汉译规范背景下的"词"≠语言学的"词"，语言学中的一个词在壮语地名汉译规范背景下被看作了两个不同的词。

那么，什么时候语言学上一个词在壮语地名汉译规范背景下仍然算一个词，什么时候语言学上的一个词在壮语地名汉译规范背景下要变成两个词呢？在本著的具体实践中，我们拿出了自己的处理办法。上述的5个词，代表着两种情况。

第一种，壮语地名汉译规范背景下的"词"=语言学的"词"，以"头部""红色""水"为代表。"头部"在壮语方言中有gyaeuj、caeuj两个读音，其对音汉字分为三组，在广西的汉语方言中，"苟、古、吉"声母为[k]/[kh]，对应壮语gyaeuj的声母，而"周、川"声母为[tʃ]/[tʃh]之类的塞擦音，对应壮语caeuj的声母，而"丘、垢、邱、久、交、九、旧、教、介、加、甲"在汉语方言中，其声母既有读[k]的，也有读[tʃ]的，跟gyaeuj/caeuj都能对应，我们只需在"丘、垢、邱、久、交、九、旧、教、介、加、甲"中选取一个汉字就可照顾到壮语方言的读音变体。"红"在壮语方言中有nding、ning两个读音，对音汉字分为两组，"正、丁、定、顶"声母读[ts]/[t]对应nding，"良、另、林、灵、零、陵、凌、宁"声母[l]/[n]对应ning，我们没有必要规范为两个汉字。广西的平话白话中，有很多方言的声母[ts]/[t]就带有壮语声母nd的色彩，我们在[t]中选取一个字也可以照顾到[l]/[n]，音色非常接近，群众应该能接受。"水"，标准壮语读raemx，南部壮语读naemx，raemx的声母对应汉语的声母为[l]，naemx的声母对应汉语的声母为[n]，汉语方言很多地方[l]/[n]的对立也不是很清楚，就可以raemx、naemx合起来，不用区分为两个词，我们选取"淰"一字，两个变体都可以对应。

第二种，壮语地名汉译规范背景下的"词"≠语言学的"词"，语言学中的一个词，被看成两个或两个以上的词，以"水坝""村屯"为代表。"水坝",壮语vai与bai是方言变体关系,代表着壮语声母v与b之间的演变和转化,而这样的演变,在共时层面的汉语中无法找到对应的演变,上述"水坝"vai与bai的对音汉字在广西的汉语方言中,要么读[v],如"外、歪、怀、槐",要么读[p]/[ph],如"派、排、坝、巴、把",没有哪个汉字既可以读[v]又可以读[p]/[ph]的。"村屯",壮语mbanj与manj是方言变体关系,代表着壮语声母mb与m之间的演变和转化,而这样的演变,在共时层面的汉语中无法找到对应的演变,上述mbanj与manj的对音汉字在广西的汉语方言中,要么读与mbanj的声母相对应的[p],如"板、班、办、盘",要么读与manj声母相对应的[m],如"晚、万、慢、敏、满、蛮、皿",没有哪个汉字既可以读[p]又可以读[m]的。所以,我们只能将vai与bai当作两个词条来处理,vai「水坝」的对音汉字"外、歪、怀、槐"规范为一个汉字,bai「水坝」的对音汉字"派、排、坝、巴、把"规范为另一个汉字;mbanj「村庄」与manj「村庄」也当作两个词条来处理,mbanj「村庄」的对音汉字"板、班、办、盘"规范为一个汉字,manj「村庄」的对音汉字"晚、万、慢、敏、满、蛮、皿"则规范为另一个汉字。

综上所述,壮语地名汉译规范背景下的"一个词",有时跟语言学的"词"相同,有时不同。判断相同或不同,也必须以语言学的历史音变知识为依据。

先看"同",即"一个词"。壮语中某个词X,在一个方言中读为X1,在另一个方言中读为X2,X1、X2具有语音演变关系。在汉语方言中,如果能找到一个/一类汉字Y,其读音在汉语的此方言中读音为Y1,在彼方言中读音为Y2,Y1、Y2具有语音演变关系,且Y1可以与壮语的X1对音,Y2可以与壮语的X2对音,即Y1、Y2的语音演变与X1、X2的语音演变是同质的。这种情况下,只需要用Y或从Y中找一个字,就可以既对应X1又对应X2。

再看"不同",即"两个词"。壮语中某个词X,在一个方言中读为X1,在另一个方言中读为X2,X1、X2具有语音演变关系。在汉语中有一个/一类汉字Y,跟壮语的X1相对音;而另一个/一类汉字Z,跟壮语的X2相对音。在汉语方言层面,无法证实Y与Z有语音演变的关系,规范化时,只能是用Y或从Y中找个字来对应X1,用Z或从Z中找个字来对应X2。此时,壮语中的一个词,被规范为两个汉字,在某种意义上被看作两个词。

鉴于上述的分析，在统计地名材料时，词条的分与合很重要。为了确保不同方言间某变体①与某变体②能合并为一个词条，或某变体①与某变体②必须分开各自单独成词条，我们都是按方言来统计的，方言的分区以张均如、梁敏、欧阳觉亚等的《壮语方言研究》①中的界定为依据，即：

北部方言：

桂北土语：龙胜、三江、永福、融安、融水、罗城、环江、河池、南丹、天峨、东兰、巴马；

柳江土语：柳江、来宾（北部）、宜州、柳城、忻城（北部）；

红水河土语：贺州、阳朔、荔浦、鹿寨、桂平、贵港、武宣、象州、来宾（南部）、上林、忻城（南部）、都安、马山；

邕北土语：邕宁（北部）、横县、宾阳、武鸣、平果；

右江土语：田东、田阳、百色；

桂边土语：凤山、田林、隆林、西林、凌云、乐业；

南部方言：

邕南土语：邕宁（南部）、隆安、扶绥、上思、钦州、防城；

左江土语：天等、大新、崇左、宁明、龙州、凭祥；

德靖土语：德保、靖西、那坡。

除了遵循壮语、汉语的语言历史演变规则之外，还要兼顾对音汉字的地域分布。这方面最典型的例子是dah「河」。这个词在壮语的各个方言中都读dah，没有地域变体，但是其对音的汉字却有明显的地域分别。南部壮语以及北部的右江土语（即右江以南、以西的地区）使用的对音汉字"多、妥、拖、驮"，这些字白话官话的韵母都读[o]，但是早期平话韵母都读[a]；而北部壮语使用的对音汉字是"达、打、答、大"，这些字的官话音，韵母读[a]。可见，dah「河」明显分为两个区域，一个区域用平话对音，层次早；另一个区域用官话对音，层次晚。为了尊重这些地域的历史，我们把南部壮语以及北部壮语的右江土语的dah「河」当作一个词，在"多、妥、拖、驮"中选一个规范字，把北部壮语的dah「河」当作另一个词，在"达、打、

---

① 张均如、梁敏、欧阳觉亚等：《壮语方言研究》，四川民族出版社1999年版，第12页。

答、大"中选一个规范字。这也是语言学中的一个词,在壮语地名规范化背景下被当作两个词了。

本著所论涉及了198个词,都是壮语地名规范化背景下的词,跟语言学背景下的"词"不一定相一致。

(二)对音汉字的择字原则

对音汉字的择字原则有9项:

Ⅰ. 音值相似,音类对应;

Ⅱ. 立足中古平话,兼顾现代官话;

Ⅲ. 高频优先、从宽,低频补充、从严;

Ⅳ. 汉语借词还原;

Ⅴ. 兼顾方块壮字;

Ⅵ. 兼顾同语支傣语的情况;

Ⅶ. 避免汉字成词;

Ⅷ. 撞字避让;

Ⅸ. 兼顾社会影响力。

这9条原则,前4条可谓基本原则,尤其以Ⅰ、Ⅱ为核心。后5条可谓辅助原则。我们在基本原则方面与前贤的研究差异较大,在辅助原则方面我们在很大程度上继承了前贤的成果,故与前贤研究相同之处较多。

原则Ⅰ、Ⅱ

原则Ⅰ、Ⅱ是本著择字的核心。

先看原则Ⅰ。壮语的汉字对音,不是语言学上说的记音,而是宽松的语音对应。对音时,一方面讲究音值相似,另一方面讲究音类的对应。音值相似以声母韵母的相似居多(我们称为Ⅰa),尤其以韵母中主元音的相似为底线(林亦,私人交流)。声母韵母的相似(Ⅰa),Ⅴ.费都亚杰、颜海云(1992)的对应表已经做得很好,可以直接参照。音类的对应则以声调调类为主(我们称为Ⅰb)。壮语有8个调、6个舒声、2个促声,汉语的官话只有4个调,调类对应不上。但是在平话白话中也是8个调、6个舒声、2个促声(汉语叫入声),调类刚好是对应的,对应关系如表1-9所示。

表1-9　白话平话与壮语的调类对应

白话平话	阴平˨˦	阳平˨˩	阴上˥˧	阳上˩˧	阴去˧˥	阳去˨˨	阴入˥	阳入˨
壮语	第1调	第2调	第3调	第4调	第5调	第6调	第7调	第8调

　　比对音值和音类的具体步骤是：把某个壮语词的全部对音汉字统计出来，逐一标出其中古音的音韵地位，然后翻检广西汉语方言的研究成果，标注上白话平话官话的读音，将这些汉语方言字的读音与壮语词的读音做比对，判断其音值是否相似，音类（调类）是否对应（详见第二章）。如果音值相似，音类（调类）也能对应的，基本是平话的层次；如果音值相似，音类（调类）对不上的，则以官话层次为主。以往的研究表明，现今壮语地名中的汉字基本反映了两个历史层次，中古层（白话平话）和近现代层（官话）。从历史文化的角度看，中古层承载了历史信息，尤其是平话的对音，意义更大一些（我们称为Ⅱa）。但是从规范化的角度看，地名是为了在现代社会中的使用更为便捷，也要照顾现代通语即官话的使用情况（我们称为Ⅱb）。

　　如果能找到同时满足原则Ⅰ、Ⅱ的汉字，是上佳的选择。比如，前述北部壮语的mbanj「村庄」，对音汉字有"板、班、办、盘"，最合适的就是"板"。首先，声调是阴上调，对应壮语的第3调，满足Ⅰb，另外声母韵母的音值都相似，满足Ⅰa，更为难得的是，白话平话（中古层）、官话（现代层）的读音都是[˧pan]，非常符合Ⅱa、Ⅱb的要求。再如，nding「红色」，选字"丁"，其汉语各方言的读音大体是[˧tin]/[˧tin]，其声母韵母与壮语能对应，而且声调在各方言也都是阴平调，也跟壮语的第1调对应，同时满足Ⅰ、Ⅱ。

原则Ⅲ

　　有时候能同时满足原则Ⅰ、Ⅱ的，也并不能选作规范字。naz「水田」的对音汉字"那、纳、哪、拿、南、拉"，其中"拿"读[˨na]，阳平调，与壮语naz的第2调调类对应，能满足Ⅰa、Ⅰb。另外，无论是官话（现代层）还是白话平话（中古层），其音值和音类都能与naz吻合，能满足Ⅱa、Ⅱb。但是"拿"的使用频率很低，而"那"的使用频率非常高，即便"那（阳去）"的调类对应不上naz的第2调，不能满足Ⅰb，也要选"那"，这就是原则Ⅲ"高频优先、从宽",意思是:频率很高的字,即便原则Ⅰ、Ⅱ中有某些项不能满足,也要优先考虑。

本著对"高频"的理解有两个层面。一个是"高频词",指在壮语地名中出现的频率很高,如naz「水田」、mbanj/manj「村屯」、bak「嘴巴、出入口」、lueg「山谷」、rungh「山间平地」、dah「河流」。大家一谈到壮语地名,都将这些词作为特征词,可以说,它们是壮语地名的代表。另一个是"高频字",指一个词的若干对音汉字以某一个字的使用较多。"那"作为高频词naz中的高频字,"百"作为高频词bak中的高频字,"六"作为高频词lueg中的高频字,这些高频词中的高频字,要优先,在音值音类方面的要求要宽松。而非高频词的高频字,比如"家"是非高频词ga「乌鸦」的高频字,音值音类方面的要求就更严格。我们的"高频优先"基本指高频词中的高频字要优先选,其他规则可以从宽,而非高频词的高频字相对要求严格一些。

原则Ⅲ"高频优先",是频率原则,直接关系到群众使用地名的土人感,对一些常用度高的地名,这也是很关键的原则。原则Ⅲ与原则Ⅰ、Ⅱ同时满足的条目不多,很多情况都是:遵从原则Ⅲ的"高频优先",通常要牺牲Ⅰa、Ⅰb、Ⅱa、Ⅱb中的某一项或某两项。根据第三章的"常见壮语地名对音汉字的规范字推介表",几个常见地名词的情况如表1–10所示。

原则Ⅳ

本著继承V. 费都亚杰、颜海云(1992)提出的"汉语借词还原"原则,在操作过程中对此原则做两点补充。

(1)"汉语借词"指能明确为中古层次的汉语借词。如ga跟汉语的"乌鸦"的"乌"对应,但是中古层次(白话平话)的"乌"读音跟ga相去甚远,所以,不能还原。再如du/duz的本字就是汉语的"头",今天白话平话官话,没有任何一个方言"头"的韵母读[u]的,中古层次基本读[ou],所以也不能还原。

(2)某个词壮语保持中古借词的读法,可是这个词到现代通语的层次,读音变了。为了保留历史,名从主人,规范化时保留中古的读法而不是跟着现代通语跑。这种情况以"松"为例。"松",中古本是阳平字,壮语中的coengz保留了这个调。可是,在现代普通话中,"松"变异为阴平字。如果按"汉语借词还原"的做法,规范化还原"松"的本字,大家势必会跟着普通话读阴平调,反而淹没这段历史。所以,为了名从主人,不还原更合乎历史。

表1-10 高频词与原则Ⅰ、Ⅱ、Ⅲ的相互关系

含义	规范字	Ⅰa 音值相似	Ⅰb 音类对应	Ⅱa 平话	Ⅱb 官话(通语)	Ⅲ 高频优先
村屯	mbanj ~ 板	√	√	√	√	√
石山	bya ~ 岜	√	√	√	√	√
尾巴	dang ~ 汤	√	√	√	√	√
悬崖	dat ~ 达	√	○	√	√	√
红色	nding ~ 丁	√	√	√	√	○
畲地	reih ~ 利	√	√	√	○	√
长	raez ~ 黎	√	√	√	○	√
嘴巴、出入口	bak ~ 百	√	√	√	√	√
山谷	lueg ~ 六	√	√	√	√	√
下面	laj ~ 拉	√	○	√	√	√
水田	naz ~ 那	√	○	√	√	√
河流	dah ~ 打	√	√	√	√	○
植物词头、此地	go ~ 古	√	√	√	√	√
村屯	manj ~ 晚	√	○	√	○	√
水塘	gw/gwz ~ 渠	√	√	√	○	√

原则Ⅴ

本著沿用V. 费都亚杰、颜海云(1992)提出的"兼顾方块壮字"原则并在实践中将其发挥扩展。方块壮字是壮族民间知识分子使用的一种欠成熟的文字系统。方块壮字是在汉字的直接影响下,模仿汉字的造字和用字方法,直接借用汉字或利用汉字做偏旁部首创造的。方块壮字借用汉字或

用汉字做偏旁部首时，基础就是汉语与壮语的对音。方块壮字的原理跟壮语地名中对音汉字的原理是相同的，推介规范字时可适当考虑方块壮字的因素。

本著碰到两种情况。一种是，参照方块壮字的声旁选取规范汉字。比如前文说到naz「水田」，其对音汉字"拿"的音韵地位比"那"更合适，但是"那"的频率占绝对多数。naz在方块壮字中最常见的写法是"甾、哪"，就是以"那"为声旁的，说明"那"作为naz的对音汉字在民间有着广泛的群众基础。

另一种是，直接使用方块壮字。壮语地名中，有的方块壮字表示壮族人对特定地理实体的认识和命名，还被汉字系统吸收。V．费都亚杰、颜海云（1992）举出被汉字系统吸收的有四个字：岽（rungh「山间平地」）、岜（bya「石山」）、崬（ndoeng「森林」）、峒（doengh「大片田野」）。这四个方块壮字也分别被我们推介为规范字，但是我们有点小改动，改为：岽~rungh「山间平地」、岜~bya「石山」、崬~ndongj「土岭」、峒~doengh「大片田野」。V．费都亚杰、颜海云（1992）记录的"崬~ndoeng「森林」"，而我们改作"崬~ndongj「土岭」"。理由是："崬"确实收入《现代汉语词典》，注释为广西地名"崬罗"，并未释义。"崬"从字形看，以山为形旁，似提示与山岭相关。而V．费都亚杰、颜海云（1992）将其用为ndoeng「森林」的规范字，似不妥。我们用作ndongj「土岭」的规范汉字更合适。我们选择了另外一个方块壮字"㭡"作为ndoeng「森林」的规范字，从形旁看，"木"跟「森林」的意思更为契合。

我们吸收的方块壮字如下：

㵲~raemx/naemx「水」、沠~mboq「泉水」、涝~raengz「地下溶洞、深潭」、㭡~ndoeng「森林」、棯~nim「桃金娘」、鸰~roeg「鸟」、丕~dawz/dawj「下面」、崀~geng「山岗」、㙍~daemz「水塘」。

这些方块壮字多是第一次地名普查时要求保留的。这些字由于使用范围广，广西的汉语平话区或白话区都使用，有广泛的群众基础。为了避免"撞字"，我们也选用了。上述方块壮字有的是在统计表中出现的，有的没有出现在统计表中。除使用少量方块壮字之外，我们还选用了几个统计表中没有出现的汉字，即辘~loek「水车」、舻~ruz「船」、拱~gungj「弯曲」、戛~ga「乌鸦」、墩~baih「处所」。

原则Ⅵ

傣语跟壮语同属台语支，很多地理实体的词语是同源的，语音很相近。这些同源词如果规范化时能保持一致，对文化的传承、民族学的研究将无疑很有价值。ndoi「土岭」一词，在傣语地名中用"堆"做规范字，故我们在选字时也考虑选"堆"。fax「天」，在傣语地名中用"法"，我们也考虑用"法"。①

原则Ⅶ

本著继承戴红亮（2005）提出的"避免汉语成词"原则。根据笔者的长期观察，最容易汉语成词的字有三类。第一类是数字，六（陆）、九、百之类的例子最多，在解释壮语地名的时候，往往容易望文生义。大家普遍诟病的"百朋～百个棚子"、"百魔洞～百个魔鬼的洞"、"六景～六个景点"。第二类是方位，东西南北，比如"北海"解释为"北面出海"，"南宁"解释为"南方安宁"也受人诟病。第三类是形容词，"大、高"一类最易望文生义。本著在推介规范字的时候，也考虑到这方面的因素。

原则Ⅷ

原则Ⅷ"撞字避让"是本著在实践中的创新。本著对常见壮语地名的198个词条的对音汉字进行使用频率的逐字统计，发现了大量的"撞字"现象。壮语声母韵母相近，声调不同的，最容易"撞字"。这里以三组为例：

（1）vai「水坝」、vaiz「水牛」、vaiq「棉花」，都用汉字"歪"作为对音汉字，且频率都还很高。我们分别用三个汉字：歪~vai「水坝」、怀~vaiz「水牛」、外~vaiq「棉花」，这样，在声母韵母方面保持对应，在调类上前两个也能对应。"歪"是阴平字，对应壮语vai「水坝」的第1调；"怀"是阳平字，对应壮语vaiz「水牛」的第2调。

（2）lueg「山谷」、roeg「鸟」、loek「水车」、rog「外面」、loeg「绿色」、ruz「船」，都用"六"做对音汉字，而且有些频率还很高。尤其是lueg「山

---

① 戴红亮：《汉译"通名"统一规范化的原则及意义——以壮傣语支语言为例》，《语言文字应用》2005年第2期。

谷」与roeg「鸟」，撞字很严重。lueg「山谷」有用"六"压倒优势的高频率，roeg「鸟」只有两个对音汉字可选，用"六"也是压倒优势的高频率。我们在操作的时候也要避让，将其区分开来：六~lueg「山谷」、鸰~roeg「鸟」、辘~loek「水车」、录~rog「外面」、绿~loeg「绿色」、舻~ruz「船」。

（3）reih「畲地」、raih「野猪」都用"赖"做对音汉字，声韵调都比较合适，为了避让，我们区分为：利~reih「畲地」、赖~raih「野猪」。

原则Ⅸ

本著沿用V. 费都亚杰、颜海云（1992）提出的"兼顾社会影响力"原则，影响力较大的地名，要考虑继承，更改要慎重。如选择"那"作为naz「水田」的规范汉字，顾及学术界有声名远播的"那文化"；选"天"作为din「石头」的规范字，"等"作为daenj「竖立」的规范字，顾及"天等"作为县一级行政单位名气很大；选用"百"做bak「嘴巴、出入口」的规范字，顾及著名的"百色起义"以及"百色"这个红色城市的影响力。

第二章　对音汉字的语言学分析及规范字推介

本章对常见的壮语地名中的对音汉字进行语言学的分析，通过频率统计，利用第一章所论的"对音汉字的择字原则"，推介198个壮语地名的对音汉字的规范字。本章语言学分析涉及中古音和广西的主要汉语方言。

壮语地名的对音汉字，主要反映的是中古及中古以后汉语的语音面貌。中古时期的对音，不仅有平话音，也有白话音。所以本著对汉字的中古分析，先看中古音韵地位，再引入广西平话、白话的读音作为中古音的参照。晚近的对音，很明显是西南官话的语音，对此我们引入广西西南官话读音。当然，也有少量的汉字，其对音的来源不容易作出清晰、明确的判断，可能早于中古，也可能有更为曲折的对应背景。

现在介绍一下广西通行的主要汉语方言。广西境内的汉语方言主要有西南官话（以下简称"官话"）、白话、平话和客家话四种，此外闽语也有零星分布，在广西与湖南交界的一些地方如全州等地还有湘方言的湘南土语。

西南官话是明朝时期进入广西的，时间比较晚，主要分布在桂北地区以及桂中、桂西一带的城镇，有的壮族人称这种话为"军话"。白话（粤语的俗称，在广西亦称广府话）主要分布于与广东毗邻的桂东南梧州、钦州、玉林等地，并向桂西南、桂西和桂北渗透。白话在广西的分布与发展有以下特点：在分布上，桂东南的梧州、钦州、玉林等地呈片状分布。自南宁往南、往西则呈线状分布，主要有两条线，一条是沿右江向西延伸，自南宁经隆安、平果、田东、田阳至百色；另一条是沿左江向南和西南延伸，自南宁经扶绥、崇左至宁明、龙州。线状分布的地区，主要分布在县城或沿江的主要城镇。片状分布的白话与线状分布的白话，来源不一。片状分布的白话与广东的白话连成片，跟广东白话的历史一致。线状分布的白话都是明清以来广东商人带来的，历史不长。平话是秦汉至唐宋间由中原南来的汉人带来的汉语长期与当地侗台等语言混合交融形成的一种汉语方言。平话在各地有不同的名称，有客话（宾阳、上林、横县等地）、蔗园话（百色、宁明、凭祥等地）、百姓话（柳城）、六甲话（三江）、官话（田林）、黏米话（钦州市）、土拐话（融安、罗城）等别称，但各地对平话这个名称都认同。平话在广西境内的分布很广，总的分布态势是呈点状，桂南和桂西的邕宁、钦州、宾阳、浦北、扶绥、崇左、宁明、龙州、大新、天等、田阳、田东、马山、百色、上林、横县、贵港，桂北的桂林郊区、临桂、灵川、龙胜、富川、永福、钟山、贺县、融安、融水、乐业、东兰、鹿寨、柳城、罗城、柳江、三江等县市都有分布，此外，湖南、贵州和云南三省与广西毗邻的一些地区也有平话分布。①

方言学界在平话与白话的分合关系上看法不尽一致。但有一点是共同的，就是认为平话在历史上的分布比现在大得多，曾经不仅是广西的强势汉语方言，更是西南地区的权威汉语方言，对广西甚至整个西南地区的少数民族语言影响非常大。平话的地位举足轻重，西南地区的各少数民族语言不约而同地向它借用语言要素（潘悟云，2000；余瑾等，2016）②。上述线状分布的白话区，历史上曾经是平话区。南宁在历史上曾经操平话，明清以来，由于粤商的大量流入，白话的势力越来越强，时至今日，城区已经基本是白话的天下，平话遗留在城郊。桂西南和桂西的一些县城，也发生同样的情形。龙州、凭祥、宁明、田东、百色等县（市）早期的优势语言应该是古平话，现在白话取代了平话的优势地位（洪波，2004）。③

---

① 李连进：《平话音韵研究》，广西人民出版社 2000 年版，第 1—2 页；蓝庆元：《壮汉同源词借词研究》，中央民族大学出版社 2005 年版，第 86 页；洪波：《壮语与汉语的接触史及接触类型》，载石锋、沈钟伟《乐在其中：王士元教授七十华诞庆祝文集》，南开大学出版社 2004 年版，第 110—111 页。

② 潘悟云：《汉语历史音韵学》，上海教育出版社 2000 年版，第 201 页；余瑾等：《广西平话研究》，中国社会科学出版社 2016 年版，第 8 页。

③ 洪波：《壮语与汉语的接触史及接触类型》，载石锋、沈钟伟《乐在其中：王士元教授七十华诞庆祝文集》，南开大学出版社 2004 年版，第 110—111 页。

学界对平话的系属问题意见不一，与本著主题无涉。在本著中，白话平话各自独立。我们选取的对音汉字规范字，一方面要便于现在的应用，尽量照顾广西各方言背景的人；另一方面要顾及历史来源。由于平话在广西的历史上举足轻重的地位，来源于平话的汉字被最大限度地考虑采用。

在本著中，广西的白话平话的读音取自如下资料：陈海伦、林亦主编的《粤语平话土话方音字汇·第一编　广西粤语、桂南平话部分》，陈海伦、刘村汉主编的《粤语平话土话方音字汇·第二编　桂北、桂东及周边平话、土话部分》和《广西通志·汉语方言志》[①]。本著作者的母语是柳州官话，部分官话音来自作者的语感反省。本章的注音形式有拼音壮文、国际音标、汉语拼音，拼音壮文采用《壮文方案》（1981年修订案）[②]，国际音标加注[ ]，所有注音标注调类。

第一节　天类

天类共2个词，其使用频率如表2-1所示。

一　天：fax～法、发

南部壮语的"天"读fax，译写的汉字有"法、发"。这两个字的中古音韵地位及广西汉语方言读音如下：

法：非母，咸合三，乏韵，入声；白话平话[fat₃]，官话[₃fa]；

---

① 陈海伦、林亦主编：《粤语平话土话方音字汇·第一编　广西粤语、桂南平话部分》，上海教育出版社2009年版；陈海伦、刘村汉主编：《粤语平话土话方音字汇·第二编　桂北、桂东及周边平话、土话部分》，上海教育出版社2009年版；广西壮族自治区地方志编纂委员会：《广西通志·汉语方言志》，广西人民出版社1998年版。本著中广西的白话平话的读音均取自以上材料，不一一标注页码。

② 参见广西壮族自治区少数民族语言文字工作委员会研究室编《壮汉词汇》，广西民族出版社1984年版，第753—761页。

发：非母，山合三，月韵，入声；白话平话[fat₂]，官话[₅fa]。

表2-1 天类壮语地名对译汉字统计

天类				
		标准壮文	fax	mbwn
		地名普查的壮文及含义	fax天	mbun/mbwn天
北部壮语	桂北土语	河池巴马		闷4、门2
		河池环江		
		河池东兰		
		河池金城江		
		河池天峨		
		柳州融安		
		河池罗城		
	柳江土语	来宾合山		
		来宾忻城		
		来宾兴宾		
		柳州柳城		
		柳州柳江		
		河池宜州		
	红水河土语	河池都安		
		河池大化		
		贵港港北		
		贵港桂平		
		贵港覃塘		
		柳州鹿寨		
		来宾武宣		
		来宾象州		
	邕北土语	百色平果		
	右江土语	百色田东		
		百色田阳		
	桂边土语	河池凤山		闷1、门1

第二章　对音汉字的语言学分析及规范字推介

续表

天类				
标准壮文			fax	mbwn
地名普查的壮文及含义			fax天	mbun/mbwn天
北部壮语	桂边土语	百色乐业		
		百色西林		
南部壮语	邕南土语	钦州		
		防城港市		
		防城上思		
		南宁隆安		
	左江土语	崇左大新	发3、法1	
		崇左江州		
		崇左龙州		
		崇左天等		
		崇左宁明	法6、发2	
		崇左凭祥		
	德靖土语	百色德保	发1、法1	
		百色靖西	发1	

壮语 fax「天」是阴声韵，汉字对音用的是官话音。官话音"法、发"读音相同，但频率是"法"占绝对优势。比如"法卡山"，就是这个词。所以，我们推介"法"为壮语 fax「天」的规范译写汉字。取"法"为规范字，也能跟傣语保持一致。

二　天：mbwn～门、闷

北部壮语的"天"读 mbwn，表中这个词很少出现，只在巴马和凤山出现，对音汉字"门"共3次，"闷"共5次。它们的中古音韵地位及广西汉语方言读音如下：

门：明母，臻合一，魂韵，平声；白话平话[₋mun]，官话[₋mən]；

闷：明母，臻合一，恩韵，去声；白话平话[mun²]，官话[mən²]。

mbwn「天」的声母是[ʔb]，音色与[p][m]很接近。壮语方言还有[ʔb]>[m]的演变，如 mbanj「村庄」>manj「村庄」。对音汉字用"门、闷"，声母都是[m]，符合要求。mbwn「天」的韵母是[ɯn]，"门、闷"白话平话音的韵母都是[un]，音色也吻合。mbwn「天」是壮语第 1 调，与汉语阴平调相对应，但是"门、闷"都不是阴平字。从使用频率上看，"闷"出现的频率高，所以推介"闷"为 mbwn「天」的对音汉字的规范字。

第二节 山岭类

山岭类共 24 个词，其使用频率如表 2-2 所示。

一 石山：bya ~ 岜、巴、芭、崖、八、叭、坡、保、宝、坝、把、拔、表、标、排、卜、派、山、岭

壮语的"石山"读 bya，上述汉字中，"山""岭"是意译字，其余的是对音汉字。上述对音汉字的中古音韵地位及广西汉语方言读音如下：

岜：中古无，广西各方言都读[₋pa]；

巴：帮母，假开二，麻韵，平声；白话平话官话[₋pa]；

芭：帮母，假开二，麻韵，平声；白话平话官话[₋pa]；

崖：疑母，蟹开二，佳韵，平声；白话[₋ŋai]，平话[₋ɲai]/[₋ŋai]，官话[₋ja]；

八：帮母，山开二，黠韵，入声；白话[pɛt₋]/[pat₋]，平话[pat₋]，官话[₋pa]；

叭：中古无，官话[₋pa]；

坡：滂母，果合一，戈韵，平声；白话平话官话[₋pʰɔ]；

保：帮母，效开一，晧韵，上声；白话[ᶜpu]/[ᶜpou]，平话官话[ᶜpau]；

宝：帮母，效开一，晧韵，上声；白话[ᶜpu]/[ᶜpou]，平话官话[ᶜpau]；

第二章　对音汉字的语言学分析及规范字推介

表2-2　山岭类壮语地名对译汉字统计

山峰类1

标准壮文	bya	baq	gya	ca	ndoi	ndongj	dat	ndanq	lueg	rungh	geng	geuq
地名普查的壮文及合义	bya/byaj 石山	baj/baz/bah/mbaq/bak 土坡	gya 石山	caj/saj 石山	ndoi 土岭	ndonj/ndongj/ndongh 土岭	dat/danz 山崖	ndanq 山崖	lueg/rungh/lug/lueng 山谷	rungh/lungh 山间平地	gengj/geng/gaenq/guq 山岗	geuq 山坳 geuq/gaenq 山坳
北部壮语 桂北土语	河池巴马	巴53,邑2,坝2,山1,马1	加15,架1										
	河池环江	山1				岭1		涯1,达1		六63,陆1,洚1	弄182,洞8,隆1,洞3,龙1		
	河池东兰	巴2,邑1	百1,人1,巴9			累2,岭1					峒2		
	河池金城江	邑9,山1,崖1				磊3,岭1				六7,乐1	弄35,龙8,隆2,洞1		
	河池天峨	芭1	巴8,百1,八1,破1						日4	六1	峒17,洞1,垌1,龙3		
	柳州融安	坡1									陇4,弄2,龙1,拢1	更1	

山岭类 1

标准壮文	bya	baq	gya	ca	ndoi	ndongj	dat	ndanq	lueg	rungh	geng	geuq
地名普查的壮文及含义	bya/byaj 石山	baj/baz/bah/mbaq/bak 土坡	gya 石山	caj/saj 石山	ndoi 土岭	ndonj/ndongj/ndongh 土岭	dau/damz 山崖	ndanq 山崖	lueg/rungh/lungh/hug/hueng 山谷	rungh/lungh 山间平地	gengj/geng/gaenq/guq 山岗	geuz/geuq/gaenq 山坳
北部壮语 桂北土语 河池罗城	邑1	坝2, 巴2								洞18, 龙4, 峒1, 峝1		
柳江土语 来宾合山	邑2, 巴1											
来宾忻城	邑2, 巴2, 山7											
来宾兴宾	邑3, 巴2, 山4				雷3					弄31, 龙5, 隆2, 洞3, 大1		
柳州柳城					垒1		达2		禄1	弄14		
柳州柳江	山5, 巴11, 邑2				岭1		达1		六2, 洛	龙9, 荣1, 弄10, 洞3, 隆1		
河池宜州	山10, 保1								乐1	洞3, 龙1, 荣1		

第二章 对音汉字的语言学分析及规范字推介

续表

山岭类 1

标准壮文	bya	baq	gya	ca	ndoi	ndongj	dat	ndanq	lueg	rungh	geng	geuq
地名普查的壮文及含义	bya/byaj 石山	baj/baz/bah/mbaq/bak 土坡	gya 石山	caj/saj 石山	ndoi 土岭	ndonj/ndongj/ndongh 土岭	daj/danz 山崖	ndanq 山崖	luez/rungh/Lrngh/luz/lueng 山合	rungh/Lrngh 山间平地	gengj/geng/gaenq/guq 山岗	geuz/geuq/gaenq 山坳
北部壮语 红水河土语	河池都安	邑24,巴14,山6,坝2,八1,宝1	baj/baz/bah 土坡 巴2,坝1			堆7		达2,得1	丹1	六4,洛1	弄105,龙27,隆10,陇2,峒2,洞1		
	河池大化	巴16,巴5,山3	巴1			雷3,堆1		达1,塔1		六10,碌1	弄43,陇15,龙7		
	贵港港北									六1			
	贵港桂平	山1				山3,胎1				六6,洛1			
	贵港覃塘	巴4,巴1											

续表

山岭类 1

标准壮文		bya	baq	gya	ca	ndoi	ndongj	dat	ndanq	lueg	rungh	geng	geuq
地名普查的壮文及含义		bya/hyaj 石山	baj/baz/bah/mbaq/bak 土坡	gya 石山	caj/saj 石山	ndoi 土岭	ndonj/ndongj/ndongh 土岭	dat/danz 山崖	ndanq 山崖	lueg/rungh/lungh/hug/lueng 山谷	rungh/lungh 山间平地	gengj/geng/gaenq/guq 山岗	geuz/gaenq 山坳
北部壮语	红水河土语 柳州庵寨	巴2,表1,把1,叭1				山1							
	来宾武宣									六7			
	来宾象州	巴2,邑2				岭5,山2				六9,绿1,罗1	龙7		
	邕北土语 百色平果	巴4,邑1				雷1		达1		六			
	右江土语 百色田东	山11,巴9,邑2,岭4,标1	巴3					达2		六20,渌1,陆1,朔1	龙9,陇8	更2	叫1

第二章 对音汉字的语言学分析及规范字推介

续表

山岭类 1

标准壮文	bya	baq	gya	ca	ndoi	ndongj	dat	ndanq	lueg	rungh	geng	geuq
地名普查的壮文及含义	bya/byaj 石山	baj/baz/bah/ mbaq/hak 土坡	gya 石山	caj/ saj 石山	ndoi 土岭	ndonj/ ndongh 土岭	dat/ danz 山崖	ndanq 山崖	lueg/rungh/ l.ngh/ hug/hueng 山谷	rungh/ lungh 山间平地	gengj/geng/ gaenq/guq 山岗	geuq/ geuz/gaeuq 山坳
北部壮语	右江土语	百色田阳	山181、坡4、岜3、排1	巴58、把3、坝3、人1、捌1	加3、架2、炸4、界3、榨3、茄1		岭11、雷3、累1、领1、林1		崖6、驮1		六23、绿14、渌1、禄1、陆1、谷1	弄162、陇160、龙7、洞1	更30	叫26、拗1、交1
		河池凤山		巴1			累7、内1、类1		达3	旦1	六10、罗1、陆1	弄157、龙8、隆3、陇2、龙2		
	桂边土语	百色乐业										弄1		
		百色西林								朗1	罗5、落3、共1、陆1、落1	弄11、弄6		

续表

山岭类1

标准壮文		bya	baq	gya	ca	ndoi	ndongj	dat	ndanq	lueg	rungh	geng	geuq
地名普查的壮文及含义		bya/byaj 石山	baj/baz/bah/mbaqq/bak 土坡	gya 石山	caj/saj 石山	ndoi 土岭	ndonj/ndongj/ndongh 土岭	dat/danz 山崖	ndanq 山崖	lueg/rungh/lungh/lug/lueng 山谷	rungh/lungh 山间平地	gengj/geng/gaenq/guq 山岗	geuz/geuq/gaenq 山坳
南部壮语	邕南土语 钦州					岭2、垒1				六10、禄1、陆1、麓1、逻1			
	防城港市		巴2、帕1、八1、白1			雷1							叫1
	防城 上思												叫6
	南宁 隆安	巴40、山2、巴1				雷12、农2	农4	达2		六3	陇112、龙31、隆3、弄4、莽1、隆3	更22、更1	叫9

第二章　对音汉字的语言学分析及规范字推介

续表

山岭类 1

标准壮文	bya	baq	gya	ca	ndoi	ndongj	dat	ndanq	lueg	rungh	geng	geuq
地名普查的壮文及含义	bya/hyaj 石山	baj/baz/bah/ mbaq/hak 土坡	gya 石山	caj/ saj 石山	ndoi 土岭	ndonj/ ndongj/ ndongh 土岭	dat/ danz 山崖	ndanq 山崖	luez/rungh/ lungh/ luz/lueng 山谷	rungh/ lungh 山间平地	gengj/geng/ gaenq/gunq 山岗	geuz/ geuq/gaenq 山坳
南部壮语 左江土语	崇左大新	岜157、巴39、把2、岐1、坝1、卜1、山4			山267、岭2、沙44、差4、查1		仑6、伦3	达11、大3、塔1、崖1		六24、陆3、渌2、绿1	陇348、弄160、龙62、岭45、隆3、屯2	更59、哽8、耕2、姜2、京1、经1、基1、硬1、杏1、倖1、岗1	叫48、教3、交1、乔1
	崇左江州	岜33、山2				内3、对1				六12、渌5	陇19、弄4	哽15、更1	叫4
	崇左龙州	岜34、把1、山4、派1			沙3		弄64	必1		渌1	陇151	更3	叫17、吼1
	崇左天等	山3、岜1、巴1						达2	旦6		龙19、弄5、陇5、坡1		叫2、教1

续表

山岭类 1

标准壮文	bya	baq	gya	ca	ndoi	ndongj	dat	ndanq	lueg	rungh	geng	geuq
地名普查的壮文及含义	bya/byaj 石山	baj/baz/bah/mbaq/bak 土坡	gya 石山	caj/saj 石山	ndoi 土岭	ndonj/ndongj/ndongh 土岭	dat/danz 山崖	ndanq 山崖	lueg/rungh/lungh/lug/lueng 山谷	rungh/lungh 山间平地	gengj/geng/gaenq/guq 山岗	geuq/geuz/geuq/gaenq 山坳
左江土语 崇左宁明	山205、邑46、巴4、把1	把6、巴4、邑2			雷30,岭27、山12、蕾3、肉1、理1	紧15,茅9、陇4、龙3、哝1、乐1、山1	达1		六39,绿15、路1、麓7、岭7、陆5、渌3、禄2、落2、露1、乐1、下1	茅6、龙4、紫2、陇8	更11、惊1、岗6、山1	叫85、扣4、喊2、交1、巧1、坳1、宽1
崇左凭祥	邑9										更1	
南部壮语 德靖土语 百色德保	邑103、山10、巴6				雷1		达2、噇1		六11,绿3、足1、合1、渌7、渌2、绿1	茅2、茅1	更7、埂1	叫25
										陇100、龙3、隆1、洪1、笼2、龙1、足1		

第二章 对音汉字的语言学分析及规范字推介

续表

山岭类 1

标准壮文	bya	baq	gya	ca	ndoi	ndongj	dat	ndanq	lueg	rungh	geng	geuq
地名普查的壮文及含义	bya/byaj 石山	baj/baz/bah/ mbaq/bak 土坡	gya/ ganh 石山	caj/ saj 石山	ndoi 土岭	ndonj/ ndongj/ ndongh 土岭	dat/ danz 山崖	ndanq 山崖	lueg/rungh/ lungh/ luq/lueng 山谷	rungh/ lungh 山间平地	gengj/geng/ gaenq/gaenq 山岗	geuz/ geuq/gaenq 山岭
南部壮语 德靖土语	岜58、山9、把3、巴2				弄23、雷8、岭6、龙3、坡3、禄1、果1、大1							
南部壮语 百色靖西							达2、岸1	旦7、担1、但1、限1	禄2、六1、乐1	茅419、龙3、弄3、陇1、供1	更19、根2	叫38、更8、教2、根1、告1、刚1、鉴1

山岭类 2

标准壮文	gemh	gamj	congh	nguemz	bo	hongj		leg	banz	baiz	aiq	ngauh	ndangq
地名普查的壮文及含义	gemh/ gyemh 山坳	gamj/ ganh 岩洞	coengz/ coengh 山洞	ngamz/ ngimz 岩洞、ngamz/ ngamh 山鞍	bo/bob/buj 山坡	hungz/ hoengz/ hongj/ hungh/ hoengj 山沟		lingq/ lung/ lengq/ lingj 陡坡	banz 斜坡	baiz/ faiz 山的斜坡面	aiq 隘口	ngauh/ auq 山坳	nangz/ ndangh/ langh 山脊、坡地
北部壮语 桂北土语	京2、勤2、更1、检1												
北部壮语 河池巴马		干19、甘5	雄3	岩20、巴1、岩1	坡77、布2				盘16、班2、周1				良1、南1、朗1、浪3

续表

山岭类 2

标准壮文		gemh	gamj	congh	nguemz	bo	hongj	lingq	banz	baiz	aiq	ngauh	ndangq
地名普查的壮文及含义		gemh/gyemh 山坳	gamj/ganh 岩洞	coengz/congh 山洞	ngamz/ngaemz/ngimz 岩洞, ngamz/ngamh 山敳	bo/boh/buj 山坡	hungz/hoengz/hongj/hungh/hoengj 山沟	lingq/lungz/lengq/lingj 陡坡	banz 斜坡	baiz faiz 山的斜面	aiq 隘口	ngauh/auq 山坳	nangz/ndangh/langh 山脊、坡地
北部壮语	桂北土语 河池环江		干1、敢1	重1、中1	岩1	坡1							
	河池东兰	件1、勤1、建2、乾2、见1	干4			坡20、怕1	哄6、洪2、福1	岭1	盘1				
	河池金城江	乾5	干4、敢2、岩1			坡25、普1		令1	盘1				
	河池天峨	简4、岩3、检1			岩6	坡10、播1	红2、哄1	岭1	盘2			傲2	
	柳州融安		干1		岩1	坡5		岭1		排2			

续表

山岭类 2

标准壮文		gemh	gamj	congh	nguemz	bo	hongj	linqq	banz	baiz	aiq	ngauh	ndangq
地名普查的壮文及含义		gemh/gyemh 山坳	gamj/ganh 岩洞	coengz/congh 山洞	ngam/ngaemz/ngimz 岩洞、ngamz/ngamh 山鞍	bo/boh/buj 山坡	hungz/hoengz/hungh/hoengj 山沟	linqq/lurgq/lengq/lingj 陡坡	banz 斜坡	baiz/faiz 山的斜坡面	aiq 隘口	ngauh/auq 山坳	nangz/ndangh/langh 山脊、坡地
桂北土语	河池罗城	现1、建1											
	来宾合山		甘2					岭1	盆1	排1	爱2		
柳江土语	来宾忻城	乾3、建1、崄1	敢6、甘3			坡2、保2、板1							
	来宾兴宾		甘4、敢2、感1	从1		坡2							
北部壮语	柳州柳城	岑2、建1				保4							
	柳州柳江	见9、建2、琴1	甘17、岩4			坡12、波3、保1							
	河池宜州	乾9、建1、岩1、坳2	甘2、干1、岩1			坡1		岭1					

山岭类 2

标准壮文	gemh	gamj	congh	nguemz	bo	hongj	lingq	banz	baiz	aiq	ngauh	ndangq
地名普查的壮文及含义	gemh/gyemh 山坳	gamj/ganh 岩洞	coengz/congh 山洞	ngam/ngaemz/ngimz 岩洞, ngamz/ngamh 山鞍	bo/boh/buj 山坡	hungz/hoengz/hongj/hungh/hoenqj 山沟	lingz/lungz/lengz/lingj 陡坡	banz 斜坡	baiz/faiz 山的斜坡面	aiq 隘口	ngauh/auq 山坳	nangz/ndangh langh 山脊、山梁、坡地
河池都安	乾2、建2、更1、延1	敢4、干4、甘2、感1		岩1	坡10、卜1、甫1		令3、岭2					
河池大化		敢3、甘1			坡7		岭1、令1					
红水河土语 贵港港北									拜1			
北部壮语 贵港桂平		感1					岭1					
贵港覃塘									排1		坳1	

第二章　对音汉字的语言学分析及规范字推介

续表

山岭类2

标准壮文	gemh	gamj	congh	nguemz	bo	hongj	lingq	banz	baiz	aiq	ngauh	ndangq
地名普查的壮文及含义	gemh/gyemh 山坳	gamj/ganh 岩洞	coengz/congh 山洞	ngam/ngaemz/ngimz/ngamz/ngamh 岩洞、山敢	bo/boh/buj 山坡	hungz/hoengz/hongj/hungh/hoengj 山沟	lingz/lung/lengz/linj 陡坡	banz 斜坡	baiz/faiz 山的斜坡面	aiq 隘口	ngauh/auq 山坳	nangz/ndangh/langh 山脊、坡地
北部壮语 红水河土语 柳州鹿寨	乾1	敢5、甘3			坡6、波1、南3							
北部壮语 红水河土语 来宾武宣				岩2								
北部壮语 红水河土语 来宾象州	伴1	岩4、甘1	从1									
北部壮语 邕北土语 百色平果		甘1、感1	冲1	岩5	坡3							
北部壮语 右江土语 百色田东		甘1、感1、洞1			坡20、布1、巴2、岭1、山3				排1		拗1	

续表

山岭类 2

标准壮文	gemh	gamj	congh	nguemz	bo	hongj	lingq	banz	baiz	aiq	ngauh	ndangq
地名普查的壮文及含义	gemh/gyemh 山坳	gamj/ganh 岩洞	coengz/congh 山洞	ngam/ngaemz/ngimz/ngamz/ngamh 山鞍	bo/boh/buj 山坡	hungz/hoengz/hongj/hungh 山沟	lingq/lung/lengq/lingj 陡坡	banz 斜坡	baiz/faiz 山的斜坡面	aiq 隘口	ngauh 山坳	nangz/langh 山脊、坡地
北部壮语 右江土语 百色田阳	安3,隘1	敢17,甘3,干1		岩44	坡86,山1							浪1
北部壮语 桂边土语 河池凤山	见5,简2,勤1,甲1	干26,甘2	雄1	岩14	坡48,鞍1,波1	烘10,拱1,洪、龙	岭3,领1	班5,板1,彭1,盆1,帮1,平1	排7			
北部壮语 桂边土语 百色乐业			雄1	岩12,安1	坡8,北1,岩1	红1	岭1,林1	盘1				
北部壮语 桂边土语 百色西林							岭1,令1,另1	班1				
南部壮语 邕南土语 钦州防城港市					保3,坡2		岭1,立1,浪1,鲁1			隘1		南4

第二章 对音汉字的语言学分析及规范字推介

续表

山岭类 2

标准壮文	gemh	gamj	congh	nguemz	bo	hongj	lingq	banz	baiz	aiq	ngauh	ndangq
地名普查的壮文及含义	gemh/gyemh 山坳	gamj/ganh 岩洞	coengz/congh 山洞	ngam/ngaemz/ngimz 岩洞, ngamz/ngamh 山鞍	bo/boh/buj 山坡	hungz/hoengz/hongj/hungh/hoengh 山沟	lingq/lung、lengc/leng 陡坡	banz 斜坡	baiz/faiz 山的斜坡面	aiq 隘口	ngauh/auq 山坳	nangz/ndangh langh 山脊、坡地
邕南土语 防城 上思	感1	敢5、孔1	洞3	岩2	婆4、普1							
邕南土语 南宁 隆安				银1	坡20		浚2、宄1, 斗1, 岭令1, 零1	盆1				
左江土语 崇左 大新				岩40, 颜1	博1, 婆12, 剥2, 波2, 坡12, 卜2, 奈1				排2、巴1		敖3	
南部壮语 左江土语 崇左 江州					卜13, 坡2, 奈1		岭1		排13、拜1			

续表

山岭类 2

标准壮文	gemh	gamj	congh	nguemz	bo	hongj	lingq	banz	baiz	aiq	ngauh	ndangq
地名普查的壮文及含义	gemh/gyemh 山坳	gamj/ganh 岩洞	coengz/congh 山洞	ngam/ngaemz/ngimz 岩洞、ngamz/ngamh 山鞍	bo/boh/buj 山坡	hungz/hoengz/hongj/hungh/hoengj 山沟	lingq/lung/lengq/lingj 陡坡	banz 斜坡	baiz/faiz 山的斜坡面	aiq 隘口	ngauh/auq 山坳	nangz/ndangh/langh 山脊、坡地
崇左龙州				岩 6	坡 32、卜 1、甫 5、莫 1		岭 2		排 3、牌 1	隘 3		
崇左天等				岩 1	坡 2、布 1							
崇左宁明	南部壮语 左江土语	甘 1、关 1		岩 14	浦 187、坡 18、婆 11、波 4、保 7、普 1、博 1、堡 1、部 1、哺 1、埔 1	巷 1	岭 115、冷 1	板 3、班 1、办 1	排 1、派 1	隘 4		朗 1
崇左凭祥				岩 14	浦 13、坡 1			办 1		隘 2、爱 1	嶅 2	

第二章 对音汉字的语言学分析及规范字推介

续表

山岭类2

标准壮文	gemh	gamj	congh	nguemz	bo	hongj	lingc	banz	baiz	aiq	ngauh	ndangq
	gemh/gyemh 山坳	gamj/ganh 岩洞	coengz/congh 山洞	ngam/ngaemz/ngimz/ngamz/ngamh 岩洞、山鞍	bo/boh/buj 山坡	hungz/hoengz/hongj/hungh/hoengj 山沟	lingc/lungc/lengc/lingj 陡坡	banz 斜坡	baiz/faiz 山的斜坡面	aiq 隘口	ngauh/auq 山坳	nangz/ndangh 山脊、坡地
地名普查的壮文及含义 百色德保		甘1,镜1										
百色靖西				岩1,岩6	坡23,把1,巴4		领1,楞4	班2,巴1	排5			
德靖土语				岩17,玄3,峒1	坡84 岭1		岭3,令2,领2,灵1,亮1,凌1	班3,盆1,琼1	排37,派2,牌6	隘6,爱5		

· 71 ·

坝：帮母，假开二，祃韵，去声；白话平话官话[pa²]；

把：帮母，假开二，马韵，上声；白话平话官话[pa²]；

拔：並母，山开二，黠韵，入声；白话平话[pat˨]，官话[˨pa]；

表：帮母，效开三，小韵，上声；白话平话[˦piu]，官话[˦piau]；

标：帮母，效开三，宵韵，平声；白话平话[˩piu]，官话[˩piau]；

排：並母，蟹开二，皆韵，平声；白话官话[˩phai]，平话[˩pai]；

卜：帮母，通合一，屋韵，入声；白话[pok˨]/[phuk˨]，平话[phok˨]，官话[pu²]；

派：滂母，蟹开二，卦韵，去声；白话平话官话[phai²]。

从声母看，bya「石山」的是[pj]，这一声母汉语方言缺乏，上述汉字大多是[p]声母，只有"崖"例外。估计"崖"取"山崖"义，用意译的方式跟bya「石山」对应，属于意译，在此先排除。

从韵母看，bya「石山」的是[a]，单元音，没有韵尾。上述汉字中的"八、拔、卜"中古音带有韵尾，不合适；而"保、宝、表、标、排、派"的韵母是复合元音，也不合适。韵母是单元音的只有"岜、巴、芭、坝、把"这几个。

从声调看，bya「石山」是壮语第1调，对应汉语的阴平调。"岜、巴、芭、坝、把"这几个中"岜、巴、芭"是阴平字，符合条件。

根据数据统计，壮语的各方言土语，频率最高的是"岜"，其次是"巴"，这两个字在汉语中无论是白话平话还是官话都读[˩pa]，与壮语的韵母、声调的类别均对应，唯一不足的是腭化声母，广西所有的汉语方言都没有腭化声母[pj]，只能如此了。"岜、巴"两字汉语读音相同，由于"岜"是形声字，有个"山"字做形旁，取"岜"更合适。另外傣语也用此字为"石山"的对音汉字的规范字（戴红亮，2005）[①]，壮语若用此字，能跟傣语保持一致。所以，推介"岜"为bya「石山」的对音汉字的规范字。

---

① 戴红亮：《汉译"通名"统一规范化的原则及意义——以壮傣语支语言为例》，《语言文字应用》2005年第2期。

二 土坡：baq ~ 岜、巴、坝、马、百、八、捌、破、把、帕、白、山

壮语 baq 是"土坡"的意思，用"山"对译属于意译，不讨论。其余的都是对音汉字。上述对音汉字的中古音韵地位及广西汉语方言读音如下：

岜：中古无，白话平话官话[$_c$pa]；

巴：帮母，假开二，麻韵，平声；白话平话官话[$_c$pa]；

坝：帮母，假开二，祃韵，去声；白话平话官话[pa$^?$]；

马：明母，假开二，马韵，上声；白话平话[^{c}ma]，官话[^{c}ma]；

百：帮母，梗开二，陌韵，入声；白话[pak$_?$]，平话[pek$_?$]/[pak$_?$]，官话[$_c$pə]；

八、捌：帮母，山开二，黠韵，入声；白话[pɛt$_?$]/[pat$_?$]，平话[pat$_?$]，官话[$_c$pa]；

破：滂母，果合一，过韵，去声；白话[pho$^?$]，平话[phou$^?$]，官话[po$^?$]；

把：帮母，假开二，马韵，上声；白话平话官话[^{c}pa]；

帕：滂母，假开二，祃韵，去声；白话平话[phak$_?$]/[pha$^?$]，官话[pha$^?$]；

白：并母，梗开二，陌韵，入声；白话[pak$_?$]，平话[pek$_?$]/[pak$_?$]，官话[$_c$pə]。

baq 是壮语第 5 调，与汉语的阴去调相对应。上述对音汉字，从使用频率上看"巴"最多。但是我们认为"巴"不是最合适的。因为，一方面，"巴"与上述表"石山"的"岜"同音，容易混淆；另一方面，"巴"读阴平调，与 baq 第 5 调不甚吻合。最吻合的是"坝"，在白话平话官话中均一致，且使用频率也不低。我们推介"坝"为 baq「土坡」对音汉字的规范字。

三 石山：gya ~ 加、架、茄、界、炸、榨

壮语的"石山"在某些方言中读 gya，说明壮语发生过 bya>gya 的演变，汉语就用"加、架、茄、界、炸、榨"来对译 gya。此对音出现在河池的巴马、百色的田阳一带。上述对音汉字的中古音韵地位及广西汉语方言读音如下：

加：见母，假开二，麻韵，平声；白话平话[$_c$ka]，官话[$_c$kja]/[$_c$tsia]；

架：见母，假开二，祃韵，去声；白话平话[ka$^?$]，官话[kja$^?$]/[tsia$^?$]；

茄：群母，果开一，戈韵，平声；白话官话[$_c$khɛ]，平话[$_c$kɛ]；

界：见母，蟹开二，怪韵，去声；白话平话[kai$^?$]，官话[kai$^?$]/[tsɛ$^?$]；

炸：中古无，白话平话官话[tsa²]；

榨：庄母，假开二，祃韵，去声；白话平话官话多读[tsa²]。

"加、架"对音 gya，显然对音用的是官话音，而不是白话平话音。"茄"的声母韵母对不上，估计是"加"的异写。腭化塞音[kj]与塞擦音[tɕ]很容易混同，所以壮语的 gya 又可以用读[tsa²]的"炸、榨"来对音。"界"显然也用官话的[tsɛ²]来与 gya 对音。gya「石山」是壮语第 1 调，与汉语的阴平调相对应，上述汉字只有"加"是阴平字，且其使用频率还比较高。但是"加"不是一个合适的选择，因为：

第一，"加"有白话平话[ka]的读音，常用来做 ga「村名词头」的对音（见本章第四节），李锦芳（1995）的《百越地名及其文化意蕴》[①]认为，村名的词头[ka¹]常用"加"来记录。我们这里再用的话，会撞字，引起误读。

第二，汉语方言所见的[ka]>[kja]>[tɕja]，如"家、加、假、夹"等，[ka][kja][tɕja]的读音往往在共时层面见于不同的方言，读[kja]和[tɕja]的，都源于[ka]。而壮语的 bya[pja¹]>gya[tɕa¹]>ca[ɕa¹]，演变有三个阶段，gya[tɕa¹]是其中的一个环节，最终会变成 ca[ɕa¹]。

在壮语及其他台语中观察到相应的演变如下[②]：

刀：[pja⁴]（靖西、田阳田别）>[tɕa⁴]（柳江）>[ɕa⁴]（都安、东兰）；

走：[pja:i³]（柳江、东兰）>[tɕa:i³]（田东、巴马）>[sa:i³]（大新、越南谅山）；

菜：[pjak⁷]>（柳江、东兰）>[tɕak⁷]（田东、巴马）>[sak⁷]（大新、越南谅山）；

头发：[pjom¹]（柳江、东兰）>[tɕom¹]（田东、巴马）>[sum¹]（大新、越南谅山）；

额头：[pja:k⁹]（柳江）>[tɕa:k⁹]（田东）>[sa:k⁹]（越南谅山）；

末梢：[pja:i¹]（柳江）>[tsa:i¹]（田东、田阳）。

---

① 李锦芳：《百越地名及其文化意蕴》，《中央民族大学学报》1995 年第 1 期。
② 壮语的材料取自各壮语的工具书，越南谅山的材料取自吴小奕《跨境壮语研究》，广西民族出版社 2013 年版，第 267、256、263、257 页。

在壮语的这一演变中，跟 ga[ka]没有关系，也就是说，壮语的这一演变，如果有 gya[tɕa]，不会必然推出 ga[ka]。所以，不能用"加、茄、架、界"这类字。这类字的读音中虽然有与壮语的 gya[tɕa]近似的[tɕja]声母，但是在汉语方言中还可以读为[ka][kai]一类的[k]声母。应该选用汉语方言中只有[tɕ]声母而没有[k]声母的字。符合这个要求的只有"炸、榨"两个字。"炸"的使用相对频率高一点，我们推介"炸"为 gya「石山」的对音汉字的规范字。

四 石山：ca～沙、差、查、山、岭

用"山""岭"对译 ca「石山」属于意译，其余的属于音译。壮语"石山"的读音发生了 bya>gya 的演变，gya 再继续演变为>ca。汉字用"沙、差、查"等来对音就反映了这一音变，这一对音汉字出现在左江土语区。上述对音汉字的中古音韵地位及广西汉语方言读音如下：

沙：生母，假开二，麻韵，平声；白话平话官话[₋sa]；

差：初母，假开二，麻韵，去声；白话平话官话[₋tsha]；

查：崇母，假开二，麻韵，平声；白话平话官话[₋tsha]。

"差、查"汉语方言的声母都读塞擦音，而广西的壮族人说汉语时，塞擦音都说成擦音[s]，会出现用"差、查"对译 ca「石山」的情况。壮语 ca「石山」为壮语第 1 调，应对应汉语的阴平调，因此"沙、差"能对应。实际读音"沙"的声母更接近，另外，频率也显示，"沙"频率更高。按理应取"沙"为规范字，但是"沙"已作为汉字借词"沙"的规范字还原了（参见本章第四节）。因此，我们另外推介"砂"作为 ca「石山」对音汉字的规范字。读音不变，形旁变成"石"提示与"石山"相关，群众应该能接受。

五 土岭：ndoi～累、磊、雷、蕾、垒、内、类、理、林、胎、堆、对、领、岭、山、坡、农、弄、龙、果、大、绿、禄

先说"领、岭"，"领"是"岭"的同音字，属于意译，先排除。"山、坡"也属于意译，也排除。"农、弄、龙"可能是 ndongj「土岭」的对音汉字（见下）。"果、大、绿、禄"可能是 go、daj、lueg 等字的曲折意译。排

除这些字，剩下的才是 ndoi「土岭」的对音汉字。

北部壮语的 ndoi「土岭」，声母是[ʔd]，叫先喉塞音，也叫内爆音，读音跟[l][n][t]都有点像。对音汉字"累、磊、雷、蕾、垒、内、类、理、林"反映了[l] [n]声母，而"胎、堆、对"则反映了[t]声母。上述对音汉字的中古音韵地位及汉语方言读音如下：

累：来母，止合三，纸韵，上声；白话平话[ᶜlui]，官话[leiˀ]；

磊：来母，蟹合一，灰韵，上声；方言少说；

雷：来母，蟹合一，灰韵，平声；白话平话[₌lui]/[₌loi]，官话[₌lei]；

蕾：来母，蟹合一，灰韵，上声；白话平话[₌lui]/[₌loi]，官话[₌lei]；

垒：来母，止合三，旨韵，上声；白话[ᶜlui]/[ᶜlui]，平话[ᶜlui]，官话 [ᶜlei]；

内：泥母，蟹合一，灰韵，去声；白话平话[nuiˀ]，官话[neiˀ]；

类：来母，止合三，至韵，去声；白话平话[luiˀ]，官话[leiˀ]；

理：来母，止开三，业韵，上声；白话[ᶜli]/[ᶜli]，平话[ᶜlei]，官话[ᶜli]；

林：来母，深开三，侵韵，平声；白话平话[₌ləm]，官话[₌lin]；

胎：透母，蟹开一，哈韵，平声；白话[₌thoi]，平话官话[₌thai]；

堆：端母，蟹合一，灰韵，平声；白话平话[₌tui]，官话[₌təi]；

对：端母，蟹合一，队韵，去声；白话平话[tuiˀ]，官话[təiˀ]。

上述字从声母韵母看，对音的层次以平话音为主，个别用白话音。但是 ndoi 在壮语中是第1调，应对应汉语的阴平调。频率最高的是"雷"，其声母韵母的对应还算可以，不足的是声调是阳平，不是阴平。上述汉字中，声调为阴平的有"胎、堆"。傣语 ndoi「土岭」的规范形式是"堆"，参见戴红亮（2005）[①]。为了保持跟傣语一致，我们推介"堆"为 ndoi「土岭」的对音汉字的规范字。

六 土岭：ndongj ~ 弄、农、龙、陇、伦、仑、崇、哝、山

北部壮语的 ndoi「土岭」在南部壮语的龙州、大新、靖西、宁明等地

[①] 戴红亮：《汉译"通名"统一规范化的原则及意义——以壮傣语支语言为例》，《语言文字应用》2005年第2期。

演变为 ndongj。靖西和宁明比较复杂，有的乡镇念 ndoi，有的乡镇念 ndongj。念 ndoi 的，按照 ndoi 来规范。用"山"对译属于意译，先排除。

壮语 ndongj 的声母[ʔd]，叫先喉塞音，读音跟[l][n][t]都有点像。对音汉字"弄、龙、陇、伦、仑"反映的是[l]的音值，"崬"反映的是[t]的音值，"哝、农"反映的是[n]的音值。上述对音汉字的中古音韵地位及广西汉语方言读音如下：

弄：来母，通合一，送韵，去声；白话平话[noŋ³]/[loŋ³]，官话[loŋ³]；

农：泥母，通合一，冬韵，平声；白话[₂noŋ]，平话[₂nuŋ]，官话[₂noŋ]；

龙：来母，通合三，钟韵，平声；白话平话[₂luŋ]/[₂loŋ]，官话[₂loŋ]；

陇：来母，通合三，肿韵，上声；白话平话[ᶜluŋ]/[ᶜloŋ]，官话[ᶜloŋ]；

伦、仑：来母，臻合三，谆韵，平声；白话官话[₂lən]，平话[₂lən]/[₂lun]；

崬：端母，通合一，东韵，平声，广西汉语方言无记录，按音韵地位应读[₂toŋ]；

哝：泥母，通合一，冬韵，平声，广西汉语方言无记录，按音韵地位应读[₂noŋ]。

"伦、仑"的韵母跟 ndongj 的韵母音值差异较大，应该排除。"弄、龙、陇、崬、哝"这几个字，其声母韵母的音值都比较吻合。但是"弄、龙、陇、崬、哝"这几个字，一方面会跟 rungh「山间平地」的对音汉字混淆，另一方面也会跟 ndoeng「森林」的对音汉字混淆。从靖西地名的材料可看到，当地人尽量用"峎"来对译 rungh，而用"弄"来对译 ndongj，努力将二者区分开来。我们认为，为了避免跟 rungh「山间平地」相混，"弄、龙、陇"尽量不要选，就只剩"崬、哝"二字了。从字形看，"哝"字带有偏旁"口"，语义跟言说有关，不太像地名用字。比较合适的只有"崬"了。"崬"作为规范字，译写 ndongj「土岭」，表"土岭、山脊"的意思，大体也说得通。另外，V. 费都亚杰、颜海云（1992）①指出，"崬"是方块壮字，已被汉字系统吸收，录入汉语的工具书，二人认为"崬"是 ndoeng「森林」的对音汉字。经查阅，"崬"确实收入《现代汉语词典》中，注释为广西地名"崬罗"，

---

① V. 费都亚杰、颜海云：《关于壮语地名的汉译规范化问题》，《地名知识》1992 年第 2 期。

并未释义。我们认为，"崇"作为 ndoeng「森林」的对音汉字未必妥当，"崇"从字形看，以山为形旁，似提示与山岭相关。我们用"崇"做 ndongj「土岭」的对音汉字的规范字更为合适。我们选择了另外一个方块壮字"㭲"作为 ndoeng「森林」的规范字，从形旁看，"木"跟「森林」的意思更为契合。（见本章第七节）

七 山崖：dat ~ 达、塔、大、得、驮、必、涯、崖、岸

壮语的"山崖"读为 dat，译写汉字有"达、塔、大、得、驮、必、涯、崖、岸"。其中"涯、崖"是意译，"岸"可能是意译，因为"山崖"也很像"山的岸"。"必"出现在崇左的"渌必 luegdat"，lueg 与"渌"对音，dat 与"必"的对应关系不明，如果是对音，层次也许早于中古层次，超出了我们的研究范围。其余的字，中古音韵地位及广西汉语方言读音如下：

达：定母，山开一，曷韵，入声；白话平话[tat₂]，官话[₋ta]；

塔：透母，咸开一，盍韵，入声；白话平话[thap₂]，官话[₋tha]；

大：定母，果开一，箇韵，去声；白话平话[tai²]，官话[ta²]；

得：端母，曾开一，德韵，入声；白话平话[tɐk₂]，官话[₋tə]；

驮：定母，果开一，歌韵，平声；白话官话[₋tho]，平话[₋tho]/[₋ta]。

壮语 dat「山崖」是促声韵尾，第 7 调，应该对应汉语方言的阴入调。首先，"大、驮"不是入声字，不符合条件，应被排除。其次，"塔、得"虽说是入声字，但是韵尾[p][k]跟 dat 不吻合。只有"达"的声母韵母都对应，唯一的缺憾是，"达"是阳入字。但是，没有更合适的字了，只能选"达"了，况且"达"是频率最高的字。所以，推介"达"为 dat「山崖」的对音汉字的规范字。

八 山崖：ndanq ~ 限、朗、丹、担、但、旦

ndanq 的"山崖"义没有收入一般的壮语工具书中。dat「山崖」>ndanq「山崖」属于阳入对转，有的方言如都安、凤山，以 dat 为主、以 ndanq 为辅；有的方言如靖西，以 ndanq 为主、以 dat 为辅。dat「山崖」>ndanq「山崖」的演变发生可能比较晚。张声震的《广西壮语地名选集》（1988）记录

第二章　对音汉字的语言学分析及规范字推介 ◆◇◆

靖西县南坡乡发达村公所有个叫"念达"的村名，"念"是水的意思，"达"是山崖的意思，标注为 raemxdat[ram⁴ta:t⁷]①，这个地名被郑贻青（2013）转录后，标记为[nam⁴na:n⁵<nam⁴da:n⁵]²。因此，"山崖"的对转为：[ta:t⁷]>[da:n⁵⁵]。郑贻青是靖西县城人，用自己的读音去记录乡下的地名，县城的人念[na:n⁵]<[da:n⁵]，而乡下的人念[ta:t⁷]，估计这个对转发生的时间比较晚。ndanq 的对音汉字有"限、朗、丹、担、但、旦"，各字的中古音韵地位及广西汉语方言读音如下：

限：匣母，山开二，产韵，上声；白话[ʰhan]/[ₑhan]，平话[han²]，官话[han²]；

朗：来母，宕开一，荡韵，上声；白话[ˀlɔŋ]，平话[ˀlaŋ]，官话[ˀlaŋ]；

丹：端母，山开一，寒韵，平声；白话平话官话[tan]；

担：端母，咸开一，阚韵，去声；白话[tam²]，平话[tom²]，官话[tan²]；

但：定母，山开一，翰韵，去声；白话平话[tan²]，官话[tan²]；

旦：端母，山开一，翰韵，去声；白话平话官话[tan²]。

ndanq 收[n]尾，是壮语第 5 调，对应于汉语的阴去调。上述汉字，"限"的声母对不上，"朗"的韵尾对不上，"丹"的声调对不上，都不是好的选择。"担"对音用的是官话，白话平话没对上，也不是最好的选择。从白话平话官话的声韵调看，"但、旦"两字最合适。从语义上看，"但"是个意义抽象，表范围义"只有"或转折意义"但是"，不适合作地名用字。"旦"字声韵调均与 ndanq 对应，而且还是频率最高的。故选择"旦"作为 ndanq「山崖」的对音汉字的规范字。

九　山谷：lueg ~ 六、陆、禄、绿、渌、麓、乐、洛、落、足、朔、罗、逻、路、露、共、下、涤、沟、谷

壮语的 lueg「山谷」，"沟、谷"属于意译。常见的对音汉字有上述除"沟、谷"外的 18 个。这 18 个汉字分为两类：一类是入声字，六、陆、

---

① 张声震：《广西壮语地名选集》，广西民族出版社 1988 年版，第 236 页。
② 郑贻青：《靖西壮语研究》，广西民族出版社 2013 年版，第 289 页。

禄、绿、渌、麓、乐、洛、落、足、朔；另一类是非入声字，罗、逻、路、露、共、下、涤。

首先需要明确的是，非入声字在韵类上跟壮语的 lueg 韵尾对应不上，推测是用官话来对音。这些非入声字又有两类："共、下、涤"和"罗、逻、路、露"。"共、下、涤"声母韵母都对不上，可能经过更为曲折的意译过程。比如"下"，极有可能是对音汉字"落"的训读字。"罗、逻、路、露"的官话读音为[lo][lu]一类，一旦入声的"六、陆、禄、绿、渌、麓、乐、洛、落"读官话的音，就跟"罗、逻、路、露"读音差不多。所以，可以不用考虑在"罗、逻、路、露"中选字，"六、陆、禄、绿、渌、麓、乐、洛、落"的官话音就可以承担"罗、逻、路、露"的官话音。这样一来，非入声字可以排除在备选字之外。那么上述入声字的中古音韵地位及广西汉语方言读音如下：

六：来母，通合三，屋韵，入声；白话平话[lok₂]/[luk₂]，官话[₋lu]；

陆：来母，通合三，屋韵，入声；白话平话[lok₂]/[luk₂]，官话[₋lu]；

禄：来母，通合一，屋韵，入声；白话平话[lok₂]/[luk₂]，官话[₋lu]；

绿：来母，通合三，烛韵，入声；白话平话[lok₂]/[luk₂]，官话[₋lu]；

渌：来母，通合一，烛韵，入声；白话平话[lok₂]/[luk₂]，官话[₋lu]；

麓：来母，通合一，屋韵，入声；白话平话[lok₂]/[luk₂]，官话[₋lu]；

乐：来母，宕开一，铎韵，入声；白话[lɔk₂]，平话[lak₂]，官话[₋lɔ]；

洛：来母，宕开一，铎韵，入声；白话[lɔk₂]，平话[lak₂]，官话[₋lɔ]；

落：来母，宕开一，铎韵，入声；白话[lɔk₂]，平话[lak₂]，官话[₋lɔ]；

足：精母，通合三，烛韵，入声；白话[tsuk₂]，平话[tsok₂]，官话[₋tsu]；

朔：生母，江开二，觉韵，入声；白话平话[ɬɔk₂]/[ɬak₂]，官话[₋su]。

"足、朔"两字声母差异大，使用频率也很低，先排除。剩下的入声字大体分为两组，通摄的"六、陆、禄、绿、渌、麓"和宕摄的"乐、洛、落"。宕摄的平话音，主元音[a]显然不对应，此对音用的白话音。而通摄字，无论是平话还是白话，都能对应得上。从统计数据看，通摄的使用频率也远远高于宕摄。我们倾向于选通摄的"六、陆、禄、绿、渌、麓"，统计数据表明"六"的使用频率最高。这个"六"还广泛见于今天已经无壮族聚居的地区，被认为是壮语底层地名，如广西玉林市普遍认为没有壮族，但有大量的"六"字地名。广西以外的地区如安徽的"六安"，见证了古骆越民族在早期的分布。如果用"六"做规范汉字，好处是方便保留历史层次，不便之处也很明显：今天的普通话"六"读 liù，主元音都不同，音色差得太远了；另外，"六"是数字，很容易与其他字组成词语，如高速公路上的"六景"这一站名，很容易解读为"六个景点"。但是，由于"六"是高频词中的高频字，依据"高频优先、从宽"的原则，我们还是要推介"六"为 lueg「山谷」的对音汉字的规范字。

十 山间平地：rungh ~ 弄、岜、荣、龙、陇、笼、拢、隆、洞、峒、垌、同、洪、足、供、崇、大、岭、屯、坡

壮语"山间平地"读 rungh。上述"大、岭、屯、坡"可能是曲折意译，不讨论，其余的才是对音汉字。上述对音汉字的中古音韵地位及广西汉语方言读音如下：

弄：来母，通合一，送韵，去声；白话平话[noŋ²]/[loŋ²]，官话[loŋ²]；

岜：后起的自造字，音韵地位与"弄"同；白话平话[noŋ²]/[loŋ²]，官话[loŋ²]；

荣：云母，梗合三，庚韵，平声；白话平话[˛weŋ]，官话[˛joŋ]；

龙：来母，通合三，钟韵，平声；白话平话官话[˛luŋ]/[˛loŋ]；

陇：来母，通合三，肿韵，上声；白话平话[ˀluŋ]/[ˀloŋ]，官话[ˀloŋ]；

笼：来母，通合一，东韵，平声；白话平话[˛luŋ]，官话[˛loŋ]；

拢：来母，通合一，董韵，上声；白话平话[ˀluŋ]，官话[ˀloŋ]；

隆：来母，通合三，东韵，平声；白话平话[˛luŋ]，官话[˛loŋ]；

洞、峒、垌：定母，通合一，送韵，去声；白话[tuŋ²]，平话[toŋ²]，官话[toŋ²]；

同：定母，通合一，东韵，平声；白话[˛thuŋ]，平话[˛toŋ]，官话[˛thoŋ]；

洪：匣母，通合一，东韵，平声；白话平话官话[˛huŋ]/[˛hoŋ]；

足：精母，通合三，烛韵，入声；白话[tsuk˺]，平话[tsok˺]，官话[˛tsu]；

供：见母，通合三，钟韵，平声；白话平话[˛kuŋ]，官话[˛koŋ]。

苁：端母，通合一，东韵，广西汉语方言无记录，按音韵地位应读[₋toŋ]。

壮语的 rungh「山间平地」在各地的声母主要读[r]/[l]，对音汉字的声母有两类，一类是[l]声母，集中在"弄、㟞、龙、陇、笼、拢、隆"，另一类是非[l]的声母。从统计数据看，[l]声母字的频率远高于非[l]声母字，比如"陇"在大新、龙州就很密集。由于"㟞"是个后起的自造字，有些输入系统不兼容，导致有的地方选用别的汉字。这几个字，从调类看，平声的"荣、龙、笼、隆"和上声的"陇、拢"跟壮语 rungh「山间平地」的第6调都不对应。另外从语义上看，"陇"让人联想到种庄稼时开的"垄"，与山间平地的意思不相吻合。

语音对应得上的是去声的"弄、㟞"，"弄、㟞"的阳去调与壮语 rungh「山间平地」的第6调对应。"㟞"比"弄"多加了一个"山"字在上头，表明语义是在山间，比"弄"更合适。另外，"㟞"已被《现代汉语词典》收入，并专门标注是来源于壮语的词，语义就是"山间小平地"。所以，"㟞"应当推介作为 rungh「山间平地」的对音汉字的规范字。

十一 山岗: geng ~ 更、𡷫、岘、埂、耕、姜、京、惊、经、基、硬、杏、倖、岗、根

把山岗称为 geng 的，出现在北部的右江土语区和南部壮语各土语区。上述对音的汉字，其中古音韵地位及广西汉语方言读音如下：

更：见母，梗开二，庚韵，平声；白话[₋keŋ]，平话[₋keŋ]/[₋kaŋ]，官话[₋kən];

𡷫：是个自造字，音韵地位同"更";

岘：见母，梗开二，梗韵，上声；白话[ᶜkeŋ]，平话[ᶜkeŋ]/[ᶜkaŋ]，官话[ᶜkən];

埂：见母，梗开二，梗韵，上声；白话平话[ᶜkeŋ]/[ᶜkaŋ]，官话 [ᶜkən];

耕：见母，梗开二，耕韵，平声；白话[₋kaŋ]，平话[₋keŋ]，官话[₋kən];

姜：见母，宕开三，阳韵，平声；白话[₋kœŋ]，平话[₋keŋ]，官话[₋kiaŋ];

京：见母，梗开三，庚韵，平声；白话[₋kiŋ]，平话[₋keŋ]/[₋kəŋ]，官话[₋kin];

惊：见母，梗开三，庚韵、平声；白话[ˌkeŋ]，平话[ˌkɐŋ]，官话[ˌkiŋ]；

经：见母，梗开四，青韵，平声；白话[ˌkiŋ]，平话[ˌkeŋ]/[ˌkɐŋ]，官话[ˌkin]；

基：见母，止开三，之韵，平声；白话官话[ˌki]，平话[ˌkɐi]；

硬：疑母，梗开二，映韵，去声；白话[ŋaŋ²]，平话[ŋeŋ²]，官话[ŋɐn²]；

杏：匣母，梗开二，梗韵，上声；白话[hɐŋ²]，平话[heŋ²]/[hɐŋ²]，官话无；

倖：匣母，梗开二，耿韵，上声；白话[hɐŋ²]，平话[heŋ²]/[hɐŋ²]，官话[hin²]；

岗：见母，宕开一，唐韵，平声；白话[ˌkɔŋ]，平话[ˌkɛŋ]/[ˌkaŋ]，官话[ˌkaŋ]；

根：见母，臻开一，痕韵，平声；白话平话官话[ˌkɐn]。

从声母韵母来看，上述字对音主要是平话的层次。其中，频率高的集中在"更、崀、埂、埌"这几个。壮语的 geng「山岗」是第 1 调，应该对应汉语的阴平调。"埂、埌"是上声字，应排除。剩下的"更、崀"哪个更合适呢？我们认为"崀"有个"山"做形旁，可提示跟山有关的语义；另外"更"在汉语里是个常用的多音字，"更改"的"更"是阴平字，"更加"的"更"是阴去字，单写一个"更"会读混。所以，还是"崀"比较合适。

十二 山坳：geuq ─ 叫、教、究、娇、巧、交、乔、扣、喊、鉴、吉、更、根、刚、拗、坳、吼

"山坳"读 geuq 的，主要分布在南部壮语各土语区，北部的右江土语区也有一点。上述汉字，"坳"显然是意译，"拗"是"坳"的别写，也属于意译，"吼"是"叫"的训读，不讨论。其余的是对音汉字，其中古音韵地位和广西汉语方言读音如下：

叫：见母，效开四，啸韵，去声；白话平话[kiu²]，官话[kiau²]；

教：见母，效开二，效母，去声；白话[kɐu²]，平话[tʃau²]/[kau²]，官话[kiau²]；

究：见母，流开三，宥韵，去声；白话[kɐu²]，平话[tʃɐu²]，官话[kiou²]/[tɕiou²]；

娇：见母，效开二，宵母，平声；白话平话[ˌkiu]，官话[ˌkiau]；

巧：溪母，效开二，巧母，上声；白话平话[ˈkhiu]，官话[ˈkhiau]；

交：见母，效开二，肴母，平声；白话[ˌkeu]，平话[ˌtʃau]/[ˌkau]，官话[ˌkiau]；

乔：群母，效开三，宵母，平声；白话[ˌkhiu]，平话[ˌkiu]，官话[ˌkiau]；

扣：溪母，流开一，候韵，去声；白话[kʰeu˒]，平话[keu˒]，官话[kʰeu˒]；

喊：晓母，咸开一，敢韵，上声；白话[ham˒]/[hɛm˒]，平话[ˤham]，官话[ˤxan]；

鉴：见母，咸开二，鉴韵，去声；白话[kam˒]，平话[kam˒]/[tʃam˒]，官话[kan˒]；

吉：见母，臻开三，质韵，入声；白话平话[keʔ˩]，官话[ˌki]；

更：见母，梗开二，庚韵，平声；白话[ˌkeŋ]，平话[ˌkɛŋ]/[ˌkaŋ]，官话[ˌkən]；

根：见母，臻开一，痕韵，平声；白话平话官话[ˌken]；

刚：见母，宕开一，唐韵，平声；白话[ˌkɔŋ]，平话[ˌkeŋ]/[ˌkaŋ]，官话[ˌkaŋ]。

在上述汉字中，"喊、鉴、吉、更、根、刚"收[m]/[t]/[n]/[ŋ]尾，而壮语 geuq 无韵尾，对应不上。估计"喊"是从对音汉字"叫"训读而来，"鉴"可能对音的是 gamj「岩洞」。"叫、教、究、娇、巧、交、乔"的对音层次有白话平话，也有少数官话。从声调来说，geuq「山坳」在壮语中是第 5 调，对应汉语应该是阴去调。上述的汉字，只有"叫、究"为阴去字，其他的都不符合要求，所以，只能从"叫、究"中选其一。相比而言，"叫"属于平话层，"究"属于官话层，应以层次早的为好。如果选用"叫"，白话平话官话的声韵调皆可对应。况且，从频率来说，"叫"的频率占绝对的优势。所以，我们推介"叫"为 geuq「山坳」的规范字。

十三 山坳：gemh ~ 琴、芩、俭、检、简、乾、见、建、件、更、勤、京、甲、吉、感、现、延、安、岩、坳

把"山坳"读作 gemh 的方言分布在北部壮语区，用"岩""坳"对音是意译，不讨论。其对音汉字是上述这些，没有哪个的频率是特别高的。这些对音汉字分为两类：一类是声母为非[k]的"现、延、安"，另一类是声

第二章 对音汉字的语言学分析及规范字推介 ▲◇◆

母为[k]的"琴、芩、俭、检、简、乾、见、建、件、更、勤、京、甲、吉、感"。前一类，可能对音的层次在中古之前，或是别的曲折对应，目前我们不清楚，不作讨论。后一类字的中古音韵地位及广西汉语方言读音如下：

琴：群母，深开三，侵韵，平声；白话[˪kʰɐm]，平话[˪kɐm]，官话[˪kʰin]；

芩：群母，深开三，侵韵，平声；方言中不是常用字；

俭：群母，咸开三，琰韵，上声；白话平话[kimˀ]/[˚kim]，官话[˚ken]；

检：见母，咸开三，琰韵，上声；白话平话[˚kim]，官话[˚ken]；

简：见母，山开二，产韵，上声；白话[˚kɛn]，平话[˚kan]/[˚tʃan]，官话[kenˀ]；

乾：群母，山开三，仙韵，平声；白话[˪kʰin]，平话[˪kin]，官话[˪kʰen]；

见：见母，山开四，霰韵，去声；白话平话[kinˀ]，官话[kenˀ]；

建：见母，山开三，愿韵，去声；白话平话[kinˀ]，官话[kenˀ]；

件：见母，山开三，狝韵，上声；白话平话[kinˀ]，官话[kenˀ]；

更：见母，梗开二，庚韵，平声；白话[˪kɐŋ]，平话[˪kɐŋ]/[˪kan]，官话[˪kən]；

勤：群母，臻开三，殷韵，平声；白话[˪kʰɐn]，平话[˪kɐn]，官话[˪kʰin]；

京：见母，梗开三，庚韵，平声；白话[˪kin]，平话[˪keŋ]/[˪kəŋ]，官话[˪kin]；

甲：见母，咸开二，狎韵，入声；白话平话[kapˀ]，官话[˪kʰia]/[˪tsia]；

吉：见母，臻开三，质韵，入声；白话平话[kɐt]，官话[˪ki]；

感：见母，咸开一，感韵，上声；白话[˚kɐm]，平话[˚kam]/[˚kɔm]，官话[˚kan]。

从声母韵母的对应看，上述对音汉字主要属于官话层。在选取官话用字时，能照顾白话平话的音就更好了。由于壮语的 gemh「山坳」是[m]韵尾，最好能用[m]韵尾的汉字。首先，"甲、吉"是[p]/[t]韵尾，是入声字，不合适。"芩"是个生僻字，很多人念不出来。再看山摄、梗摄、臻摄的字，"简、乾、见、建、件、勤"是[n]尾，"更、京"是[ŋ]尾，也跟 gemh「山坳」的[m]尾对不上。最后，咸摄、深摄的"琴、俭、检、感"是[m]尾，与 gemh「山坳」的[m]尾能对上。gemh「山坳」是壮语的第 6 调，最好跟汉语的阳去调相对应。"琴、感"不仅主元音[ɐ/ə/ɔ]差异大，且声调为阳平、阴上，

· 85 ·

也不合适。"俭、检"二字,不仅在白话平话中的声母韵母能对得上,官话的语音[ˀken],也能符合对应的语感。相比而言,我们认为"俭"更合适。因为"检"只有阴上调一种读法,而"俭"在广西平话白话中可读为阳去调,跟 gemh「山坳」的声调类刚好能对上。虽然在统计表中,"俭"的频率不是很高,但我们也推介"俭"为 gemh「山坳」的对音汉字的规范字。

十四 岩洞: gamj ~ 干、关、甘、敢、感、岩、洞、孔、镜

把"岩洞"称为 gamj 的主要在北部壮语区,南部壮语区的邕南土语区有一点。"岩、洞"是意译,"孔"可能取"空"之意对译。"镜"可能是 gemh「山坳」的音译字。对音的汉字是"干、关、甘、敢、感"。下面是它们的中古音韵地位及广西汉语方言读音:

干:见母,山开一,寒韵,平声;白话[₋kɔn],平话官话[₋kan];

关:见母,山合二,删韵,平声;白话[₋kuɛn]/[₋kuan],平话官话[₋kuan];

甘:见母,咸开一,谈韵,平声;白话[₋kɐm],平话[₋kam]/[₋kɔm],官话[₋kam];

敢:见母,咸开一,敢韵,上声;白话[ˀkɐm],平话[ˀkam]/[ˀkɔm],官话[ˀkan];

感:见母,咸开一,感韵,上声;白话[ˀkɐm],平话[ˀkam]/[ˀkɔm],官话[ˀkan]。

从声母韵母看,上述汉字的主要对应层次是平话。壮语的 gamj「岩洞」是[m]收尾,所以山摄的"干、关"应该首先排除,要在咸摄的"甘、敢、感"中选。gamj「岩洞」是壮语中的第3调,应该对应汉语的阴上调,所以阴平调的"甘"字要排除。"敢、感"声韵调的对应都挺吻合,但是"敢"的使用频率远远高于"感"。所以,应该推介"敢"作为 gamj「岩洞」的对音汉字的规范字。

十五 山洞: congh ~ 重、中、从、冲、雄、洞

北部壮语把"山洞"称作 congh,用"洞"对译属于意译,对音汉字有"重、中、从、冲、雄",其中古音韵地位及广西汉语方言读音如下:

重₁：澄母，通合三，肿韵，上声；白话[ʰtʃhuŋ˧]，平话[˧tɕoŋ˧]，官话[tsoŋ˧]；
重₂：澄母，通合三，用韵，去声；白话[tʃhuŋ˧]，平话[tɕoŋ˧]，官话无；
重₃：澄母，通合三，钟韵，平声；白话[˨tʃhuŋ]，平话[˨tɕoŋ]，官话[˨tshoŋ]；
中：知母，通合三，东韵，平声；白话平话官话[˨tsuŋ]/[˨tsoŋ]；
从：从母，通合三，钟韵，平声；白话平话官话[˨tshuŋ]/[˨tshoŋ]；
冲：澄母，通合三，东韵，平声；白话平话官话[˨tshuŋ]/[˨tshoŋ]；
雄：云母，通合三，东韵，平声；白话[˨huŋ]，平话[˨joŋ]，官话[˨hjoŋ]/[˨ɕoŋ]。

congh「山洞」是壮语中的第6调，与汉语的阳去调相对应。从使用频率看，"从"的频率似乎高一点，但是"从"推介为coengz「松树」的对音汉字规范字了（见本章第七节），这里不便再用。我们考虑"重"。"重"可读阳平调、阳上调、阳去调。白话平话中很多方言的阳平调与阳去调值很相近。再者从声韵调看，比较吻合的就是"重"了。所以，我们推介"重"为congh「山洞」的对音汉字的规范字。

十六　岩洞：nguemz～岩、银、颜、玄、乜、安、峒

各方言把"岩洞"读为nguemz的，都是汉语借词"岩"。① 所以，译写的汉字频率最高的就是"岩"字。此时，遵循"汉语借词还原"的规范化原则，用回原来的本字，是最好的选择。

不过，在靖西，这个问题可能会碰到麻烦。靖西有ngimz和ngamz两个词，ngimz是"岩洞"的意思，ngamz是"山的鞍部"（即两座连在一起的山，其山峰之间形成的平缓的凹地）的意思。当地两个词都写作"岩"，对此我们暂时没有更好的办法，如何分化这两个词还需要进一步探讨。

十七　山坡：bo～坡、怕、普、播、保、卜、甫、波、婆、博、剥、浦、埔、部、堡、咘、布、板、巴、簸、北、奈、莫、把、岭、山、岩

壮语把"山坡"称为bo，从语音和语义的对应关系看，bo就是借自

---

① 本著判断为汉语借词的，依"汉语借词还原"的原则，推介此汉语借词的规范汉字，其余的对译汉字不再分析。

汉语的"坡"。从统计数据看，译写汉字中，"坡"的频率是最高的。遵循"汉语借词还原"的规范化原则，用"坡"作为 bo「山坡」的对音汉字的规范字。

十八　山沟：hongj ~ 哄、洪、福、红、烘、拱、龙、巷

将"山沟"称为 hongj 的，出现在河池的巴马、东兰、天峨及百色的西林几个县。hongj 的对音汉字有"哄、洪、福、红、烘、拱、龙、巷"，其中古音韵地位及广西汉语方言读音如下：

哄：晓母，通合一，董韵，上声；白话平话官话[ʰhuŋ]/[ʰhoŋ]；

洪：匣母，通合一，东韵，平声；白话平话官话[˪huŋ]/[˪hoŋ]；

福：非母，通合三，屋韵，入声；白话平话[fuk˺]，官话[˪fu]；

红：匣母，通合一，东韵，平声；白话平话官话[˪huŋ]/[˪hoŋ]；

烘：晓母，通合一，东韵，平声，白话平话官话一读[˪huŋ]/[˪hoŋ]，另一读[huŋ²]/ [hoŋ²]；

拱：见母，通合三，肿韵，上声；白话平话官话[ʰkuŋ]/[ʰkoŋ]；

龙：来母，通合三，钟韵，平声；白话平话官话[˪luŋ]/[˪loŋ]；

巷：匣母，江开二，绛韵，去声；白话平话[huŋ²]/[hoŋ²]，官话[haŋ²]。

hongj「山沟」是阳声韵，收[ŋ]尾，"福"是入声字，不合，先排除。hongj「山沟」是壮语的第 3 调，对应汉语的阴上调。上述这么多字，只有"哄"的声韵调是能对应上的，从统计数据看，"哄"的频率也最高，故我们推介"哄"为 hongj「山沟」的对音汉字的规范字。

十九　陡坡：lingq ~ 鲁、途、秃、斗、立、岭、令、领、林、零、灵、凌、冷、楞、另、浪、亮

壮语的"陡坡"读 lingq。lingq「陡坡」是鼻音韵尾[ŋ]，"鲁、途、秃"这几个字音都没有韵尾，声母韵母与 lingq「陡坡」也不相近，可能是另外方式的曲折意译。"斗"可能是意译字"陡"的同音字，"立"是个入声字，可能是曲折的意译，如果一个东西"立起来"，就"陡"了。所以，"鲁、途、秃、斗、立"这几个字要先排除。剩下的"岭、令、领、林、零、灵、

凌、冷、楞、另、浪、亮"才可能是其对音的汉字，这些字的中古音韵地位及广西汉语方言读音如下：

岭：来母，梗开三，静韵，上声；白话[˪lɛŋ]，平话[˪ləŋ]，官话[˪liŋ]；

令：来母，梗开三，劲韵，去声；白话[liŋ˧]，平话[ləŋ˧]，官话[liŋ˧]；

领：来母，梗开三，静韵，上声；白话[˪lɛŋ]，平话[˪ləŋ]，官话[˪liŋ]；

林：来母，深开三，侵韵，平声；白话平话[˨ləm]/[˨ləm]，官话[˨lin]；

零、灵：来母，梗开四，青韵，平声；白话[˨liŋ]，平话[˨ləŋ]，官话[˨lin]；

凌：来母，曾开三，蒸韵，平声；白话[˨liŋ]/[˨ləŋ]，平话[˨ləŋ]，官话[˨lin]；

冷：来母，梗开二，梗韵，上声；白话[˪laŋ]，平话[˪lɛŋ]/[˪laŋ]，官话[˪lən]；

楞：来母，曾开一，登韵，平声；白话平话[˨ləŋ]，官话不说；

另：来母，梗开四，径韵，去声；白话[liŋ˧]，平话[ləŋ˧]，官话[lin˧]；

浪：来母，宕开一，宕韵，去声；白话[lɔŋ˧]，平话[laŋ˧]，官话[laŋ˧]；

亮：来母，宕开三，漾韵，去声；白话[lœŋ˧]，平话[leŋ˧]，官话[liaŋ˧]。

lingq「陡坡」的主元音是[i]，"林、冷、楞、浪、亮"，其白话平话的主元音都不相近。从主元音的角度看，"岭、令、领、零、灵、凌、另"如果是平话的读音，主元音都不相近，如果是白话的读音，则有些相近有些不相近，只有官话读音是全都相近的。从声调看，lingq「陡坡」是壮语第5调，应对应汉语的阴去调。而"岭、令、领、零、灵、凌、另"却没有一个是去声字。从频率上看，"岭"的频率是最高的，故推介"岭"为 lingq「陡坡」的对音汉字的规范字。

二十 斜坡：banz ~ 周、琼、盘、班、盆、板、彭、帮、平、办、巴

北部壮语的"斜坡"读 banz，对音的汉字中，"周、琼"可能是别的词或曲折的意译，先排除。其余字的中古音韵地位及广西汉语方言读音如下：

盘：並母，山合一，桓韵，平声；白话平话[˨phun]，官话[˨phan]；

班：帮母，山开二，删韵，平声；白话平话官话[˨pan]；

盆：並母，臻合一，魂韵，平声；白话[˨phun]，平话[˨pun]，官话[˨phən]；

板：帮母，山开二，潸韵，上声；白话平话官话[˪pan]；

彭：並母，梗开二，庚韵，平声；白话平话[ˌphaŋ]，官话[ˌphən]/[ˌphon]；
帮：帮母，宕开一，唐韵，平声；白话[ˌpoŋ]，平话官话[ˌpaŋ]；
平：並母，梗开三，庚韵，平声；白话[ˌpheŋ]，平话[ˌpəŋ]，官话[ˌphin]；
办：並母，山开二，裥韵，去声；白话平话[ˤpa:n]，官话[pa:nˀ]；
巴：帮母，假开二，麻韵，平声；白话平话官话[ˌpa]。

从白话平话来看，声韵调都对应的字一个都没有。从官话来看，声韵调完全对应的有一个"盘"字。从频率上看，"盘"也是最高的。故我们推介"盘"作为 banz「斜坡」的对音汉字的规范字。

二十一 山的斜坡面：baiz ~ 排、牌、拜、派、巴

南部壮语的"山的斜坡面"读 baiz，跟北部壮语的 banz「斜坡」可能是语音对转的关系。baiz「山的斜坡面」的对音汉字有"排、牌、拜、派、巴"，它们的中古音韵地位及广西汉语方言读音如下：

排：並母，蟹开二，皆韵，平声；白话官话[ˌphai]，平话[ˌpai]；
牌：並母，蟹开二，佳韵，平声；白话官话[ˌphai]，平话[ˌpai]；
拜：帮母，蟹开二，怪韵，去声；白话平话官话[paiˀ]；
派：滂母，蟹开二，卦韵，去声；白话平话官话[phaiˀ]；
巴：帮母，假开二，麻韵，平声；白话平话官话[ˌpa]。

上述字除"巴"的韵母对不上之外，其余几个字的声母韵母的平话层次都跟 baiz「山的斜坡」对应，但是 baiz「山的斜坡」是壮语第 2 调，应该对应汉语的阳平调，故只有"排、牌"的声调能对上。从频率上看，"排"最高，故推介"排"为 baiz「山的斜坡面」的对音汉字的规范字。

二十二 隘口：aiq ~ 爱、隘

aiq「隘口」就是汉语借词"隘"，遵循"汉语借词还原"的规范化原则，用"隘"作为 aiq「隘口」的对音汉字的规范字。

二十三 山坳：ngauh ~ 傲、拗、熬、鳌、坳

壮语"山坳"有的读 ngauh，我们认为这就是汉语借词"坳"。

坳：影母，效开二，肴韵，去声；白话[auˀ]/[ŋauˀ]，平话[auˀ]/[ɛuˀ]，官话[ŋauˀ]。

"坳"是影母字，部分影母字读[ŋ]是官话的特点，如"欧、安、爱"读[ŋou、ŋan、ŋai]，少数白话也会这样变。所以，ngauh「山坳」借入的层次可以是白话或官话。遵循"汉语借词还原"的规范化原则，用"坳"作为 ngauh「山坳」的对音汉字的规范字。

二十四　山脊、坡地：ndangq ~ 南、朗、良、浪

河池巴马、百色田林、崇左龙州等地有个"山脊、坡地"的词，对音汉字写作"南、朗、良、浪"，壮文工具书未收。该词在巴马县出现频率最高，巴马的一普、二普材料写作 ndangh，在别的地方还写作 langh。我们查阅了一下巴马的材料，ndangh 都是通名，处在双音节的前字位置。前字读第 6 调，是低降调，应该是个变调。据《壮汉词汇》的全面搜索，先喉塞音 nd、mb 基本都是单数调（偶有的变调属于例外），所以"山脊、坡地"应该是第 1、3、5 调。

据邓玉荣、杨璧菀（2014）《两广"塱"类地名字的音义》①，两广地区的"塱"类地名有阳上和阴去两个声调的读音，读阳上调的是"积水的洼地"，地势低，读阴去调的是"高起的土坡、台地"，地势高。而"积水的洼地"对应于壮语的 langx（见本章第四节）。邓、杨文推测阴去调的"塱"当来自《广韵》宕韵"埌"，来岩切，古宕摄开口一等来母去声，意思是"冢"。冢，大也，《周礼天官》曰：高坟也。《释名》曰："冢，肿也，象山顶之高肿起。"用"冢"来释义"埌"，说明其语义是"高起的土坡"。可是，邓玉荣、杨璧菀（2014）还有个问题无法回答。虽然两广粤语阴去调的"塱"，声母、韵母与《广韵》的"埌"对应，意思也大体相合，但是从其声母来源说，依常例应该读阳去调，读阴去调是例外。邓、杨文对此无法解释。

我们将"山脊、坡地"记为第 5 调的 ndangq，一方面与壮语的整体语音系统相合，另一方面能跟邓玉荣、杨璧菀（2014）中读阴去调的"塱"

---

① 邓玉荣、杨璧菀：《两广"塱"类地名字的音义》，《方言》2014年第2期。

对应。我们初步判断，两广粤语中读阴去调、意思为"高起的土坡、台地"的"塱"，跟壮语中"山脊、土坡"的 ndangq 有渊源关系，这样可解决邓、杨文的问题。

上述 ndangq「山脊、坡地」的对音汉字，其中古音韵地位及广西汉语方言读音如下：

南：泥母，咸开一，覃韵，平声；白话平话[₋nam]，官话[₋nan]；
朗：来母，宕开一，荡韵，上声；白话[⁼lɔŋ]，平话[⁼laŋ]，官话[⁼laŋ]；
良：来母，宕开三，阳韵，平声；白话[₋lœŋ]，平话[₋lɛŋ]，官话[₋liaŋ]；
浪：来母，宕开一，宕韵，去声；白话[lɔŋ²]，平话[laŋ²]，官话[laŋ²]。

这些汉字，都被别的词用作规范汉字了，即朗~langx「积水洼地」、良~rengz「平地」、浪~langh「宽阔」（参见本章第十节），这里便不能用了。"南"是个方位词，容易汉语成词，也不方便用。我们把两广粤语的"塱"字借来。按邓玉荣、杨璧菀（2014），白话应念[lɔŋ²]，平话应念[laŋ²]，官话应念[laŋ²]。我们按阴去调折合一个普通话读音为 làng。所以，我们推介"塱"为 ndangq「山脊、坡地」的对音汉字的规范字。

第三节　河流类

河流类共 14 个词，其使用频率如表 2-3 所示。

一　河：dah ~ 河、水、江、沟、何、达、打、答、大、多、妥、驮、拖、他

壮语的"河"各地读 dah，用"河、水、江、沟"对译 dah「河」显然是意译。"何"是"河"的同音字，也属意译。其他属于对音汉字，有"达、打、答、大、多、妥、驮、拖、他"，它们的中古音韵地位及广西汉语方言读音如下：

第二章 对音汉字的语言学分析及规范字推介

表2-3 河流类壮语地名对译汉字统计

河流类

标准壮文	dah	mboq	rij	daemz	gwz/gw	raengz	vaengz	cingj	mieng	raemx	naemx	dingh	raiq	dan
地名普查的壮文及含义	dah 河	mboq/moh/moq 泉水	lij/rij/vij/vae/veih/veij/vih/vuih/huih/goi 溪水	daemz/dumj/domj/domz/daem 池塘	gw/giuh/gwj/gaemh/kwj/gij 水塘	laengh/leengh/saengz/laegz 地下溶洞深潭	vang/vaengz/vangz/viengz 深潭	cingj 水井	mieng/nung/mburg/menz/nrenh/moengz/mwnzj/hungj 沱	raemx/roemz/laemx/yaemx/yienh 水	raemz/naemx/naem/neamz 水	dingz/ding 山塘沼泽	laiq/laiq/yaiq 河滩	dan 河滩
北部壮语 桂北土语	河池巴马	达1、打1	莫10、渡1、么4、坡2、沧1、门1、布2	利4	塘11、潭1、防1、腾1					水6、林6、年1		定3、廷3、庭1		
	河池环江			尾1	塘1										
	河池东兰	达7、答1		尾5、委1	塘3						水1、隆1		定1、庭2、廷1	崖1	日1
	河池金城江	河2、达1	阿4、波1、木1、幕1	伟3、尾2、辉1	塘6		郎1、沧2	荒1					廷7、庭1		滩1、日1

· 93 ·

续表

河流类

标准壮文	dah	mboq	rij	daemz	gwz/gw	raengz	vaengz	cingj	mieng	raemx	naemx	dingh	raiq	dan
地名普查的壮文及含义	dah 河	mboq/moh/moq 泉水	lij/rij/vij/vae/veih/veij/vih/vuih/huih/goi 溪水	daemz/dumj/domj/domz/daem 池塘	gw/giuh/gwj/gaemh/kwj/gij 水塘	laengh/leengh/saengz/laegz 地下溶洞深潭	vang/vaengz/vangz/viengz 深潭	cingj 水井	mieng/mung/mbung/menz/menh/moeng/mwngz/bungj 沟	raemz/roemz/laemz/yaemz/yienh 水	raemz/naemz/naem/neamz 水	dingz/ding 山塘、沼泽	laiq/laiq/yaiq 河滩	dan 河滩
北部壮语 桂北土语 河池天峨	达5、打4	母3、么6、磨1	里6、垒1、择8、威5、辉6、伟1	塘19			王1		孟2、闷2、梦1、孟1、蒙1			顶4、停3、定2、庭2		丹1
北部壮语 桂北土语 柳州融安	江2、打1		溪1、西1、江1、洗1			伦3、仓1								
北部壮语 桂北土语 河池罗城	大1	各1	鱼1	屯1								定1		
北部壮语 柳江土语 来宾合山														
北部壮语 柳江土语 来宾忻城			里2	屯5、塘6		伦2、凌2				水4、林1、沧1				

· 94 ·

第二章 对音汉字的语言学分析及规范字推介

续表 河流类

标准壮文	dah	mboq	rij	daemz	gwz/gw	raengz	vaengz	cingj	mieng/m ng	raemx	naemx	dingh	raiq	dan
地名普查的壮文及汉义	dah 河	mboq/moh/moq 泉水	lij/rij/vij/vae/veih/veij/vih/vuih/huih/goi 溪水	daemz/dumj/domj/domz/daem 池塘	gwz/giuh/gwj/gaemh/kwj/gij 水塘	laengh/leengh/saengz/laegz 地下溶洞深潭	vang/vaengz/vangz/viengz 深潭	cingj 水井	mieng/mbung/menz/menh/moen/mwnpj/bumgj 沟	raemz/roemz/laemx/yaemx/yienh 水	raemz/naemz/naem/neamz 水	dingz/ding 山塘、沼泽	laiq/laiq/yaiq 河滩	dan 河滩
北部壮语 柳江土语 来宾兴宾		坡1、么1												
北部壮语 柳江土语 柳州柳城		汶2	吕1	屯7、塘4		楞1						定1		
北部壮语 柳江土语 柳州柳江		么3、坡2、汶2、阿1		潭1										
北部壮语 柳江土语 河池宜州			里2	屯23、塘3、坛1		郎1、伦2、楞1						定1		
红水河土语 河池都安	大3、达2、驮1	磨3、坡2		塘2		涝1、朗1	洛1			水1		庭1		
红水河土语				塘4		楞9、凌2、仓1、伦1、浪1、冷1	旺2、汪1、黄1、防1	井1		仓1、槐1、林1、兰1	念2	庭1、廷1、定1	赖1、涞1	丹2、单1、难1

· 95 ·

河流类（续表）

标准壮文		dah	mboq	rij	daemz	gwz/gw	raengz	vaengz	cingj	mieng	raemx	naemx	dingh	raiq	dan
地名普查的壮文及含义		dah 河	mboq/moh/moq 泉水	lij/rij/vij/vae/veih/veij/vih/vuih/huih/goi 溪水	daemz/dumj/domj/dozmj/daem 池塘	gw/giuh/gwj/gaemh/kwj/gij 水塘	laengh/leengh/saengz/laegz 地下溶洞深潭	vang/vaengz/vangz/viengz 深潭	cingj 水井	mieng/mung/mbung/menz/menh/moeng/mwngz/bungj 沟	raemx/roemx/laemx/yaemx/yienh 水	raemz/naemx/naem/neamz 水	dingz/ding 山塘、沼泽	laiq/laiq/yaiq 河滩	dan 河滩
北部壮语	红水河土语 河池大化	达4	坡2				棱1,凌1								丹2
	贵港港北												停1		
	贵港桂平				凼2,寻2,塘1										
	贵港覃塘				督1		凌2								
	柳州鹿寨	打1			屯4,塘1		伦2,捞1,郎1					念1			

第二章 对音汉字的语言学分析及规范字推介

续表

河流类

标准壮文	dah	mboq	rij	daemz	gwz/gw	raengz	vaengz	cingj	mieng	raemx	naemx	dingh	raiq	dan
地名普查的壮文及含义	dah/河	mboq/moh/moq/泉水	lij/rij/vij/vae/veih/veij/vih/vuih/huih/goi 溪水	daemz/dumj/domj/domz/daem 池塘	gw/gjuh/gwj/gaemh/kwj/gtj 水塘	laengh/leengh/saengz/laegz 地下溶洞深潭	vang/vaengz/vangz/viengz 深潭	cingj 水井	mieng/mung/mbung/menz/menh/moeng/mwngz/bur.gi 沟	raemx/roemz/laemx/yaemx/yienh 水	raemz/naemx/naem/neamz 水	dingz/ding 山塘、沼泽	laiq/laiq/yaiq 河滩	dan 河滩
北部壮语 红水河土语	来宾武宣	河1	磨3												
北部壮语 邕北土语	来宾象州	达4、驮1		里1	屯11		恒1	王1							
北部壮语 右江土语	百色平果	驮10、大8、河6、达3、多1	布2、坡2、公2、泊2、哬2、泉1、利1	里5、哩3、礼2、利2	塘25、堂4、登1、淩1		楞2、莫1、龙1、淋2、林1、淩1	往1	呈1、井1		淋7、水3、林2	念8	定4、丁1	濑9、赖2	
右江土语	百色田阳				塘1、潭1										
	百色田林	驮38、坡8、公2、泊2、哬2、泉1、利1													

续表

河流类

标准壮文	dah	mboq	rij	daemz	gwz/gw	raengz	vaengz	cingj	mieng	raemx	naemx	dingh	raiq	dan
地名普查的壮文及含义	dah 河	mboq/moh/moq 泉水	lijj/rij/vij/vae/veih/veij/vih/vuih/huih/goi 溪水	daemz/dumj/domj/domz/daem 池塘	gw/giuh/gwj/gaemh/kwj/gij 水塘	laengh/leengh/saengz/laegz 地下溶洞深潭	vang/vaengz/vangz/viengz 深潭	cingj 水井	mieng/mung/mbung/menz/menh/moeng/mwngz/bungj 沟	raemx/roemz/laemx/yaemx/yienh 水	raemx/naemx/neamz 水	dingz/ding 山塘、沼泽	laig/laiq/yaiq 河滩	dan 河滩
北部壮语 河池凤山	达2、打1、答1	莫13、么3、务1、猛1、谋1、磨1	尾5、威5、会3、辉3、伟1、闷1、挥1	塘22、屯1、堂1			王2、文1			林12、伦4、兰2、文1、仁1		廷11、定5、顶2、庭1、亭1		
北部壮语 百色乐业	打1		里7					信1	明1					
桂边土语 百色西林	达6、河1	务3、布1、坡1、么1	渭44、烘1、弄1、沟1	塘2、顶2、廷1、潭1、平1、单1	革2							顶1		
南部壮语 邕南土语 钦州	㐷1、水1		替17、潭1				汪1、王1				稔1	定5		

续表

河流类

标准壮文	dah	mboq	rij	daemz	gwz/gw	raengz	vaengz	cingj	mieng	raemx	naemx	dingh	raiq	dan
地名查到的壮文及含义	dah/河	mboq/moh/moq 泉水	lij/rij/vij/ vae/veih/ veij/vih/ vuih/huih/goi 溪水	daemz/dumj/ domj/domz 池塘	gw/giuh/ gwj/ gwemh/ kwj/gjj 水塘	laengh/ leengh/ saengz/ laegz 地下溶洞深潭	vang/ vaengz/ vangz/ viengz 深潭	cingj 水井	mieng/m.ing/ mbung/menz/menh/ moenz/ mwngz/ bunsj 沟	raemx/ roemz/ laemx/ yaemx/ yienh 水	raemz/ naemz/ naemx/ neamz 水	dingz/ ding 山塘沼泽	laiq/ laiq/ yaiq 河滩	dan 河滩
南部壮语 邕南土语 防城港市	他1、河4、江2、沟5	窝1	里4											
南部壮语 邕南土语 防城上思				塘2						仑1	稔2			
南部壮语 左江土语 南宁隆安	吼20、达2	吼37、务2、卜1、蓦1、坡1		潭45	渠4	楞3、恒2、凌1		仅1、正1、井1			念1			
南部壮语 左江土语 崇左大新	河6、驮1、大3、妥2、达1、打1	吼47、布7、莫1、坡3、模1、漠1、蓦1、蓦1、么1		潭10、塘5、谭1、贪1	渠21、克5、决1、吉1、启1	楞12、凌3、良1	营1		盂1		念16、淀1、稔1	定6、廷3	濑1、拉1	

广西壮语地名规范字研究

续表

河流类

标准壮文	dah	mboq	rij	daemz	gwz/gw	raengz	vaengz	cingj	mieng	raemx	naemx	dingh	raiq	dan
地名普查的壮文及含义	dah 河	mboq/moh/moq 泉水	lij/rij/vij/vae/veih/veij/vih/vuih/huih/goi 溪水	daemz/dumj/domj/domz/daem 池塘	gw/giuh/gwj/gaemh/kwj/gij 水塘	laengh/leengh/saengz/laegz 深潭、地下溶洞	vang/vaengz/vangz/viengz 深潭	cingj 水井	mieng/mung/mbung/menz/menh/moeng/mwngz/bungj 沟	raemx/roemz/laemx/yaemx/yienh 水	raemz/naemx/neamz 水	dingz/ding 山塘、沼泽	laig/laiq/yaiq 河滩	dan 河滩
	崇左江州	呵 5		敦 2、潭 1	渠 23			井 1		淰 1	念 3			
	崇左龙州	驮 7	布 11、呵 4、波 3、卜 1	会 1	墩 2、塘 12	渠 12	楞 6、浪 1、夜 1		井 1、正 1			念 12、水 2			
南部壮语 左江土语	崇左天等	驮 1	布 3、富 1		坛 1、贪 2	渠 1、堪 2	宏 1	汪 22、横 3、王 2、捞 2	井 1			念 2			
	崇左宁明	驮 20、河 11、拖 1、大 1	呵 10、布 1、公 1、窝 1、井 1	植 17、会 2、奎 2、溪 1、沟 1		渠 12、共 3、奇 1	隆 1、捞 4		井 1	沟 1		念 25、南 3、水 5、内 1			滩 2

第二章　对音汉字的语言学分析及规范字推介

续表

标准壮文	dah	mboq	rij	daemz	gwz/gw	raengz	vaengz	cingj	mieng	raemx	naemx	dingh	raiq	dan
地名普查的壮文及含义	dah / 河	mboq/ moh/ moq / 泉水	lij/rij/vij/ vae/veih/ veij/vih/ vuih/ huih/goi / 溪水	daemz/ dumj/ domj/ daem / 池塘	gw/ giuh/ gwj/ gaemh/ kwj,gij / 水塘	laengh/ leengh/ saengz/ laegz / 深潭、地下溶洞	vang/ vaengz/ vangz/ viengz / 深潭	cingj / 水井	mieng/mæng/ mbung/ menz/mæŋh/ moeng/ mwng/ bung / 沟	raemx/ roemz/ laemz/ yaemx/ yienh / 水	raemx/ naemz/ naem/ neamz / 水	dingz/ ding / 山塘、沼泽	laig/ laiq/ yaiq / 河滩	dan / 河滩
左江土语 崇左凭祥	河2、驮1	咘7、布1	溪1、沟1、会1、櫃1		溪1			井1			唫			
左江土语 百色德保	大1、达1	布13	会1	塘1	渠5	凌6、反2、楞1			芒1	会1	念7			
南部壮语 德靖土语 百色靖西	大15、驮1、达1	布50、河1、么1、卜1	西2、洞2、会1、魁1	潭2	渠10	凌34、零2、灵1、及1、玲1、林1、龙1		井2、正1	孟1		念71、水1			

达：定母，山开一，曷韵，入声；白话平话[tat₂]，官话[₅ta]；

打：端母，梗开二，梗韵，上声；白话平话官话[ta²]；

答：端母，咸开一，合韵，入声；白话平话[tap₋]，官话[₅ta]；

大：定母，果开一，箇韵，去声；白话平话[tai²]，官话[ta²]；

多：端母，果开一，歌韵，平声；白话官话[₋ɔ]，平话[₋ɔ]/[₋ta]；

妥：透母，果合一，果韵，上声；白话官话[thɔ²]，平话[ʰthɔ²]/[ʰthø]；

驮：定母，果开一，歌韵，平声；白话官话[₋thɔ]，平话[₋thɔ]/[₋tha]；

拖：透母，果开一，歌韵，平声；白话官话 [₋ɔ]，平话[₋ɔ]/[₋tha]；

他：透母，果开一，歌韵，平声；白话平话官话[₋tha]。

上述对音汉字分两方面来讨论。一方面，从调类看。壮语的 dah「河」是阴声韵、壮语第 6 调，应该对应汉语的阳去调。上述汉字调类能对应的只有"大"。虽然"大"的官话音跟 dah「河」的韵母契合，但白话平话的韵母不合。另一方面，从韵母看。这些字可以分为两类，一类是"达、打、答"非果摄字。"打"字在白话平话官话中，韵母都能对上，缺陷是调类对不上。"达、答"是入声字，显然是用官话来对音，而不是白话平话。另一类是果摄字"大、多、妥、驮、拖、他"，果摄字在今天白话平话官话中，主元音多念[ai]/[ɔ]，与 dah「河」的主元音[a]音色差异较大，看似对不上。但是，我们来看看广西语言的历史。中古以来，西南地区的主流汉语方言是古平话①，古平话的果摄字读音为[a]。平话的果摄字经历了一个"[a]>[ɔ]"的演变。今天还有部分平话的"多、驮、拖"等字的韵母读[a]。壮语地名与汉语的对音，有个很重要的年代就在古平话的中古时期。因此，dah「河」的对音汉字选用平话的果摄字，是有很大可能的。

目前，这两类对音汉字在地域上有着清晰的分界，除右江土语区以外的北部壮语区，基本上是前一类对音，用的官话层次，其高频汉字是"达"，频率位于第二的是"打"。在南部壮语区及北部的右江土语区，基本上是后

---

① 潘悟云：《汉语历史音韵学》，上海教育出版社 2000 年版，第 201 页；余瑾等：《广西平话研究》，中国社会科学出版社 2016 年版，第 8 页。

一类对音，高频汉字是"驮"，"达"也有一定的比例。按频率的原则，北部壮语（右江土语除外），似乎应该选"达"，南部壮语及北部的右江土语，似乎也应推介"驮"。现在来讨论一下这两个字的利弊。

dat「山崖」已经选了"达"（见本章第二节），dah「河」再选"达"，二者就冲突了。况且，就对音来看，入声的"达"与 dat「山崖」更吻合。北部壮语（右江土语除外）选择频率第二高的"打"，在白话平话官话中，主元音都与 dah「河」音色相同，方便读。南部壮语及右江土语如果也跟北部壮语一样用"打"，当然规范度高，平话、白话、官话的音色都与 dah「河」相近。问题是，在南部壮语区及北部的右江土语区，其对应的高频字是"驮"，"打"字一个也没有出现，用"打"的话，跟当地的实际使用非常不吻合，缺乏群众基础。"驮"与 dah「河」的对音，用的是早期的平话音，能保存更早层次的历史文化，符合我们对地名历史文化传承的一贯倡导。还有个因素就是，著名的河流"驮娘江"，有很大的影响力，要改成"打娘江"，恐怕也不现实。因此，dah「河」的对音汉字的规范字，我们推介两个字：北部壮语（右江土语除外）推介"打"，南部壮语及右江土语推介"驮"。

二 泉水：mboq～闷、汶、沓、沦、门、富、莫、谟、漠、摸、么、坡、布、木、幕、慕、墓、波、母、磨、泊、哺、务、猛、谋、卜、和、窝、泉、井

在壮语各方言中，"地下冒出的泉水"读 mboq。用"泉、井"来对译属于意译。"闷、汶、沓"这三个汉字是广西汉语方言的用字，折合为普通话读 mèn，是"地下冒出的水"的意思，参见覃远雄（2015）《广西地名用字"沓"的音义》[①]，"闷、汶"为形声字，"沓"为会意字（一普的材料还有"氽"字，意为"石头下面冒出水"）。目前，尚无证据表明汉语的"闷、汶、沓"与壮语的 mboq 有什么关系。所以，用"闷、汶、沓"来对译壮语的 mboq，我们归入意译字，不当作对音汉字。那么，剩下的对音汉字有"沦、

[①] 覃远雄：《广西地名用字"沓"的音义》，《辞书研究》2015 年第 6 期。

门、富、莫、谟、漠、摸、么、坡、布、木、幕、慕、墓、波、母、磨、泊、唒、务、猛、谋、卜、和、窝"，它们的中古音韵地位及广西汉语方言读音如下：

沦：来母，臻合三，谆韵，平声；白话[₋lən]，平话[₋lən]，官话[lun²]；

门：明母，臻合一，魂韵，平声；白话平话[₋mun]，官话[₋mən]；

富：非母，流开三，宥韵，去声；白话[fu²]，平话[fu²]/[fəu²]，官话[fu²]；

莫：明母，宕开一，铎韵，入声；白话[mɔk₌]，平话[muk₌]，官话[₋mo]；

谟：中古无，广西方言会跟普通话读[₋mo]；

漠：明母，宕开一，铎韵，入声；白话[mok₌]，平话[muk₌]，官话[₋mɔ]；

摸：明母，宕开一，铎韵，入声；白话[₋mɔ]，平话[₋mo]，官话[₋mɔ]；

么：中古无，广西方言少说，读书人会将普通话音折合读作[₋mo]；

坡：滂母，果合一，戈韵，平声；白话[₋phɔ]，平话[₋pho]，官话[₋pho]；

布：帮母，遇合一，暮韵，去声；白话平话[pu²]/[pou²]，官话[pu²]；

木：明母，通合一，屋韵，入声；白话[muk₌]，平话[mok₌]，官话[₋mu]；

幕：明母，宕开一，铎韵，入声；白话[mɔk₌]，平话[muk₌]，官话[₋mo]；

慕：明母，遇合一，暮韵，去声；白话[mu²]，平话[mu²]/[mou²]，官话[mu²]；

墓：明母，遇合一，暮韵，去声；白话[mu²]，平话[mu²]/[mou²]，官话[mu²]；

波：帮母，果合一，戈韵，平声；白话[₋po]，平话[₋po]，官话[₋pho]；

母：明母，流开一，厚韵，上声；白话[ᶜmu]，平话[ᶜmu]/[ᶜməu]，官话[ᶜmu]；

磨：明母，果合一，戈韵，平声；白话[₋mɔ]，平话[₋mu]，官话[₋mɔ]；

泊：並母，宕开一，铎韵，入声；白话[phak₌]，平话[phak₌]，官话[₋po]；

唒：是方块壮字，按有边读边的办法，汉语方言当读为[pu²]；

务：微母，遇合三，遇韵，去声；白话平话[mu₌]/[mou₌]，官话[u²]；

猛：明母，梗开二，梗韵，上声；白话[ᶜmaŋ]，平话[ᶜmɛŋ]/[ᶜmaŋ]，官话[ᶜmuŋ]；

谋：明母，流开三，尤韵，平声；白话平话[₋mɐu]/[₋mau]，官话[₋mou]；

卜：帮母，通合一，屋韵，入声；白话[pok₌]/[phuk₌]，平话[phok₌]，官话[pu²]；

和：匣母，果合一，戈韵，平声；白话[₋wo]，平话[₋hu]/[₋wo]，官话[₋ho]；

第二章　对音汉字的语言学分析及规范字推介　◆◇◆

窝：影母，果合一，戈韵，平声；白话[_cwɔ]，平话[_co]/[_cwɔ]，官话[_co]。

上面的汉字，"沦"的声母跟 mboq「泉」不吻合，"门"的韵母跟 mboq「泉」也不吻合。前述汉语方言的"闷、汶、杏"（折合普通话读音为 mèn）在实际使用中，还有写作"涵"的。我们推测"沦"可能是"涵"的混写，而"门"，也可能是"闷、汶、杏"的一个简单记音。所以，我们先排除这两个字。

壮语 mboq「泉」的声母是[ʔb]，这个声母会向三个方面发展，一是[p]，另一个是[m]，还有一个是[w]。"富、坡、布、波、咘、卜"等则体现了[p]，其中"富"在今天的方言中主要读[f]，但是早期可能是重唇的[p]。"莫、谟、木、幕、慕、母、磨、务、猛、谋"都体现了[m]声母。[p]和[m]在方言中分布很广，在同一个县既有用"慕、母、磨、务、谋"一类的[m]声母字，又同时有用"坡、波、布、咘"一类的[p]声母字。而 mb[ʔb]演变为[w]，在少数方言中有发现。据我们的田野调查，一般壮语中的 mehmbwk「女人」在东兰县三石乡读成[me⁶wɯɯk⁷]「女人」，说明东兰县三石乡已经发生了 [ʔb]>[w]的演变。壮语地名中，用"和""窝"两个字来对音 mboq「泉」，我们认为体现了这一音变。鉴于[w]声母的字"和""窝"一类出现的频率很低，对这类字不适合作为推介备选。那么，只能从[p]和[m]声母的字里面选。

壮语的 mboq「泉」是阴声韵，不带韵尾的。"莫、木、幕、泊、猛、卜"这几个带入声韵[k]尾或鼻音[ŋ]尾的首先不合适，要排除。mboq「泉」是壮语第 5 调，应该对应汉语的阴去调。"谟、么、坡、波、磨、谋"这几个是平声字，"母"是上声字，"慕、务"是阳去字，也对应不上。

"布、咘"，声母读[p]，汉语方言读阴去调，跟壮语对应得上。"布、咘"的韵母是[u]，mboq「泉」的韵母是[o]，从元音的发展规律即后元音高化的趋势看，[u]是从[o]发展而来。今天"布、咘"的韵母在各方言中都没有发现读[o]的，但是可能在中古就有读[o]的。"布"的中古拟音中，李荣、邵荣芬就拟为[poˠ]①，所以，我们不排除早期平话就有"布"读过[poˠ]。从统计的

---

① 见林连通、郑张尚芳《汉字字音演变大字典》，江西教育出版社 2012 年版，第 371 页。

数据来看,"布、咘"对音 mboq「泉」是各方言中频率最高的,二者相比较,"咘"的频率更高。可是,我们认为,"布、咘"也许都不是最合适的规范字候选者。"布"是现有的汉字,"咘"为壮族民间自造的方块字。用"布",有汉字成词的风险,使用时难免有望文生义之嫌,壮族民间自造的方块字相对而言就比较好。民间壮字中,mboq 的变体共有 7 个,正体为"沛",而"咘"也只是异体之一。同是自造字,"沛"由于有偏旁的提示,语义上与泉水义更契合。我们估计,在壮语地名的手写时期,"沛"应有一定的使用度。后来的地名普查都用电脑输入,电脑的字库里有"咘"而无"沛",导致数量上"咘"居多,我们不排除一部分"咘"替代了"沛"。

因此,我们相信,推介"沛"为 mboq「泉」的对音汉字的规范字,民间还是会比较容易接受的。由于"沛"是壮族民间自造的方块字,我们给"沛"的普通话读音定为 bù。

三 溪水: rij ~ 沟、渠、利、尾、委、伟、辉、挥、里、礼、哩、令、垒、喜、威、吕、会、渭、馗、奎、魁、西、洗、泗、鱼、闷、烘、弄

壮语地名中的 rij「溪水」,用"沟、渠"来对译 rij「溪水」显然是意译。rij「溪水」各地的方言变体很多,r 声母可变为[l]/[h]/[v]/[k]/[s],韵母的变化也有[i]或[ei]/[iə]或[ui]等变体。在上述对译的汉字中,"闷、烘、弄"可能发生了比较复杂的转译,具体过程暂不清楚,先排除这几个字。剩下的字估计都是对音汉字,它们的中古音韵地位及广西汉语方言读音如下:

利:来母,止开三,至韵,去声;白话[li²],平话[lɐi²],官话[li²];

尾:微母,止合三,尾韵,上声;白话平话[mi²]/[məi²],官话[vei²];

委:影母,止合三,纸韵,上声;白话平话官话[ˀvɐi];

伟:云母,止合三,尾韵,上声;白话平话官话[ˀiɐi]/[ˀvei];

辉、挥:晓母,止合三,微韵,平声;白话平话[˨iɐi]/[˨khuɐi]/[˨wəi],官话[˨huei];

里:来母,止开三,止韵,上声;白话平话[ˀli]/[ˀləi],官话[ˀli];

礼:来母,蟹开四,荠韵,上声;白话平话[ˀlɐi],官话[ˀli];

哩:来母,止开三,之韵,去声;广西方言无;

第二章 对音汉字的语言学分析及规范字推介

令：来母，梗开三，劲韵，去声；白话[liŋ²]，平话[ləŋ²]，官话[lin²]；

垒：来母，止合三，旨韵，上声；白话平话[ᶜlui]，官话[ᶜlei]；

喜：晓母，止开三，止韵，上声；白话平话[ᶜhi]/[ᶜhɐi]，官话[ᶜhi]；

威：影母，止合三，微韵，平声；白话平话官话[˰vɐi]；

吕：来母，遇合三，语韵，上声；白话平话[ᶜly]/[ᶜlui]，官话[ᶜly]；

会：匣母，蟹合一，泰韵，去声；白话平话[wui²]，官话[huei²]；

渭：云母，止合三，未母，去声；白话平话[wɐi²]，官话[wɐi²]；

馗：群母，流开三，尤韵，平声；不是常用字，广西方言无记录；

奎：溪母，蟹合四，齐韵，平声；白话平话官话[˰khuɐi]；

魁：溪母，蟹合一，灰韵，平声；白话官话[˰khuɐi]，平话[˰khuɐi]/[˰kuɐi]；

西：心母，蟹开四，齐韵，平声；白话平话[˰łei]，官话[˰ɕi]；

洗：心母，蟹开四，荠韵，上声；白话平话[ᶜłei]，官话[ᶜɕi]；

泗：中古无；广西白话平话官话跟普通话读[ɕi²]；

鱼：疑母，遇合三，鱼韵，平声；白话[˰ȵy]，平话[˰ȵui/˰ȵu]，官话[˰y]。

上述对音汉字就反映声母和韵母在各地方言的变体。从统计表看，上述 rij「溪水」的对音汉字，没有出现一两个频率特别占优势的，足见 rij「溪水」的变体有多么复杂。首先看声调，由于 rij 是壮语的第 3 调，应该对应汉语的阴上调，上述汉字唯一合适的只有"委"字。其次看声母，如果找到一个汉字能在汉语各方言有[l]/[h]/[v]/[k]/[s]之类的变体就好了，看来上述汉字很难满足这一条。最后看韵母，能找到一个汉字在汉语各方言有[i]、[ei]/[ɐi]之类的变体就好了，这个稍微容易一些，"利、尾、里、礼、喜"就有这样的变体。这几个字，"利"要排除，"利"是 reih「旱地」的高频字（见本章第四节），rij「溪水」如果还用"利"，会导致混乱。"尾"也要排除，因为在白话平话中，"尾"的声母读[m]，与 rij「溪水」的声母差异大。"喜"也要排除，其声母读[h]也差异大。只剩下"里、礼"了。"里"也不太合适，因为"里"是个常用度很高的方位词，在汉语中很容易成词。

通过声韵调的分析，能够作为候选的只有"委"和"礼"了。"委"声调的调类契合，但是其韵母没有在方言中有[i]之类的变体。所以，相比之下选择"礼"比较好，我们推介"礼"为 rij「溪水」的对音汉字的规范字。

四 池塘：daemz ~ 塘、堂、凼、防、顶、廷、平、腾、坛、潭、屯、寻、替、敦、墩、贪、单、登、淡

壮语 daemz，是各壮语区普遍使用的词，是"池塘"的意思。蓝庆元（2005）《壮汉同源词借词研究》[①]认为，壮语的 daemz「池塘」是汉语借词"潭"，本著暂不取这一说法。因为：第一，勾漏片粤语区有很多地名读[ˌtɐm]，意思就是"池塘"，与"潭"[ˌtham]读音有别。由于语音有别，民间便使用自造字"替、粏、畓"来表示[ˌtɐm]。第二，壮语的 daemz「池塘」与汉语的"潭"含义不同。daemz「池塘」是普通的水塘，"潭"一般指深幽的地下溶洞。鉴于此，我们倾向于勾漏片粤语区的"替、粏、畓"是借自壮语的 daemz「池塘」，是壮借词。而壮语中的 danz，是借自汉语的"潭"。

壮语 daemz「池塘」，译写的汉字有"塘、堂、凼、防、顶、廷、平、腾、坛、潭、屯、寻、替、敦、墩、贪、单、登、淡"。其中"塘"是意译字，"堂"是"塘"的同音字，也是意译。其余的对音汉字，其中古音韵地位及广西汉语方言读音如下：

凼：汉语方言用字，折合普通话读音为 dɑng；

防：奉母，宕合三，阳韵，平声；白话[ˌfɔŋ]，平话[ˌfuŋ]，官话[ˌfaŋ]；

顶：端母，梗开四，迥韵，上声；白话[ˈteŋ]，平话[ˈtəŋ]，官话[ˈtin]；

廷：定母，梗开四，青韵，平声；白话[ˌtheŋ]，平话[ˌtəŋ]，官话[ˌtin]；

平：並母，梗开三，庚韵，平声；白话[ˌpheŋ]，平话[ˌpəŋ]，官话[ˌpin]；

腾：定母，曾开一，登韵，平声；白话[ˌtheŋ]，平话[ˌtəŋ]，官话[ˌtʰəŋ]；

坛：定母，山开一，寒韵，平声；白话[ˌtham]，平话[ˌtam]，官话[ˌtʰan]；

潭：定母，咸开一，覃韵，平声；白话[ˌtham]，平话[ˌtam]，官话[ˌtʰan]；

屯：定母，臻合一，魂韵，平声；白话[ˌthen]，平话[ˌten]，官话[ˌtʰən]；

寻：邪母，深开三，侵韵，平声；白话[ˌtshɐm]/[ˌtam]，平话[ˌtʃɐm]，官

[①] 蓝庆元：《壮汉同源词借词研究》，中央民族大学出版社 2005 年版，第 250 页。

话[₋ɕyn]；

替：壮语的自造字，无普通话读音；白话平话读为[₋tɐm]；

敦、墩：端母，臻合一，魂韵，平声；白话平话官话[₋tɐn]；

贪：透母，咸开一，覃韵，平声；白话平话[₋tham]，官话[₋than]；

单：端母，山开一，寒韵，平声；白话平话官话[₋tan]；

登：端母，曾开一，登韵，平声；白话平话[₋tɐŋ]，官话[₋tɐŋ]；

淡：定母，咸开一，敢韵，上声；白话[ʰtham]，平话[ʰtam]，官话[tanʔ]。

首先看声调。壮语 daemz「池塘」是壮语第2调，对应汉语的阳平调，"凼、顶、淡"这几个上声字、去声字被排除；"敦、墩、贪、单、登"这几个阴平字也要排除。其次看韵母。壮语 daemz「池塘」是收[m]尾的，"防、廷、平、腾"这几个是收[ŋ]尾的，被排除；"屯"是收[n]尾的，也要排除。剩下只有"坛、潭、寻、替"，这四个字从读音看，与 daemz「池塘」对音的应该是平话。"潭"的主元音是长的，daemz 的主元音是短的，差异较大。就汉字而言，汉语的"潭"一般指深潭，而 daemz「池塘」是指普通的池塘。"坛"在汉语中是长元音，对 daemz 的短元音也不十分明确。用"寻"来对音大概来自某个精组字读[t]的方言，今天勾漏片粤语区的某些方言，精组字读[t]。"寻"的声母如果读为[t]，声母韵母跟 daemz 倒是吻合。然而，非勾漏片粤语区的方言声母大都读[ts]，差异很大。权衡之下，使用方块壮字的自造字"替"是个不错的选择，这个"替"还广泛进入汉语，在勾漏片粤语区如藤县、苍梧等地的地名中屡屡使用。所以，我们推介"替"作为壮语 daemz「池塘」的对音汉字的规范字。由于[₋tɐm]的音类在普通话中无法找到最近似的读音，我们给"替"折合的普通话读音为 tán。

五 水塘：gwzlgw ~ 渠、溪、启、克、决、吉、革、堪、其、奇

把"水塘"读作 gwz/gw 的基本分布于南部壮语区，桂边土语区的西林县也有一些。其对音汉字有：渠、溪、启、克、决、吉、革、堪、其、奇。这些字的中古音韵地位及广西汉语方言读音如下：

渠：群母，遇合三，鱼韵，平声；白话官话[₋khy]，平话[₋kui]/[₋kɤ]/[₋kɯ]；

溪：溪母，蟹开四，齐韵，平声；白话[₋khɐi]，平话[₋khɐi]/[₋hɐi]，官话无；

启：溪母，蟹开四，荠韵，上声；白话[ˊkʰɐi]，平话[ˊkʰɐi]/[ˊhɐi]，官话[ˊkhi]；

克：溪母，曾开一，德韵，入声；白话[kʰɐk˧]，平话[kʰɐk˧]/[hɐk˧]，官话[khə˧]；

决：见母，山合四，屑韵，入声；白话[kʰyt˧]，平话[kʰit˧]，官话[˨kye]；

吉：见母，臻开三，质韵，入声；白话平话[kɐt˧]，官话[˨ki]；

革：见母，梗开二，麦韵，入声；白话[kak˧]，平话[kɛk˧]，官话[˨kə]；

堪：溪母，咸开一，覃韵，平声；白话[˨hɐm]，平话[˨høm]，官话[˨khan]；

其：群母，止开三，之韵，平声；白话[˨khi]，平话[˨kʰɐi/˨ki]，官话[˨khi]；

奇：群母，止开三，支韵，平声；白话[˨khi]，平话[˨kʰɐi/˨ki]，官话[˨khi]。

gwz/gw「水塘」这个词，传统的壮语工具书没有收入，地名调查时，发现有第 1 调和第 2 调两种读法（其中一个可能是变调），应该对应汉语的阴平调和阳平调，所以"克、决、吉、革"这几个入声字，对音可能是在官话的层次。如果用平话对音，这几个入声字首先排除掉，上声字的"启"也要排除。gw/gwz「水塘」的韵母是单元音[ɯ]，从声母和韵母的对应来看，"堪"白话平话的读音声母韵母无法对应；"溪"的韵母是复合元音，与单元音韵母[ɯ]相差稍微大了一点。"其、奇"两字，声调对应得上，韵母主要以读[i]为主，反映了 gw>gi 的音变。"渠"是各方言使用频率最高的一个，目前的读音，白话官话的韵母与[ɯ]吻合得也不是很好，平话倒有些读为[ɯ]的。但是，无论是从平话的现实还是历史看，"渠"是语音最接近的了。"渠"是鱼韵字，据潘悟云（2002），中古时期，中国西南地区有一个主流方言即古平话，其鱼韵就读[ɯ]①。由于当时主流的古平话鱼韵字是读[ɯ]的，壮语地区用中古时期古平话读[˨kɯ]的"渠"来译写壮语的 gwz，其声韵调都很吻合。直到今天，gwz/gw「水塘」的对音汉字中，"渠"的频率是最高的，就说明存留了平话的这段历史。另外，"渠"在某些汉语方言词汇中，其主元音也有读[i]的，也可以承载壮语从 gw 演变为 gi 后的读音。所以，我们推介"渠"为 gwz/gw「水塘」的对音汉字的规范字。

---

① 潘悟云：《汉语历史音韵学》，上海教育出版社 2000 年版，第 201 页。

六 地下溶洞、深潭：raengz ~ 郎、浪、朗、良、沦、仑、伦、林、淋、恒、龙、隆、冷、楞、塄、㵳、棱、凌、零、灵、玲、莫、宏、及

壮语的"地下溶洞、深潭"读 raengz，声母是[r]音位。壮语方言里[r]音位的变化比较多。raengz「地下溶洞、深潭」在壮语地名中最常见的变体有两个：raengz 和 laengz。上述汉字基本都是这两个变体的对音。另外，据我们的调查（主要是听第二次地名普查的录音），在南部壮语的左江土语区，raengz「地下溶洞、深潭」进一步演变为 saengz（实际音值为[ɬɐŋ²]）。不过，这一音变是晚近的演变，发生在地名的汉语与壮语对音时代之后，所以，对音汉字都反映 raengz/laengz「地下溶洞、深潭」的音值，并没有反映 saengz「地下溶洞、深潭」的音值。上述对音汉字的中古音韵地位及广西汉语方言读音如下：

郎：来母，宕开一，唐韵，平声；白话[₂lɔŋ]，平话官话[₂laŋ]；

浪：来母，宕开一，宕韵，去声；白话[lɔŋ²]，平话[laŋ²]，官话[laŋ²]；

朗：来母，宕开一，荡韵，上声；白话[²lɔŋ]，平话[²laŋ]，官话[²laŋ]；

良：来母，宕开三，阳韵，平声；白话[₂lœŋ]，平话[₂lɛŋ]，官话[₂liaŋ]；

沦：来母，臻合三，谆韵，平声；白话平话官话[₂lɐn]；

仑：来母，臻合一，魂韵，平声；白话平话官话[₂lɐn]；

伦：来母，臻合三，谆韵，平声；白话[₂lɐn]，平话[₂lɐn]/[₂lun]，官话[₂lən]；

林、淋：来母，深开三，侵韵，平声；白话平话[₂mɐi]/[₂mel]，官话[₂lin]；

恒：匣母，曾开一，登韵，平声；白话平话[₂hɐŋ]，官话[₂hən]；

龙：来母，通合三，钟韵，平声；白话平话官话[₂luŋ]/[₂lɔŋ]；

隆：来母，通合三，东韵，平声；白话平话官话[₂luŋ]/[₂lɔŋ]；

冷：来母，梗开二，梗韵，上声；白话[²laŋ]，平话[²lɛŋ]，官话[²lən]；

楞、塄：来母，曾开一，登韵，平声；白话平话[₂lən]，官话不说；

㵳：自造方块字，中古无，音韵地位同于"楞、塄"；

棱：来母，曾开一，登韵，平声；白话平话[₂lən]，官话[₂lin]；

凌：来母，曾开三，蒸韵，平声；白话[₂liŋ]/[₂leŋ]，平话[₂lən]，官话[₂lin]；

零、灵、玲：来母，梗开四，青韵，平声；白话[₂iŋ]，平话[₂lən]，官话

[꜀lin]；

莫：明母，宕开一，铎韵，入声；白话[mɔk꜊]，平话[muk꜊]，官话[꜀mo]；

宏：匣母，梗合二，庚韵，平声；白话[꜀huŋ]，平话[꜀huŋ]，官话[꜀hoŋ˺]；

及：群母，深开三，缉韵，入声；白话平话[khɐp꜊]，官话[꜀ki]。

首先，声调对应的问题。raengz「地下溶洞、深潭」是壮语第 2 调，应该对应壮语的阳平调。“浪”是去声字，“朗”是上声字，“莫、及”是入声字，要排除。其次，声母韵母的对应问题。“恒、宏”的声母是擦音[h]，与 raengz「地下溶洞、深潭」的声母差异比较大，要排除。raengz「地下溶洞、深潭」的韵母是[aŋ]，“沦、仑、伦、林、淋”这几个收[n] [m]尾的字也被排除。raengz「地下溶洞、深潭」的主元音是短的[a]，音值与[ə]相近，而“郎、龙、隆、冷”的韵母的主元音与[ə]差别比较大，也被排除。剩下的“楞、塄、㵄、棱、凌、零、灵、玲”这几个，从平话的对应层次看，声韵调与 raengz 的音类对应，音值也吻合。“棱、凌、零、灵、玲”在官话里读[꜀lin]，规范化后读普通话的[liŋ]，与壮语差异较大。“楞、塄、㵄”规范后的普通话音值与 raengz 接近，但“楞、塄”的形旁让人联想到“木”和“土”。最合适的就是“㵄”。从统计数据看，“楞”的数量比较多。我们相信民间 “㵄”的使用频率很高，因为是个自造字，字库里没有，普查人员会用字库有的“楞”来替代“㵄”。我们推介“㵄”为 raengz「地下溶洞、深潭」的对音汉字的规范字。由于“㵄”是民间自造的方块字，我们给“㵄”拟定一个规范的普通话读音为 léng。

七　深潭：vaengz ~ 荒、王、旺、汪、黄、防、往、文、横、洛、楞、营

这个 vaengz「深潭」可能就是 raengz「地下溶洞、深潭」的声母变体，这一声母变体发生在河池的几个县及左江土语区。其对音汉字“荒、王、旺、汪、黄、防、往、文、横、洛、楞、营”的中古音韵地位及广西汉语方言读音如下：

荒：晓母，宕合一，唐韵，平声；白话[꜀fɔŋ]/[꜀wɔŋ]，平话[꜀huŋ]，官话[꜀huaŋ]；

王：云母，宕合三，阳韵，平声；白话[꜀wɔŋ]，平话[꜀huŋ]/[꜀wuŋ]，官话

[ₑwaŋ]；

旺：云母，宕合三，漾韵，去声；白话[wɔŋ²]，平话[huŋ²]，官话[waŋ²]；
汪：影母，宕合一，唐韵，平声；白话[ₑwɔŋ]，平话[ₑhuŋ]，官话[ₑwaŋ]；
黄：匣母，宕合一，唐韵，平声；白话[ₑwɔŋ]，平话[ₑhuŋ]，官话[ₑhuaŋ]；
防：奉母，宕合三，阳韵，平声；白话[ₑfɔŋ]，平话[ₑfuŋ]，官话[ₑfaŋ]；
往：云母，宕合三，养韵，上声；白话[ᶜwɔŋ]，平话[ᶜhuŋ]，官话[ᶜwaŋ]；
文：微母，臻合三，文韵，平声；白话[ₑmɐn]，平话[ₑfen]，官话[ₑwɐn]；
横：匣母，梗合二，庚韵，平声；白话[ₑwaŋ]，平话[ₑwaŋ]/[ₑweŋ]，官话[ₑhuən]；

洛：来母，宕开一，铎韵，入声；白话[lɔk₂]，平话[lak₂]，官话[ₑlo]；
楞：来母，曾开一，登韵，平声；方言少说，白话平话折合[ᶟləŋ]，官话[lən²]；
营：以母，梗合三，清韵，平声；白话[ₑjiŋ]，平话[ₑweŋ]/[ₑvəŋ]，官话[ₑin]。

我们推测 raengz>vaengz「深潭」发生比较晚，从对音看，不在平话层次，反而在白话官话层次，小部分地方如凭祥发生在汉语与壮语对音之后，即壮语读 vaengz 的，汉字做"楞"。宜州有个"洛"，存在更为复杂的情况，估计先发生阳入对转，lag>laengz，再发生 laengz> vaengz。

vaengz「深潭」是壮语第 2 调，对应汉语的阳平调。"王、黄、防、文、横、营"这几个阳平字中，"防"的声母不对应，"文"的韵母不对应，要排除。"黄、横"这两个字，白话的声韵调倒是对应，但是官话的读音有差异。"营"的平话音能对应，但白话、官话均不对应。既能满足白话平话又能满足官话对应的只有"王"了。我们推介"王"作为 vaengz「深潭」的对音汉字的规范字。

八　水井：cingj ~ 呈、井、信、仪、正

cingj 是汉语借词"井"，按汉语借词还原的原则，规范化用回本字"井"。

九 沟：mieng～勉、孟、梦、闷、蒙、明、芒、沟

"沟"读作 mieng 主要在北部壮语区，南部壮语区的左江土语零星有一点。用"沟"对译属于意译。上述对音汉字的中古音韵地位及广西汉语方言读音如下：

勉：明母，山开三，狝韵，上声；白话平话[ᶜmin]，官话[ᶜmɛn]；

孟：明母，梗开二，映韵，去声；白话[maŋ²]，平话[maŋ²]/[mɛŋ²]，官话[moŋ²]；

梦：明母，通合三，送韵，去声；白话平话[muŋ²]，官话[moŋ²]；

闷：明母，臻合一，恩韵，去声；白话[mun²]，平话[mun²]，官话[mən²]；

蒙：明母，通合一，东韵，平声；白话[₅muŋ]，平话[₅moŋ]，官话[₅moŋ]；

明：明母，梗开三，庚韵，平声；白话[₅meŋ]，平话[₅məŋ]，官话[₅miŋ]；

芒：明母，宕开一，唐韵，平声；白话[₅moŋ]，平话[₅maŋ]，官话[₅maŋ]。

mieng「沟」收[ŋ]尾，"勉、闷"这两个字收[n]尾不合适，先排除。mieng「沟」在壮语是第 1 调，应对应汉语的阴平调，上述对音汉字没有一个是阴平字。从韵母的音色看，白话的"明"和平话的"孟"与 mieng 的韵母最为接近，从统计数据看，"孟"的频率比较高一点。我们推介"孟"为 mieng「沟」的对音汉字的规范字。

十 水：raemx～文、仁、林、淋、年、隆、沦、伦、仑、榄、兰、会、淦、水

十一 水：naemx～内、南、念、稔、淰、唸、水

壮语"水"的读音有两个变体，raemx 和 naemx，放一块儿讨论。用"水"对译属于意译，不讨论。

壮语的"水"标准语读音是 raemx，其声母的读音与[l]音色很像。raemx「水」的对译汉字有"文、仁、林、淋、年、隆、沦、伦、仑、榄、兰、会、淦"。先说"会"。"会"的白话平话官话读音见本节前述，疑为 rij「溪水」的对音汉字。再说"文、仁"。这两个字的中古音韵地位及广西汉语方言读音为：

文：微母，臻合三，文韵，平声；白话[₋mɐn]，平话[₋fɐn]，官话[₋wɐn]；
仁：日母，臻开三，真韵，平声；白话[₋jɐn]/[₋nɐn]，平话[₋nɐn]，官话[₋jin]。

"文"的声母跟[l]不搭界，根据其白话的读音，可能是前述"闷、汶、吢"另一个形式。"仁"的声母也跟[l]不搭界，其在白话平话中的声母有读[n]的，推测是用来跟 naemx「水」对音的，应该放到下面去讨论。淰，是"念"的异体字（见下文），声母是[n]，也是 naemx「水」的对音汉字。其余的字，其中古音韵地位及广西汉语方言的读音如下：

林、淋：来母，深开三，侵韵，平声；白话平话[₋lɐm]/[₋ləm]，官话[₋lin]；
年：泥母，山开四，先韵，平声；白话平话[₋nin]，官话[₋nɛn]；
隆：来母，通合三，东韵，平声；白话平话官话[₋luŋ]/[₋loŋ]；
沦、伦、仑：来母，臻合三，谆韵，平声；白话官话[₋len]，平话[₋len]/[₋lun]；
榄：来母，咸开一，敢韵，上声；白话[ˀlam]，平话[ˀlam]/[ˀlam]，官话[ˀlan]；
兰：来母，山开一，寒韵，平声；白话平话官话[₋lan]。

raemx「水」的韵尾是[m]，"年、隆、沦、伦、仑、兰"这些非[m]尾的都不合适，只有"林、淋、榄"韵尾合适。但是，raemx「水」是壮语第 4 调，对应汉语的阳上调，"林、淋"都是阳平字，只有"榄"是阳上字。但是，"榄"的主元音是长元音，与 raemx「水」的短元音音色不合，而且统计数据中，"榄"的频率也不高。

标准壮语 raemx「水」，分布最广的变体是 naemx「水」，这个变体分布在南部壮语区，河池市的几个县也有分布。对音汉字有"仁、内、南、念、稔、淰、唸"，其中古音韵地位及广西汉语方言读音如下：

仁：日母，臻开三，真韵，平声；白话[₋jɐn]/[₋nɐn]，平话[₋nɐn]，官话[₋jin]；
内：泥母，蟹合一，队韵，去声；白话平话[nui²]，官话[nei²]；
南：泥母，咸开一，覃韵，平声；白话平话[₋nam]，官话[₋nan]；
念：泥母，咸开四，栋韵，去声；白话平话[nim²]，官话[nɛn²]；
稔、淰、唸：这几个是"念"的异体字。

naemx「水」的韵尾是[m]，"仁、内"都不吻合。"南"的白话平话音，韵母主元音是长元音，与 naemx 的短元音也不吻合，而且"南"是阳平字，与 naemx「水」的第 4 调对不上。频率最高的是"念"，"念"的变体是"稔、淰、唸"。

"念、稔、淰、唸"在广西白话平话读[nim²]，官话读[nɛn²]，无论哪个层次的读音，主元音音色跟 naemx「水」相差都很大，调类也不合。我们推测，"念"是个训读字，承载的读音是另外一个词。白话平话中有个"想"，"想"就是"念"。这个"想"，读[ⁿnɐm]，写作汉字就是"念、稔、淰、唸"，无论是声母韵母还是声调，均与 naemx「水」相吻合。"念、稔、淰、唸"这几个字是等价的，其中，"念"是汉字系统中的规范字，"稔、淰、唸"是民间自造的方块字。"淰"加了三点水偏旁，提示含义，与 naemx「水」更为合适。

标准语的 raemx，其声母[r]也应与汉语的[l]声母相对应。如果取个[l]声母字，汉语多地的方言[l]和[n]由于音色相近，彼此的对立不是很清楚，故也可以用"淰"来对应标准语的 raemx「水」。所以，无论是raemx「水」还是其变体 naemx「水」，都可以用"淰"作为对音汉字的规范字。

十二 山塘、沼泽: dingh ~ 定、廷、庭、停、亭、顶、丁

"山塘、沼泽"读 dingh，出现在北部壮语区，南部壮语区的邕南土语区也有分布。对音汉字有：定、廷、庭、停、亭、顶、丁，它们的中古音韵地位及广西汉语方言读音如下：

定：定母，梗开四，径韵，去声；白话[tiŋ²]，平话[tiŋ²]/[təŋ²]，官话[tiŋ²]；

廷：定母，梗开四，青韵，平声；白话[˨theŋ]，平话[˨teŋ]/[˨təŋ]，官话[˨thiŋ]；

庭：定母，梗开四，青韵，平声；白话[˨theŋ]，平话[˨teŋ]/[˨təŋ]，官话[˨thiŋ]；

停、亭：定母，梗开四，青韵，平声；白话[˨theŋ]，平话[˨teŋ]/[˨təŋ]，官话[˨thiŋ]；

顶：端母，梗开四，迥韵，上声；白话[˦ten]，平话[˦təŋ]，官话[˦tin]；

丁：端母，梗开四，青韵，平声；白话[˨tiŋ]，平话[˨teŋ]/[˨təŋ]，官话[tin]。

dingh「山塘、沼泽」是壮语第 6 调，对应汉语的阳去调，上述汉字只有"定"是阳去字，"定"的声母韵母也吻合。从统计数据看，频率最

高的也是"定"。所以，我们推介"定"为 dingh「山塘、沼泽」的对音汉字的规范字。

十三　河滩：raiq ~ 崖、涞、赖、濑、拉

"河滩"读 raiq，出现在北部的红水河土语和右江土语中，南部的邕南土语也有分布。对音汉字有：崖、涞、赖、濑、拉，它们的中古音韵地位及广西汉语方言读音如下：

崖：疑母，蟹开二，佳韵，平声；白话[ŋai]，平话[ɲai]/[ŋai]，官话[ja]；
涞：中古无，汉语方言不说，普通话[lai]；
赖：来母，蟹开一，泰韵，去声；白话[lai²]，平话[lai²]，官话[lai²]；
濑：来母，蟹开一，泰韵，去声；白话[lai²]，平话[lai²]，官话[lai²]；
拉：来母，咸开一，合韵，入声；白话[lai]，平话[lai]，官话[la]。

raiq「河滩」的声母是[r]，与[l]对应。上述汉字中"崖"字的声母不对应，先排除。raiq「河滩」的韵母是长的[aːi]，"涞、赖、濑"在白话平话官话中的韵母都与 raiq「河滩」对应，"拉"的白话平话音与 raiq「河滩」对应。所以，这几个字都符合要求。raiq「河滩」是壮语第 5 调，对应汉语的阴去调，但这几个字没有一个是阴去字。然而在这些字中，"濑"的频率最高，故推介"濑"为 raiq「河滩」的对音汉字的规范字。

十四　河滩：dan ~ 滩、旦、丹、单、难

壮语 dan 就是汉语借词"滩"，按"汉语借词还原"的规则，用回本字"滩"作为 dan「河滩」的对音汉字的规范字。

第四节　田地类

田地类共有 24 个词，其使用频率如表 2-4 所示。

表 2-4 田地类壮语地名对译汉字统计

田地类 1

标准壮文	naz	reih	doengh	cauz	bingz	rengz	ceh	suen	namh	boengz	langx	sa
地名普查的壮文及含义	naz 水田	liz/lij/reih/ leih/ raeh/rit 旱地	dungz/dungq/ doengh/ ndoengh/ doengj 大片平地、田野	cauz 槽形地	bing/bingz/ bieng/bingh 平地	lengz/ rengz/ling/ liengz 平地	ceh/ceq 水泡地	suen/ cien 园子	namh 泥土	mungz/ fwngz/ bug/mbwt/ boengz 烂泥	langh/ langx/ langz 积水洼地	saiz/sa/ ca 沙
北部壮语 桂北土语	河池巴马	那151、纳4、	利2、力2、 米4	东5、同4	朝8、 稠1		良9、林7、 灵2、连1		先1	南2、兰1、 牙1			沙3
	河池环江	田1		洞1		平5				南1			
	河池东兰	纳57、那37	立2	同5、 洞2、 桐1	朝1	平2	林11、良1	切5					沙1
	河池金城江	田1、那24、 纳7、南1	立1	洞4、同2、 栋1、同1	朝6	平2	力1、良1	者1	元1	南1、土1			沙4
	河池天峨	纳127、那25、 哪1	立1	洞2	朝3、 酬1	平6、坪2、 扁1	林36	社1		坭2		龙1	沙6、 杂1
	柳州融安	纳8、拿2											

第二章 对音汉字的语言学分析及规范字推介

续表

田地类 1

标准壮文		naz	reih	doengh	cauz	bingz	rengz	ceh	suen	namh	boengz	langx	sa
地名普查的壮文及含义		naz 水田	liz/lij/reih/leih/raeh/rit 旱地	dungz/dungq/doengh/ndoengh/doengj 大片平地、田野	cauz 槽形地	bing/bingz/bieng/bingh 平地	lengz/rengz/ling/liengz 平地	ceh/ceq 水泡地	suen/cien 园子	namh 泥土	mungz/fwngz/bug/mbwt/boengz 烂泥	langh/langx/langz 积水洼地	saiz/sa/ca 沙
北部壮语	桂北土语 河池罗城	纳 10、那 1											
	来宾合山	那 7											
	来宾忻城	那 5、纳 1				朝 1							
	来宾兴宾	那 18、纳 1						朝 2、曹 1					
	柳江土语 柳州柳城	纳 1、那 1		洞 12									
	柳州柳江	纳 9、那 4、田 1						社 3、节 1					

广西壮语地名规范字研究

续表

田地类 1

标准壮文	naz	reih	doengh	cauz	bingz	rengz	ceh	suen	namh	boengz	langx	sa
地名普查的壮文及含义	naz 水田	liz/lij/reih/leih/raeh/rit 旱地	dungz/dungq/doengh/ndoengh/doengj 大片平地、田野	cauz 槽形地	bing/bingz/bieng/bingh 平地	lengz/rengz/liengz/lingz 平地	ceh/ceq 水泡地	suen/cien 园子	namh 泥土	mungz/fwngz/bug/mbwt/boengz 烂泥	langh/langx/langz 积水洼地	saiz/sal/ca 沙
北部壮语 柳江土语 河池宜州	纳2											
北部壮语 红水河土语 河池都安	那13、纳8	利1	同4、峒2	筹1	平2				南4			
北部壮语 红水河土语 河池大化	那24、纳3	立1	同1、栋1			良3		先1	南1			
北部壮语 红水河土语 贵港港北	那3											
北部壮语 红水河土语 贵港桂平	那20	利2	弄1、东1		平1、坪1				喃1		浪1、郎1	
北部壮语 红水河土语 贵港覃塘												

第二章　对音汉字的语言学分析及规范字推介

续表

田地类 1

标准壮文		naz	reih	doengh	cauz	bingz	rengz	ceh	suen	namh	boengz	langx	sa
地名普查的壮文及含义		naz 水田	liz/lij/reih/leih/raeh/rit 旱地	dungz/dungc/doengh/ndoengh/doengj 大片平地、田野	cauz 槽形地	bing/bingz/bieng/bingh 平地	lengz/rengz/ling/liengz 平地	ceh/ceq 水泡地	suen/cien 园子	namh 泥土	mungz/fwngz/bug/mbwt/boengz 烂泥	langh/langx/langz 积水洼地	saiz/sal/ca 沙
北部壮语	红水河土语 柳州厘寨	那4、纳1		峒1									
	来宾武宣												
	来宾象州												
	邕北土语 百色平果	那3		同1		平1							
	右江土语 百色田东	那57	利2	东3、峒2、同2		平3							
	百色田阳	那173、田1		东10、峒6、同2、峒1		平4		社1		南4、岭1	逢2、甫1	朗2	沙1

续表

田地类 1

标准壮文		naz	reih	doengh	cauz	bingz	rengz	ceh	suen	namh	boengz	langx	sa
地名普查的壮文及含义		naz 水田	liz/lij/ leih/ raeh/rit 旱地	dungz/dungh/ doengz/ ndoengh/ doengj 大片平地、田野	cauz 槽形地	bing/bingz/ bieng/bingh 平地	lengz/ rengz/ling/ liengz 平地	ceh/ceq 水泡地	suen/ cien 园子	namh 泥土	mungz/ fwngz/ bug/mbwt/ boengz 烂泥	langh/ langv/ langz 积水洼地	saiz/sal 沙
北部壮语	桂边土语 河池凤山	那232、拿1	利1、里1	东8、同5、懂1	朝1	平5、林3、榜1	林32、良2、平2、烟1		存1	南3			
	百色乐业	那3			朝1								
	百色西林	那56、纳1	利5、里1、赖1					者6					
南部壮语	邕南土语 钦州	那54	利1	峒1、同1		平24、宾1、坪1	林2、平2、岭1				蚌1、芒1		
	防城港市	那255、田1		峒2、洞1、东1									沙1
	防城上思	那14				平6							沙2

第二章 对音汉字的语言学分析及规范字推介

续表

田地类 1

标准壮文			naz	reih	doengh	cauz	bingz	rengz	ceh	suen	namh	boengz	langx	sa
地名普查的壮文及含义			naz 水田	liz/lij/reih/leih/raeh/rit 旱地	dungz/dungh/doengh/ndoenghr/doengj 大片平地、田野	cauz 槽形地	bing/bingz/bieng/bingh 平地	lengz/rengz/ling/liengz 平地	ceh/ceq 水泡地	suen/cien 园子	namh 泥土	mungz/fwngz/bug/mbwt/boengz 烂泥	langh/langv/langz 积水洼地	saiz/sa/ca 沙
南部壮语	邕南土语	邕宁隆安	那119	利2	峒6、冻3、动1		平9、坪1、坛1			孙1				
	左江土语	崇左大新	那201、田5、拿1、拉1	在1		朝1			含1					瑞1
		崇左江州	那26		洞7、峒4、峒2		平1、那1							
		崇左龙州	那133			曹1	平3							
		崇左凭祥	那18、纳1		洞8、同1、董1	朝1			峁2、谢1			逢3、碰1		沙5、柴1、米1
		崇左宁明	那262、田2、拿1	利8	洞13、峒1、董1	朝2	平18、坪1、白1、瓶1							柴11、沙9、才1、栽1

续表

田地类 1

标准壮文	naz	reih	doengh	cauz	bingz	rengz	ceh	suen	namh	boengz	langx	sa
地名普查的壮义及含义	naz 水田	liz/lij/reih/leih/raeh/rit 旱地	dungz/dungq/doengh/ndoengj/doengj 大片平地、田野	cauz 槽形地	bing/bingz/bieng/bingh 平地	lengz/rengz/ling/liengz 平地	ceh/ceq 水泡地	suen/cien 园子	namh 泥土	mungz/fwngz/bug/mbwt/boengz 烂泥	langh/langx/langz 积水洼地	saiz/sa ca 沙
南部壮语 左江土语 崇左凭祥	那 59		垌 2、同 1		平 2	岭 1				逢 5		沙 1
南部壮语 德靖土语 百色德保	那 46、田 1	利 2、力 2	洞 2、垌 1、东 1	嘈 2、槽 2、朝 2、郎 1	平 2							沙 2
南部壮语 德靖土语 百色靖西	那 157、纳 1、田 1	利 7、零 1			品 1	平 11、利 1			南 1、喃 1、苗 1、土 3			沙 6、苦 1

第二章　对音汉字的语言学分析及规范字推介

续表

田地类 2

标准壮文		req	rin	din	gumz	coeg	goeg	gungx	gungj	da	ga	lak	loemq
地名普查的壮文反义含义		req/heq/ geq/lek/ lej 沙砾	rin/ hinh/ ying 石头	denh/ dinj/ dwnh/ dwn/ dwnz 石头	gumz/gumj/ gumh/ guemh/ gwnz/gamx/ caemx 洼地、坑	coeg/ cag/ cog/ sog 洼地	goeg/ gug/ hoek/ goek/gog 角落	gungx/gung/ gungz/ gunghz/ gyung/ goeng/ gyomh/gumh 角落	gungj/ gungh/ gungx/ gungz/ goengz/ goeng/ gong 弯曲	da/dah/ daej/dej/ deih/dieg 村名词头	ga 村名词头	lak/ lah 崩塌处	loem/ lumq/ loemq/ lueng/ roem/ lueng 回陷下沉处
桂北土语	河池巴马		领 1、英 2、兴 1、亨 1、普 1		供 4、更 1		谷 1、角 1		公 1			烈 1、腊 1	论 2、乱 2
	河池环江	易 1			菅 1、坤 1、更 1								
	河池南丹		英 3		菅 2			共 1	贡 2			拉 1	
北部壮语	河池金城江		引 2、因 1					贡 2	供 2、孔 1				罗 1
	河池天峨											拉 2	

广西壮语地名规范字研究

续表

田地类 2

标准壮文	req	rin	din	gumz	coeg	goeg	gungx	gungj	da	ga	lak	loemq
地名普查的壮文及含义	req/heq/geq/lek/lej 沙砾	rin/hinh/ying 石头	denh/dinj/dwnh/dwnz 石头	gumz/gumj/gumh/guemh/gwnz/gamx/caemx 洼地、坑	coeg/cag/cog/sog 洼地	goeg/gug/hoek/goek/gog 角落	gungx/gungz/gungh/gyung/goeng/gyomh/gumh 角落	gungj/gungh/gungx/gungz/goengz/goeng/gong 弯曲	da/dah/daej/dej/deih/dieg 村名词头	ga 村名词头	lak/lah 崩塌处	loem/lumq/loemq/lueng/roem/lueng 凹陷下沉处
北部壮语 桂北土语 柳州融安		石1										
北部壮语 桂北土语 河池罗城				共2								
北部壮语 柳江土语 来宾合山				岑1								
北部壮语 柳江土语 来宾忻城				琴1、岑1、贡1								
北部壮语 柳江土语 来宾兴宾							贡2、弓1	巩1、贡1			腊1	
北部壮语 柳江土语 柳州柳城							贡2				兰1	伦2、仑1

第二章 对音汉字的语言学分析及规范字推介

续表

田地类 2

标准壮文	req	rin	din	gumz	coeg	goeg	gungx	gungj	da	ga	lak	loemq
地名普查的壮文及含义	req/heq/ geq/lek/ lej 沙砾	rin/ hinh/ ying 石头	denh/ dinj/ dwnh/ dwnz 石头	gumz/gumj/ gumh/ guemh/ gwn/gamx/ caemx 洼地、坑	coeg/ cag/ cog/ sog 洼地	goeg/ gug/ hoek/ goek/gog 角落	gungx/gunz/ gungz/ gungh/ gyung/ goeng/ gyomh/gunh 角落	gungj/ gungx/ gungz/ goengz/ goeng/ gong 弯曲	da/dah daej/dej/ deih/dieg 村名词头	ga 村名词头	lak/ lah 崩塌处	loem/ lumq/ loemq/ lueng/ roem/ lueng 凹陷下沉处
柳江土语 邕州 邕江												
柳江土语 河池 宜州				果 1			页 6、共 1					
北部壮语 红水河土语 河池 都安	烈 3	兴 2、英 1、岭 1、磷 1、石 1		群 1、琴 1		局 2				加 32、建 1	落 1、乐 1	林 2
北部壮语 红水河土语 河池 大化	且 1										啦	
北部壮语 贵港 港北												

续表

田地类 2

标准壮文	req	rin	din	gumz	coeg	goeg	gungx	gungj	da	ga	lak	loemq
地名普查的壮文及含义	req/heq/geq/lek/lej 沙砾	rin/hinh/ying 石头	denh/dinj/dwnh/dwn/dwnz 石头	gumz/gumj/gumh/guemh/gwnz/gamx/caemx 洼地、坑	coeg/cag/cog/sog 洼地	goeg/gug/hoek/goek/gog 角落	gungx/gungz/gungh/gyung/goeng/gyomh/gumh 角落	gungj/gungh/gungx/gungz/goengz/goeng/gong 弯曲	da/dah/daej/dej/deib/dieg 村名词头	ga 村名词头	lak/lah 崩塌处	loem/lumq/loemq/lueng/roem/lueng 回陷下沉处
北部壮语 红水河土语 贵港桂平市	累1											
贵港覃塘												
柳州鹿寨												
来宾武宣							贡1、贡3					

第二章 对音汉字的语言学分析及规范字推介

续表

田地类 2

标准壮文	req	rin	din	gumz	coeg	goeg	gungx	gungj	da	ga	lak	loemq
地名普查的壮文及含义	req/heq/geq/lek/lej 沙砾	rin/hinh/ying 石头	denh/dinj/dwnh/dwn/dwnz 石头	gumz/gumj/gumh/guemh/gwnz/gamx/caemx 洼地、坑	coeg/cag/cog/sog 洼地	goeg/gug/hoek/goek/gog 角落	gungx/gunz/gungz/gungh/gyung/goeng/gyomh/guinh 角落	gungj/gungh/gungx/gungz/goeng gong 弯曲	da/dah daej/dej deih/dieg 村名词头	ga 村名词头	lak/lah 崩塌处	loem/lumq/loemq/lueng/roem/lueng 回陷下沉处
红水河土语												
邕北土语 来宾 象州											腊 2	
右江土语 百色 平果				岑 2								
北部壮语 百色 田东	列 1		天 1	琴 1		局 1						
百色 田阳		石 6、今 6、哩 2、论 1、仁 1		勤 2、孔 1、柏 1、对 1、琴 20、谷 1、岑 10、回 2、勒 1、罩 1		翁 3、十 1、局 1、多 1			驮 69、大 56、达 7、多 36、大 16			

续表

田地类 2

标准壮文			req	rin	din	gumz	coeg	goeg	gungx	gungj	da	ga	lak	loemq
地名普查的壮文及含义			req/heq/ geq/lek/ lej 沙砾	rin/ hinh/ ying 石头	denh/ dinj/ dwnh/ dwn/ dwnz 石头	gumz/gumj/ gumh/ guemh/ gwnz/gamx/ caemx 洼地、坑	coeg/ cag/ cog/ sog 洼地	goeg/ gug/ hoek/ goek/gog 角落	gungx/gung/ gungz/ gungh/ gyung/ goeng/ gyomh/gumh 角落	gungj/ gungh/ gungx/ gungz/ goengz/ goeng/ gong 弯曲	da/dah daej/dej deih/dieg 村名词头	ga 村名词头	lak/ lah 朋塌处	loem/ lumq/ loemq/ lueng/ roem/ lueng 回陷 下沉处
北部壮语	桂边土语	河池凤山		英 2、令 1、阴 1、因 1、林 1、仁 1、石 1		坤 1、昆 3							腊 1、落 1
		百色乐业		音 1									
		百色西林		岭 2、林 1		同 1、盆 3、意 1、底 1		隆 1、合 1	孔 1、哥 1				
南部壮语	邕南土语	钦州			天 2								
		防城港市			天 5、电 1					弓 2			

第二章　对音汉字的语言学分析及规范字推介

续表

田地类 2

标准壮文		req	rin	din	gumz	coeg	goeg	gungx	gungj	da	ga	lak	loemq
地名普查佗壮文及含义		req/heq/ geq/lek/ lej 沙砾	rin/ hinh/ ying 石头	denh/ dinj/ dwnh/ dwnz 石头	gumz/gumj/ gumh/ guemh/ gwnz/gamx/ caemx 洼地、坑	coeg/ cag/ cog/ sog 洼地	goeg/ gug/ hoek/ gock/gog 角落	gungx/gurg/ gungz/ gungh/ gyung/ goeng/ gyomh/gumh 角落	gungj/ gungh/ gungx/ gungz/ goengz/ goeng/ gong 弯曲	da/dah/ daej/dej/ deih/dieg 村名词头	ga 村名词头	lak/ lah 崩塌处	loem/ lumq/ loemq/ lueng/ roem/ lueng 凹陷下沉处
邕南土语	防城上思	烈1、也1、力1		吞10	凹6、克1、模1、琴1	逐59、凹3、钦1	亮1、角1、果1	孔28、空5、控1、回1、合1					
左江土语	南宁隆安		空1、肆1										
左江土语	崇左天新	例1		吞4、天4、石2	坑4、菊1							良1、陆1	林2
南部壮语	崇左江州	也2		吞2	琴2、岑1、等1			枯2	龚4、贡4、宫1				

· 131 ·

续表

田地类 2

标准壮文	req	rin	din	gumz	coeg	goeg	gungx	gungj	da	ga	lak	loemq
地名普查的壮文及含义	req/heq/geq/lek/lej 沙砾	rin/hinh/ying 石头	denh/dinj/dwnh/dwn/dwnz 石头	gumz/gumj/gumh/guemh/gwnz/gamx/caemx 涟地、坑	coeg/cag/cog/sog 涟地	goeg/gug/hoek/goek/gog 角落	gungx/gung/gungz/gungh/gyung/goeng/gyomh/gumh 角落	gungj/gungh/gungx/gungz/goengz/goeng/gong 弯曲	da/dah/daej/dej/deih/dieg 村名词头	ga 村名词头	lak/lah 崩塌处	loem/lumq/loemq/lueng/roem/lueng 凹陷下沉处
崇左龙州	喜1、乞1	石3、欣2		喋6、凹5、坑4、钦1、渠1、菊1、萘2	逐3、逐2	曲1、六1	扣1、孔2、空5、孔1	贾1				
崇左天等			天1		逐5、足1		伸1					
崇左宁明	砾1、利1	岩2、石1	吞11、天1	琴10、凹1		角2、国1、朴1、果1、克1						
崇左凭祥				坤1		角1						

南部壮语 — 左江土语

第二章　对音汉字的语言学分析及规范字推介

续表

田地类 2

标准壮文		req	rin	din	gumz	coeg	goeg	gungx	gungj	da	ga	lak	loemq
地名普查的壮文及含义		req/heq/geq/lek/lej 沙砾	rin/hinh/ying 石头	denh/dinj/dwnh/dwnz 石头	gumz/gumj/gumh/guemh/gwnz/gamx/caemx 洼地、坑	coeg/cag/cogj/sog 洼地	goeg/gug/hoek/goek/gog 角落	gungx/gung/gungz/gungh/gyung/goeng/gyomh/gumh 角落	gungj/gungh/gungx/gungz/goeng/gong 弯曲	da/dah/daej/dej/deih/dieg 村名词头	ga 村名词头	lak/lah 崩塌处	loem/lumq/loemq/lueng/roem/lueng 凹陷、下沉处
南部壮语	德靖土语 百色 德保	溪1		吞2、腾1、石1、吞1	近1、坑2、翁1	谷1、足1、逐1	角1						
	德靖土语 百色 靖西	烈1、列1、器1、林1、碣1	林2；林1	吞12、石2、丁1	供1、劝1、种1、以1、渠1、登1	足40、逐15、枯1、根1、角1、直1	个1		供1	大111、驮11、固1、多25、大7、打1		落3、络1	任1、万1

一 水田：naz～那、哪、纳、拿、南、拉、田

"水田"各地壮语都叫 naz，用"田"对译属于意译。对音的汉字有"那、哪、纳、拿、南、拉"。其中古音韵地位及广西汉语方言的读音如下：

那：泥母，果开一，箇韵，去声；白话平话[₋na]/[⁻na]/[na⁼]/[na²]；官话[na²]；

哪：泥母，果开一，哿韵，上声；白话平话[₋na]/[⁻na]/[na⁼]/[na²]，官话 [⁻na]；

纳：泥母，咸开一，合韵，入声；白话平话[nap₂]，官话[₋na]；

拿：泥母，假开二，麻韵，平声；白话平话官话[₋na]；

南：泥母，咸开一，覃韵，平声；白话平话[₋nam]，官话[₋nan]；

拉：来母，咸开一，合韵，入声；白话[₋lai]，平话[₋lai]，官话[₋la]。

naz「水田」是阴声韵，没有韵尾，"南"有鼻音韵尾，"纳"是入声韵尾，跟 naz 对应不上，"拉"的声母跟 naz 也对应不上。"那、哪、拿"，白话平话官话读起来声母韵母都对应。naz「水田」是壮语第 2 调，与"拿"的汉语阳平调完全对应。按理说，选择"拿"作为规范字，声韵调都对应整齐，白话平话官话读起来都很方便。但是，我们还是坚持选择"那"作为 naz「水田」的对音汉字的规范字，理由如下：

（1）"那"和"拿"的比例太悬殊了。用"那"的很多，"拿"太少。

（2）平话白话中之所以用"那"对应壮语第2调，是因为阳去调的调值跟阳平调的调值相差太小，在平话白话中，阳去调和阳平调合并。况且"那"作为从书面语而来的词，方言中少用，语境中发生音变，读阳去调、阴去调、阳上调、阳平调的都有，阳平调也能跟壮语第2调吻合。

（3）"那"作为 naz「水田」对音汉字早已经深入壮语之中。naz「水田」在民间方块壮字中最常见的写法是"畓、哪"，就是以"那"为声旁的，说明"那"作为 naz 的对音汉字在民间有着广泛的群众基础。

（4）"那"已经在学界有广泛共识，在学术界有声名远播的"那文化"。

二 旱地：reih～力、立、里、零、利、赖、来、在

壮语的"旱地"各方言都读 reih，对音汉字有"力、立、里、零、利、赖、来、在"，其中古音韵地位及广西汉语方言读音如下：

力：来母，曾开三，职韵，入声；白话[lek₂]，平话[lek₂]/[lək₂]，官话[₋li]；

立：来母，深开三，缉韵，入声；白话[ləp̚₂]，平话[ləp̚₂]，官话[li]；

里：来母，止开三，止韵，上声；白话[˩li]，平话[˩lɐi]，官话[˩li]；

零：来母，梗开四，青韵，平声；白话[₁liŋ]/[₁leŋ]，平话[₁lɐŋ]，官话[₁liŋ]；

利：来母，止开三，至韵，去声；白话[li²]，平话[lɐi²]，官话[li²]；

赖：来母，蟹开一，泰韵，去声；白话[lai²]，平话[lai²]，官话[lai²]；

来：来母，蟹开一，咍韵，平声；白话[₁loi]/[₁lɐi]，平话[₁lai]，官话[₁lai]；

在：从母，蟹开一，海韵，上声；白话[tsoi²]/[tsei²]，平话[˩tsai]，官话[tsai²]。

首先看声调。reih「旱地」是壮语第 6 调，应该对应汉语的阳去调。"力、立"是入声字，不合适；"里、零、来"是上声字、阳平字，也不合适。

其次看声母。reih「旱地」的声母[r]，[r]在壮语各方言中有诸多音变，其中一个重要的音变是[l]。上述汉字，除"在"之外，声母都是[l]。用"在"来对音 reih「旱地」发生在崇左，属左江土语。本章第三节提出，左江土语发生了 raengz「地下溶洞、深潭」>saengz「地下溶洞、深潭」的演变，说明在部分地区已经发生[r]>[ɬ]，reih「旱地」很可能音变为 seih「旱地」（实际音值为[ɬei⁶]）。"在"在部分汉语的白话中读[tsei²]「在」，[tsei²]「在」的声母[ts]是个塞擦音，壮语的好多方言往往塞擦音混入擦音，所以白话的[tsei²]「在」壮族人就会读成[ɬei²]，这样就跟 seih「旱地」（实际音值为[ɬei⁶]）对应上了。鉴于用"在"跟 reih「旱地」对音的用例极其少，我们先排除"在"字。

最后看韵母。排除了"力、立、里、零、来、在"之后，声母和声调合适对应的只剩下"利、赖"，这两个都是阳去字，但是韵母不同。"利"的韵母有[i][ɐi]（音色与[ei]相近）两个变体，而"赖"只有[ai]一种读法。从音色看，"利"读[ɐi]，与 reih「旱地」的韵母最为接近。更为重要的一点在于，reih「旱地」在壮语中，韵母也有[i][ei]（音色与[ei]相近）两个变体，在普查材料中，就有的地方记录"旱地"为 liz/lij 的，与"利"的两个变体完全对应。从统计的频率看，"利"使用度是最高的。reih「旱地」方块壮字中，出现得比较多的是"𬉼、𭁑、唎"，都是以"利"为声旁的，说明用"利"来与 reih「旱地」对音，有广泛的群众基础。基于此，我们推介"利"为 reih「旱地」的对音汉字的规范字。

三 大片平地、田野：doengh～东、懂、董、栋、冻、同、洞、峒、垌、动、弄

壮语把"大片平地、田野"读作 doengh，其声母是[t]，上述对音汉字中的"弄"可能是 rungh「山间平地」的对音汉字，要排除。其他的对音汉字有"东、懂、董、栋、冻、同、洞、峒、垌、动"，其中古音韵地位及广西汉语方言读音如下：

东：端母，通合一，东韵，平声；白话[₁tuŋ]，平话[₁toŋ]，官话[₁toŋ]；

懂、董：端母，通合一，董韵，上声；白话[ˊtuŋ]，平话[ˊtoŋ]，官话[ˊtoŋ]；

栋：端母，通合一，送韵，去声；白话[tuŋ²]，平话[toŋ²]，官话[toŋ²]；

冻：端母，通合一，送韵，去声；白话[tuŋ²]，平话[toŋ²]，官话[toŋ²]；

同：定母，通合一，东韵，平声；白话[₂thuŋ]，平话[₂toŋ]，官话[₂hoŋ]；

洞、峒、垌：定母，通合一，送韵，去声；白话[tuŋ²]，平话[toŋ²]，官话[toŋ²]；

动：定母，通合一，董韵，上声；白话[tuŋ²]，平话[toŋ²]，官话[toŋ²]。

上述对音汉字的声母韵母与 doengh 都吻合。关键看声调。doengh 是壮语第 6 调，应该对应汉语的阳去调。"东、同"是阴平字和阳平字，要排除；"懂、董"是上声字，应排除；"冻"是阴去字，也该排除。"栋、栋"属于中古端母，但在白话平话中读阳去调的"洞、峒、垌、动"的声韵调皆与 doengh 相吻合。这几个字中，"栋、动"显然语义不合适；"洞"的语义是山洞，"峒"带个"山"，也让人联想到山。"大片平地、田野"的意思，只有"垌"最适合。我们推介"垌"作为 doengh「大片平地、田野」的对音汉字的规范字。

四 槽形地：cauz～朝、稠、酬、曹、筹、嘈、槽、郎

上述几个汉字，"朝、稠、酬、曹、筹、嘈、槽"是 cauz 的对音汉字，"郎"估计是另外一个词，其曲折的意译情况还不明确。

第二章　对音汉字的语言学分析及规范字推介　◆◇◆

壮语地名中的 cauz 用来描述四面高中间凹下去的地形，即凹槽，通常指此地形似喂牲口的饲料槽，或者指此地形似引水的沟槽。《说文解字》："槽，畜兽之食器"，"槽"的本义是饲料槽。从语音和语义的对应关系看，壮语中的 cauz 就是借自汉语的"槽"。在统计数据中，频率最高的是"朝"，但是"朝、槽"二字，无论在广西哪个方言都同音。按"汉语借词还原"的规则，应该用回本字"槽"。

五　平地：bingz ~ 平、坪、扁、宾、坛、白、瓶、品、榜、那、林

壮语 bingz 意思是"平地"。从声韵调及其语义的对应关系看，bingz「平地」就是汉语借词"平"或"坪"，更准确地说应该是"坪"。根据"汉语借词还原"的规则，用"坪"作为 bingz「平地」的对音汉字的规范字。

六　平地：rengz ~ 平、良、连、林、灵、力、烟、岭、利

壮语的本族词还把"平地"读作 rengz，这个词在壮语工具书中未见。用"平"对译 rengz「平地」属于意译。rengz「平地」的对音汉字有"良、连、林、灵、力、烟、岭、利"，它们的中古音韵地位及广西汉语方言读音如下：

良：来母，宕开三，阳韵，平声；白话[₂lœŋ]，平话[₂lɛŋ]，官话[₂liaŋ]；
连：来母，山开三，仙韵，平声；白话平话[₂lin]，官话[₂lɛn]；
林：来母，深开三，侵韵，平声；白话平话[₂lɐm]/[₂ləm]，官话[₂lin]；
灵：来母，梗开四，青韵，平声；白话[₂liŋ]，平话[₂ləŋ]，官话[₂lin]；
力：来母，曾开三，职韵，入声；白话[lek₂]，平话[lek₂]/[lək₂]，官话[li]；
烟：影母，山开四，先韵，平声；白话[₁jin]，平话[₁in]，官话[₁jɛn]；
岭：来母，梗开三，静韵，上声；白话[⁵lɛŋ]，平话[⁵ləŋ]，官话[⁵liŋ]。
利：来母，止开三，至韵，去声；白话[li²]，平话[lɐi²]，官话[li²]。

"利"已被推介为 reih「旱地」的规范字，先排除。下面讨论其他的字。rengz「平地」的汉字对音虽然字不多，但比较复杂。有平话层次的，如"良"；有官话层次的，如"连"；有白话层次的，如"岭"。还有更为复杂的曲折对音，如"力"。壮语的"力"是汉语借词，应借自中古[lek₂]，但是壮语却发生阳入对转，变成了[ɣeːŋ²]，壮文写作 rengz。这样就跟"rengz「平地」"

完全同音了，故壮语地名用汉字"力"来对音。若从平话对音考虑，"连、林、力、烟"这几个韵尾不合的字要先排除。rengz 是壮语第 2 调，应该对应汉语的阳平调，"岭"是上声字，也不合适。剩下只有"良"和"灵"两个字。显然，声韵调最合适的就是"良"。从使用频率看，"良"的数量也是最多的。我们推介"良"为 rengz「平地」的对音汉字的规范字。

七 水泡地：ceh ~ 切、者、节、社、舍、谢、岵

"被水浸泡"壮语读 ceh，壮语地名中的 ceh 可理解为"被水浸泡的地方"。ceh 的对音汉字有"切、者、节、社、舍、谢、岵"，它们的中古音韵地位及广西汉语方言读音如下：

切：清母，山开四，屑韵，入声；白话平话[tshit˻]，官话[˪tshɛ]；

者：章母，假开三，马韵，上声；白话平话官话[˅tsɛ]；

节：精母，山开四，屑韵，入声；白话平话[tsit˻]，官话[˪tsɛ]；

社：禅母，假开三，马韵，上声；白话平话[˅sɛ]，官话[˪sɛ]；

舍：书母，假开三，祃韵，去声；白话平话官话[sɛ˲]；

谢：邪母，假开三，祃韵，去声；白话平话[tsɛ˲]，官话[sɛ˲]。

岵：中古无，广西方言无。

上述汉字，"切、节"是用官话层次对音，若用白话平话，则入声韵尾对应不上。"者、社、舍、谢"在平话白话官话中的声母韵母都对得上，但是考虑到声调，就不是全都吻合。ceh「水泡地」是壮语第 6 调，应对应汉语的阳去调，故只有"谢"字是阳去字。尽管"谢"的频率不是很高，但我们仍然推介"谢"为 ceh「水泡地」的对音汉字的规范字。

八 园子：suen ~ 元、存、先、孙

壮语的"园子"读 suen，对应的汉字有"元、存、先、孙"。其中"元"没有对音关系，它是"园"的同音字，所以是意译。其余的字，其中古音韵地位及广西汉语方言读音如下：

存：从母，臻合一，魂韵，平声；白话[˪tshyn]，平话[˪tʃhon]，官话[˪tsun]；

先：心母，山开四，先韵，平声；白话平话[˪ɬin]，官话[˪ɕen]；

孙：心母，臻合一，魂韵，平声；白话[ɬyn]，平话[ɬon]，官话[sun]/[sən]。

先看"存"字。"存"的官话音为[ˬtsun]，声母[ts]是个塞擦音。壮语很多方言会把塞擦音混入擦音，故会把[ˬtsun]读为[ˬsun]，这样就跟 suen「园子」声母韵母音值很相近了。再看"先、孙"，这两个字，相比之下，"孙"的平话官话的声母韵母都与 suen「园子」相近，且声调为阴平，与 suen「园子」的壮语第 1 调相吻合。选择"孙"为 suen「园子」的对音汉字的规范字，符合"立足中古平话，兼顾现代通语"的原则。

九 泥土：namh ~ 南、喃、兰、牙、坭、土、岭、苗

壮语的"泥土"读 namh。上述汉字中，"坭"就是"泥"的同音字，属于意译。"土"来对应 namh「泥土」，显然也是意译。"岭"字出现在田阳县，是 bo'namhnding ~ 红岭坡，nding 与"红"对应，bo 与"坡"对应，那么 namh「泥土」对应为"岭"，属于意译。"苗"出现在德保县的 bya daengz namh ~ 岜顶苗中，bya 与"岜"对应，daengz 与"顶"对应，那么 namh 与"苗"对应，其中语音语义的曲折对应关系不明。剩下的对音汉字有"南、喃、兰、牙"四个，它们的中古音韵地位及汉语方言读音如下：

南、喃：泥母，咸开一，覃韵，平声；白话平话[ˬnam]，官话[ˬnan]；

兰：来母，山开一，寒韵，平声；白话平话官话[ˬlan]；

牙：疑母，假开二，麻韵，平声；白话[ˬŋa]，平话[ˬna]，官话[ˬja]。

namh「泥土」是壮语第 6 调，对应汉语的阳去调，这几个汉字没有一个是阳去字。另外，namh「泥土」的韵母是带[m]尾的，"兰""牙"都不符合条件，只有"南、喃"有[m]尾。"南、喃"是阳平字；在广西白话平话中，阳去与阳平的调值相近，还有相混的现象。相比之下，"南"是频率最高的字，但是"南"是个方位词，很容易汉语成词，按理应该推介"喃"的，但是"喃"带个"口"字旁，容易联想到言说义。我们查阅了一下方块壮字字库，namh「泥土」的方块壮字最常见的是"堉"，用了"土"字旁，表明其语义是泥土。此"堉"在我们的材料中虽说没有出现，但是我们相信在民间是有使用的，可能是电脑输入法的缺失，导致普查人员选了一个电脑字库中有的"喃"字。因此，我们推介"堉"为 namh「泥土」的

对音汉字的规范字。

十 烂泥：boengz ~ 逢、甫、蚌、芒、蒙、棒、碰

壮语的"烂泥"读 boengz，壮语地名中的对音汉字有"逢、甫、蚌、芒、蒙、棒、碰"，这些字的中古音韵地位及广西汉语方言读音如下：

逢：奉母，通合三，钟韵，平声；白话平话官话[˨fuŋ]/[˨foŋ]；

甫：非母，遇合三，虞韵，上声；白话[ˈphu]，平话[ˈphɐu]，官话[ˈphu]；

蚌：中古无，汉语方言无；普通话读[pəŋ]；

芒：微母，宕开三，阳韵，平声；白话[˨mɔŋ]，平话[˨maŋ]/[˨muŋ]，官话[˨maŋ]；

蒙：明母，通合一，东韵，平声；白话[˨muŋ]，平话[˨moŋ]，官话[˨moŋ]；

棒：並母，江开二，讲韵，上声；白话[pɔŋˀ]，平话[paŋˀ]，官话[paŋˀ]；

碰：中古无；白话[phuŋˀ]，平话官话[phoŋˀ]。

boengz「烂泥」是壮语第 2 调，对应汉语的阳平调，"甫、蚌、棒、碰"这几个非阳平字都不合适，只有"逢、芒、蒙"是阳平字。"芒、蒙"两个字是明母字，声母是[m]，与 boengz 的声母对应还不是最好。"逢"是奉母字，目前在白话平话中的声母读[f]。但是，古无轻唇音，"逢"中古各家的拟音都是[buŋ]。我们推测，"逢"读重唇[buŋ]的时候跟壮语对音。这样一来，声韵调最吻合的就是"逢"了。从统计数据看，"逢"的使用频率是最高的。我们推介"逢"为 boengz「烂泥」的对音汉字的规范字。

十一 积水洼地：langx ~ 浪、龙、郎、朗

北部壮语区把"积水洼地"读作 langx，对音的汉字有"浪、龙、郎、朗"，它们的中古音韵地位及广西汉语方言读音如下：

浪：来母，宕开一，宕韵，去声；白话[lɔŋˀ]，平话[laŋˀ]，官话[laŋˀ]；

龙：来母，通合三，钟韵，平声；白话平话官话[˨luŋ]/[˨loŋ]；

郎：来母，宕开一，唐韵，平声；白话[˨lɔŋ]，平话官话[˨laŋ]；

朗：来母，宕开一，荡韵，上声；白话[ˈlɔŋ]，平话[ˈlaŋ]，官话[ˈlaŋ]。

上述对音汉字，从声母韵母看，白话平话官话的"龙"都不对应，平

话官话的"浪、郎、朗"是对应得上的。但是 langx「积水洼地」是壮语第4调，对应汉语阳上调，只有"朗"是合适的。

langx「积水洼地」也常见于两广的粤语地名，写作"埌、塱、塘"等。邓玉荣、杨璧菀（2014）[①]称为"塱"类地名。两广地区的"塱"类地名有阴去调和阳上调两个读音，读阴去调的意思是"高起的土坡、台地"。读阳上调的意思是"积水的洼地"。本著认为，阴去调的"高起的土坡、台地"对应于壮语的 ndangq「山脊、坡地」，推介规范的对音汉字为"塱"（见本章第二节）。而阳上调的"积水的洼地"，对应于壮语的 langx「积水洼地」。由于汉字"朗"在平话官话中的声韵调均与 langx「积水洼地」吻合，尽管使用频率不高，我们仍推介"朗"为 langx「积水洼地」的对音汉字的规范字。

十二 沙：sa～沙、杂、瑞、柴、来、才、栽、吉

壮语的"沙"读 sa，就是汉语借词"沙"。根据"汉语借词还原"的原则，用"沙"作为 sa「沙」的对音汉字的规范字。

十三 沙砾：req～易、烈、列、且、累、也、力、例、喜、乞、溪、嚣、碣、砾、利、林

壮语的"沙砾"读 req，由于声母读[r]，各地的变化很大，故对音的汉字也比较复杂。对音汉字有"易、烈、列、且、累、也、力、例、喜、乞、溪、嚣、碣、砾、利、林"，它们的中古音韵地位及广西汉语方言读音如下：

易：以母，止开三，寘韵，去声；白话[ji²]，平话[hɐi²]，官话[ji²]；

烈、列：来母，山开三，薛韵，入声；白话平话[lit₂]，官话[₂lɛ]；

且：清母，假开三，马韵，上声；白话平话官话[ᶜtshɛ]；

累：来母，止合三，纸韵，上声；白话平话[ᶜlui]，官话[lei²]；

也：以母，假开三，马韵，上声；白话[ᶜja]，平话[ᶜjɛ]，官话[ᶜjɛ]；

力：来母，曾开三，职韵，入声；白话[lek₂]，平话[lek₂]/[lək₂]，官话[₂li]；

例：来母，蟹开三，祭韵，去声；白话平话[lɐi²]，官话[li²]；

[①] 邓玉荣、杨璧菀：《两广"塱"类地名字的音义》，《方言》2014年第2期。

喜：晓母，止开三，止韵，上声；白话[ʰhi]，平话[ʰhɐi]，官话[ʰhi]；

乞：溪母，臻开三，迄韵，入声；白话平话[hɐt˧]，官话无；

溪：溪母，蟹开四，齐韵，平声；白话[˧khɐi]，平话[˧hɐi]，官话[˧hi]；

嚣：晓母，效开三，宵韵，平声；白话平话[˧hiu]，官话[˧hiau]；

碣：无，汉语方言无；

砾：来母，梗开四，锡韵，入声，中古拟音[˧lek]，官话[li²]；

利：来母，止开三，至韵，去声；白话[li²]，平话，[lɐi²]，官话[li²]。

林：来母，深开三，侵韵，平声；白话平话[˧lɐm]/[˧ləm]，官话[˧lin]。

req「沙砾」的对音汉字，情形复杂，没有出现频率占优势的字。从声调看，req「沙砾」是壮语第5调，最好与汉语的阴去调相对应，在上述汉字中一个阴去字也没有。从韵母看，req「沙砾」是单元音，规范汉字的读音最好是单元音[e]或[ɛ]；从声母看，[r]的对音有[l][h][j]。而[r]在汉语中用[l]来对音是最常见的。从系统性来看，req 似应该选择一个声母为[l]，韵母为[e]或[ɛ]的字，上述汉字中"烈、列"的官话音符合此要求。我们查阅了方块壮字字库，req「沙砾」最常用的方块壮字是"唎"和"𥐠"，说明"列"作为声旁用来跟 req「沙砾」对音。我们推介"列"为 req「沙砾」的对音汉字的规范字。

十四 石头：rin～领、兴、亨、英、音、阴、因、引、岭、林、磷、令、仁、另、哩、论、空、肆、欣、岩、石

壮语的"石头"读 rin。上述汉字中，"岩、石"是"岩石"的意思，对应 rin「石头」，是意译。其他的都是对音汉字。上述对音汉字的中古音韵地位及广西汉语方言读音如下：

领：来母，梗开三，静韵，上声；白话[ˤlɛŋ]，平话[ˤləŋ]，官话[ˤliŋ]；

兴：晓母，曾开三，证韵，去声；白话[hiŋ²]，平话[hen²]，官话[˧hin]；

亨：晓母，梗开二，庚韵，平声；白话平话[˧hɐŋ]，官话[˧hɐŋ]；

英：影母，梗开三，庚韵，平声；白话[˧jiŋ]，平话[˧əŋ]，官话[˧jin]；

音、阴：影母，深开三，侵韵，平声；白话平话[˧jɐm]，官话[˧jin]；

因：影母，臻开三，真韵，平声；白话[˧jɐl]，平话[˧iɐn]，官话[˧in]；

引：以母，臻开三，轸韵，上声；白话[ˤjen]，平话[ˤjen]，官话[ˤin]；

岭：来母，梗开三，静韵，上声；白话[ˀleŋ]，平话[ˀləŋ]，官话[liŋˀ]；

林：来母，深开三，侵韵，平声；白话平话[˳lɐm]/[˳ləm]，官话[˳lin]；

磷：来母，臻开三，真韵，平声；白话[˳leŋ]，平话[˳lən]，官话[˳lin]；

令：来母，梗开三，劲韵，去声；白话[liŋˀ]，平话[ləŋˀ]，官话[liŋˀ]；

仁：日母，臻开三，真韵，平声；白话[˳jɐn]/[˳nɐn]，平话[˳nən]，官话[˳jin]；

另：来母，梗开四，径韵，去声；白话[liŋˀ]，平话[ləŋˀ]，官话[liŋˀ]；

哩：来母，止开三，之韵，去声；广西方言无；

论：来母，臻合一，魂韵，平声；白话[lɐnˀ]，平话[lənˀ]/[lunˀ]，官话[lɐnˀ]；

空：溪母，通合一，东韵，平声；白话平话[˳hoŋ]，官话[˳khoŋ]；

肆：心母，止开三，至韵，去声；白话[ɬiˀ]，平话[ɬəiˀ]，官话[sɿˀ]；

欣：晓母，臻开三，殷韵，平声；白话[˳jɐn]/[˳hɐn]，平话[˳hɐn]，官话[˳hin]。

由于 rin「石头」声母是[r]，[r]在壮语各区域中变化很复杂。从上述对音汉字来看，用得多的是[l][h][j]三个声母，也有很少的[ɬ]。rin「石头」的韵母是[in]，主元音是[i]，韵尾是个前鼻音[n]。rin「石头」的声调是壮语第1调。按这些条件，中古韵尾不是[n]的字，先排除，这些字有"领、兴、亨、英、音、阴、岭、林、令、另、哩、空、肆"。在"因、引、磷、仁、论、欣"这几个字中，韵母的主元音不是[i]的"论"排除。那么，再剩下的这几个字，要考虑声母和声调，即声母为[l][h][j]且声调还是阴平的字。在"因、引、磷、仁、欣"这几个字中，符合这个条件的只有"因、欣"两个。相比之下，"因"的声母在各方言只读[j]，而"欣"虽然不能像 rin「石头」的声母有[l][h][j]三个变体，但是在方言中也有[h][j]两个变体。我们推介"欣"为 rin「石头」的对音汉字的规范字。

十五 石头：din ~ 天、电、吞、腾、丁、石

在南部壮语区和北部的右江土语区，"石头"读为 din，是 rin「石头」的方言变读，用"石"对译属于意译。对音汉字有"天、电、吞、腾、丁"，它们的中古音韵地位及广西汉语方言读音如下：

天：透母，山开四，先韵，平声；白话平话[˳thin]，官话[˳thɛn]；

电：定母，山开四，霰韵，去声；白话平话[tin²]，官话[tɛn²]；

吞：透母，臻开一，痕韵，平声；白话平话官话[₋tʰɐn]；

腾：定母，曾开一，登韵，平声；白话[₋tʰɐŋ]，平话[₋tɐŋ]，官话[₋tʰɐŋ]；

丁：端母，梗开四，青韵，平声；白话[₋tɛŋ]，平话[₋tɔŋ]，官话[₋tin]。

din「石头」是壮语第 1 调，应对应汉语的阴平调，故"电、腾"这两个非阴平字应排除。din「石头」的韵母收[n]尾，"丁"收[ŋ]尾的也排除。"天、吞"，声调是阴平，韵母[in][ɐn]都与 din 相吻合，相比之下，"天"的频率稍微高一点。另外，有著名的地名"天等"。故"天"作为 din「石头」的对音汉字的规范字比较合适。

十六 洼地、坑：gumz ~ 勒、寨、种、逐、柏、叭、盆、勿、模、对、等、登、底、同、覃、翁、凹、意、供、共、贡、更、肯、坤、昆、岑、坑、琴、果、群、勤、孔、谷、克、菊、禁、噤、钦、渠、近

gumz「洼地、坑」的译写汉字多达 40 个，其中的情况很复杂。我们先把 40 个汉字的中古音韵地位及广西汉语方言的读音开列如下：

勒：来母，曾开一，德韵，入声；白话[lɐk₋]/[lɛʔ₋]/[lɛk₋]，平话[lək₋]，官话[₋lə]；

寨：崇母，蟹开二，夬韵，去声；白话[tsai²]，平话[ʃai²]，官话[tsai²]；

种：章母，通合三，肿韵，上声；白话[⁻tsuŋ]，平话[⁻tsoŋ]，官话[⁻tsoŋ]；

逐：澄母，通合三，屋韵，入声；白话[tsuk₋]，平话[tsok₋]，官话[tsu₋]；

柏：帮母，梗开二，陌韵，入声；白话[phak₋]，平话[pɛk₋]，官话[₋pɛ]；

叭：中古无；平话[pa²]，官话[₋pa]；

盆：并母，臻合一，魂韵，平声；白话[₋phun]，平话[₋pun]，官话[₋phɐn]；

勿：微母，臻合三，物韵，入声；白话[mɐt₋]，平话[fɐt₋]，官话[₋u]；

模：明母，遇合一，模韵，平声；白话[₋mɔ]，平话[₋mɔ]/[₋mou]，官话[₋mo]；

对：端母，蟹合一，队韵，去声；白话[tui²]，平话[toi²]，官话[tɐi²]；

等：端母，曾开一，等韵，上声；白话[⁻tɐŋ]，平话[⁻taŋ]/[⁻tɐŋ]，官话[⁻tɐn]；

登：端母，曾开一，登韵，平声；白话[₋tɐŋ]，平话[₋tɐŋ]，官话[₋tɐn]；

底：端母，蟹开四，荠韵，上声；白话[ʿtɐi]，平话[ʿtɐi]，官话[ʿti]；

同：定母，通合一，东韵，平声，白话[₋thuŋ]，平话[₋toŋ]，官话[₋thoŋ]；

覃：定母，咸开一，覃韵，平声；白话[₋tshɐm]，平话[₋tsɐm]，官话[₋tsin]；

翁：影母，通合一，东韵，平声；白话[₋uŋ][₋juŋ]，平话[₋oŋ][₋joŋ]，官话[₋oŋ]；

凹：影母，效开二，肴韵，平声；方言无；

意：影母，止开三，志韵，去声；白话[jiʾ]，平话[əiʾ]，官话[jiʾ]；

供：见母，通合三，钟韵，平声；白话平话官话[₋kuŋ]；

共：群母，通合三，用韵，去声；白话平话官话[kuŋʾ]；

贡：见母，通合一，送韵，去声；白话平话官话[kuŋʾ]；

更：见母，梗开二，庚韵，平声；白话[₋kɐŋ]，平话[₋kɛŋ]/[₋kaŋ]，官话[₋kən]；

肯：溪母，曾开一，等韵，上声；白话平话[ʿhɐŋ]，官话[ʿkən]；

坤：溪母，臻合一，魂韵，平声；白话平话官话[₋khɐn]；

昆：见母，臻合一，魂韵，平声；白话平话官话[₋khɐn]；

岑：崇母，深开三，侵韵，平声；白话[₋khɐm]/[₋tshɐm]，平话[₋kɐm]/[₋tʃɐm]，官话[₋tshən]；

坑：溪母，梗开二，庚韵，平声；白话[₋haŋ]，平话[₋haŋ]/[₋khaŋ]，官话[₋khən]；

琴：群母，深开三，侵韵，平声；白话平话[₋kɐm]，官话[₋khin]；

果：见母，果合一，果韵，上声；官话白话[ʿko]，平话[ʿku]/[ʿko]；

群：群母，臻合三，文韵，平声；白话[₋khuɐn]，平话[₋kɯn]，官话[₋khyn]；

勤：群母，臻开三，殷韵，平声；白话[₋khɐn]，平话[₋kɐn]，官话[₋khin]；

孔：溪母，通合一，董韵，上声；白话[ʿhuŋ]/[ʿkhuŋ]，平话[ʿhoŋ]/[ʿkhoŋ]，官话[ʿkhoŋ]；

谷：见母，通合一，屋韵，入声；白话[kukˌ]，平话[kokˌ]，官话[₋ku]；

克：溪母，曾开一，德韵，入声；白话[khɐkˌ]，平话[khɐkˌ]/[hɐkˌ]，官话[khəʾ]；

菊：见母，通合三，屋韵，入声；白话平话[kok₂]，官话[˗khy]；

禁：见母，深开三，沁韵，去声；白话[khɐm²]，平话[kɐm²]/[tʃɐm²]，官话[kin²]；

噤：见母，深开三，侵韵，上声；广西汉语方言少说；

钦：溪母，深开三，侵韵，平声；白话[˗hɐm]，平话[˗kɐm]/[˗jəm]，官话[˗khin]；

渠：群母，遇合三，鱼韵，平声；白话官话[˗khy]，平话[˗kui]/[˗kɤ]/[˗kɯ]；

近：群母，臻开三，隐韵，上声；白话[khɐn²]，平话[kɐn²]，官话[kin²]。

先看声母。壮语 gumz「洼地、坑」的声母是[k]，可是上述对音汉字的声母就有若干种。第一种，声母为[l]的"勒"，可能是 lak「崩塌处」的对音汉字，因为"崩塌"有塌陷义，跟 gumz「洼地、坑」语义相关，可能是辗转意译。第二种，声母为只有塞擦音[ts]的"寨、种、逐"。"寨、种"与 gumz「洼地、坑」的辗转关系不明。"逐"字，可能是南部壮语的 coeg「山湾、洼地」的对音汉字（见本节下文），因为 gumz「洼地、坑」是标准语，所以把"逐"写到了这里。第三种，声母读重唇[p][m]的"柏、叭、盆、勿、模"，我们不清楚重唇[p]、[m]与[k]之间是否有音转关系。第四种，声母为端母[t]的"对、等、登、底、同"。"覃"是上古定母侵部，上古拟音为[dəm]（参见林连通、郑张尚芳，2012）[①]，所以，"覃"与"对、等、登、底、同"是同一类。这一类字与 gumz「洼地、坑」的对音，可以解释为：gumz「洼地、坑」的声母原来是[k-l-]，在某些方言[l-]发生了塞化，前置辅音消失，变成[t]，从而可以用[t]声母的字来对音。(此音变的解释参见潘悟云，2013[②]) 第五种，是最大的一类，就是声母读为[k]。"供、共、贡、更、肯、坤、昆、岑、坑、琴、果、群、勤、孔、谷、克、菊、禁、噤、钦、渠、近"就是这一类。声母为零声母的"翁、凹、意"，这类字属于影母字，可能是中古以前的对音，因为影母字可能早期就读[q]，与[k]音色相近（参见潘悟云，1997）[③]这类字也有复杂的情况，比如"坑"，就可能是意译的。上述五种声母，共时层面音

[①] 林连通、郑张尚芳：《汉字字音演变大字典》，江西教育出版社2012年版，第1280页。
[②] 潘悟云：《东亚语言中的"土"与"地"》，《民族语文》2013年第5期。
[③] 潘悟云：《喉音考》，《民族语文》1997年第5期。

色接近的还是第五种。我们在第五种中推举规范字。

再看韵母。壮语 gumz「洼地、坑」的韵母是[um]，收[m]尾。第五类中符合这一条件的有"岑、琴、禁、钦"这几个字。

最后看声调。gumz「洼地、坑」是壮语第 2 调，与汉语阳平调相对应。符合这一条件的就只剩下"岑、琴"两个了。从统计数据看不出"岑、琴"哪个更占优势，相比之下，"岑"的声母读[k]和[tʃ]，而"琴"只读[k]，与 gumz「洼地、坑」声母更为吻合。所以，推介"琴"为 gumz「洼地、坑」的对音汉字的规范字。

十七　洼地：coeg ~ 逐、足、凹、钦、谷、枯、根、角、直

南部壮语"洼地"读 coeg，汉字有"逐、足、凹、钦、谷、枯、根、角、直"，其中古音韵地位及广西汉语方言读音如下：

逐：澄母，通合三，屋韵，入声；白话[tsukˬ]，平话[tsokˬ]，官话[tsuˬ]；

足：精母，通合三，烛韵，入声；白话[tsukˬ]，平话[tsokˬ]，官话[ˬtsu]；

凹：影母，效开二，肴韵，平声；广西方言无；

钦：溪母，深开三，侵韵，平声；白话[ˬhɐm]，平话[ˬkɐm]/[ˬjɐm]，官话[ˬkhin]；

谷：见母，通合一，屋韵，入声；白话[kukˬ]，平话[kokˬ]，官话[ˬku]；

枯：溪母，遇合一，模韵，平声；白话[fu]，平话[ˬkhu]/[ˬhu]，官话[ˬkhu]；

根：见母，臻开一，痕韵，平声；白话平话官话[ˬkɐn]；

角：见母，江开二，觉韵，入声；白话[kɔkˬ]，平话[kakˬ]/[kɔkˬ]，官话[ˬko]/[ˬtso]；

直：澄母，曾开三，职韵，入声；白话[tsikˬ]，平话[tʃəkˬ]，官话[ˬtʃi]。

上述汉字，"凹"可能是意译字。coeg「洼地」的声母读音为[ɕ]/[ts]，上述"钦、谷、枯、根"的声母为[k]/[h]一类，可能对音的不是 coeg「洼地」而是 gumz「洼地、坑」。"角"的读音中有[k]声母，但是官话有读[ts]的，其主元音还很像，没有韵尾。但是这个对音是官话的，出现很晚。"逐、足、直"三个字，声母是[ts]/[tʃ]，在白话平话中的韵母有入声尾，跟 coeg「洼地」的语音对应吻合。相比之下，coeg「洼地」是壮语第 8 调，与汉语的阳入调对应，"足"是阴

入字，不合适，而"直"虽然是阳入字，但是主元音音色有差异。"逐"是阳入字，声母韵母的音色也很吻合，不仅如此，统计结果也表明"逐"的频率最高。因此，我们推介"逐"为 coeg「洼地」的对音汉字的规范字。

十八　角落：goeg ~ 谷、角、局、翁、十、多、隆、壳、果、曲、六、国、个、克、枯

goeg「角落」是从中古汉语的"角"借入的。

角，见母，江开二，觉韵，入声；白话[kɔk˲]，平话[kak˲]/[kɔk˲]。

壮语塞音尾的高音组是第 7 调，低音组是第 8 调，大致对应于汉语的阴入调和阳入调[①]，见母的"角"似应为第 7 调，现在的第 8 调是怎么回事？一般而言，壮语老借词多能保持与白话平话的音类对应，但折合为本族语，并非完全不顾音值近似。白话平话中的阴入、阳入还要二次分化，阴入按主元音不同分化为上阴入和下阴入，33 是下阴入的主流调值。在壮语方言中，调值为 33 的 7 长、8 短、8 长都有[②]。下阴入字借入壮语后混入第 8 调也较常见，如ҫek^7「拆开」借自"拆"第 7 调，而ҫek^8「裂开」、ҫe:k^8「破裂」借自"坼"，就混入了第 8 调[③]。蓝庆元（2005）[④]就把双数调的[ka:k^8]当作汉语借词"各"，"各"就是见母字。所以，goeg「角落」借自中古汉语见母字的"角"也说得通。

既然 goeg「角落」的汉语借词为"角"，而且 goeg「角落」的译写汉字中"角"的频率也很高，按"汉语借词还原"的原则，"角"应推介为 goeg「角落」的对音汉字的规范字。

十九　角落：gungx ~ 共、贡、弓、孔、哥、空、控、凹、合、枯、扣、仲

同为"角落"义，壮语还有一个 gungx，疑为 goeg「角落」的阳入对转。

---

① 蓝庆元：《壮汉同源词借词研究》，中央民族大学出版社 2005 年版，第 83 页。
② 见张均如、梁敏、欧阳觉亚等《壮语方言研究》，四川民族出版社 1999 年版，第 26—27 页。
③ 广西壮族自治区少数民族语言文字工作委员会《壮汉英词典》编委会：《壮汉英词典》，民族出版社 2005 年版，第 165、167、177 页。
④ 蓝庆元：《壮汉同源词借词研究》，中央民族大学出版社 2005 年版，第 123 页。

第二章 对音汉字的语言学分析及规范字推介 ◆◇◆

壮语中有比较多的阳入对转，如：lig 和 rengz「力气」、dwg 和 deng「挨、碰中」、lek 和 lengj「漂亮」、lueg 和 lueng「山谷」、loek 和 loeng「错误」。goeg 和 gungx 解释为语音上的阳入对转似乎也说得通。问题是，壮语发生了阳入对转，汉语却没有相应的音转。壮语的韵尾从入声韵变为阳声韵，音色的差别较大，对音的汉字没有[k]韵尾字，所以规范字不能选用"角"了，只能从其对音汉字中寻找。上述对音汉字的中古音韵地位及广西汉语方言读音如下：

共：群母，通合三，用韵，去声；白话平话 [kuŋ²]，官话[koŋ²]；

贡：见母，通合一，送韵，去声；白话平话官话[kuŋ²]；

弓：见母，通合三，东韵，平声；白话平话官话[˩kuŋ]/[˩koŋ]；

孔：溪母，通合一，董韵，上声；白话[ˀhuŋ]/[ˀkhuŋ]，平话[ˀhoŋ]/[ˀkhoŋ]，官话[ˀkhoŋ]；

哥：见母，果开一，歌韵，平声；白话平话官话[˩kɔ]；

空：溪母，通合一，东韵，平声；白话平话[˩hoŋ]，官话[˩khoŋ]；

控：溪母，通合一，送韵，去声；白话[huŋ²]，平话[khoŋ²]，官话[khoŋ²]；

凹：影母，效开二，肴韵，平声；广西方言无；

合：匣母，咸开一，合韵，入声；白话[hɐp₂]，平话[hɔp₂]/[kop₂]，官话[˩ho]；

枯：溪母，遇合一，模韵，平声；白话[˩fu]，平话[˩khu]/[˩hu]，官话[˩khu]；

扣：溪母，流开一，候韵，去声；白话[khɐu²]，平话[kɐu²]，官话[khɐu²]；

仲：澄母，通合三，送韵，去声；白话[tsuŋ²]，平话[tsuŋ²]，官话[tsuŋ²]。

首先，壮语 gungx「角落」是[ŋ]韵尾，要把"哥、凹、合、枯、扣"这几个排除。其次，gungx「角落」的声母是[k]，"仲"的声母读为[ts]，推测可能有的方言 gungx「角落」的声母会音变为[ts]，但是数量太少，也要排除。剩下的"共、贡、弓、孔、空、控"这几个字，声母韵母音色还是比较吻合的。gungx「角落」是壮语第4调，应对应汉语的阳上调，但是这几个字没有一个是阳上字，只能选一个频率最高的字。频率最高的字是"贡"，所以，我们推介"贡"为 gungx「角落」的对音汉字的规范字。

二十 弯曲：gungj ~ 公、贡、供、孔、巩、弓、龚、宫

壮语的 gungj 是汉语借词"拱"。从语音上看，"拱"的中古音韵地位及

广西汉语方言读音均与 gungj「弯曲」相吻合，即：

拱，见母，通合三，肿韵，上声；白话[ʰkuŋ]，平话官话[ʰkoŋ]。

语义上，gungj 是"弯曲、弯弓"的意思，正好是"拱"的语义。材料显示，对音汉字当中没有"拱"字。但是，按"汉语借词还原"的规则，要用回其本来的汉字"拱"。我们建议用"拱"，语音语义并不违和，群众应该能接受。

二十一 村名词头：da ~ 驮、多、大、打、达、固

田阳、德保、靖西有个村名词头，从译写的汉字看应该对应中古的歌韵字。在普查材料中，有的不说是什么意思，有的就说是"地方"的"地"，普查人员就把壮语工具书中的 deih「地」和 dieg「地方」写上。我们怀疑 deih「地」和 dieg「地方」并不是本地的读音。我们推测的读音就是[ta]（调类不明），在靖西、德保，这个读音演变为 dej、daej。

上述的对音汉字的中古音韵地位及广西汉语方言读音如下：

驮：定母，果开一，歌韵，平声；白话官话[₅tʰɔ]，平话[₅tʰɔ]/[₅ta]；

多：端母，果开一，歌韵，平声；白话官话[₅tɔ]，平话[₅ta]/[₅tɔ]；

大：定母，果开一，箇韵，去声；白话平话[tai²]，官话[ta²]；

打：端母，梗开二，梗韵，上声；白话平话官话[ta²]；

达：定母，山开一，曷韵，入声；白话平话[tat₈]，官话[₅ta]；

固：见母，遇合一，暮韵，去声；白话平话官话[ku²]。

da「村名词头」是阴声韵，没有韵尾，"达"是个入声字，在白话平话中收[t]尾，不吻合。"固"的韵母[u]与 da「村名词头」的韵母[a]音色不吻合，"固"与 da「村名词头」的对音或许发生比较早，早于中古，"固"要排除。剩下的字中，频率最高的是"大、驮"，其次是"多"，频率最低的是"打"。

先看"大"，显然，其对音的层次是官话。一方面，历史层次浅；另一方面，汉语"大"是个常用的形容词，很容易造成汉语成词，让人联想到大小之意。况且，壮语地名常出现的形容词 daih 就是汉语借词"大"，按"汉语借词还原"的原则，daih 的规范字必须选择"大"（见下文）。所以，"大"与这里冲突了。再看"驮"，对音层次是早期平话，但是在南部壮语区及北

第二章　对音汉字的语言学分析及规范字推介　◆◇◆

部的右江土语区中，dah「河」多用"驮"来对音，我们已经推介"驮"作为南部壮语区及北部的右江土语区的 dah「河」的对音汉字的规范字（见本章第三节），这里再用也就冲突了。最后看"打"。一是统计频率"打"比较低，二是"打"被推介为北部壮语区的 dah「河」的对音汉字的规范字，此处再用也会造成冲突。只有"多"是比较合适的，我们推介"多"作为 da「村名词头」的对音汉字的规范字。

二十二　村名词头：ga ~ 加、建

都安县有个村名的词头读 ga，对音汉字有"加、建"两个，它们的中古音韵地位及广西汉语方言读音如下：

加：见母，假开二，麻韵，平声；白话平话[$_c$ka]，官话[$_c$kja]/[$_c$tsja]；
建：见母，山开三，愿韵，去声；白话平话[kin$^{\circ}$]，官话[ken$^{\circ}$]。

显然，"加"的白话平话音与 ga 语音更吻合，我们推介"加"为 ga「村名词头」的对音汉字的规范字。

二十三　崩塌处：lak ~ 拉、啦、兰、良、烈、落、络、乐、陆、腊

壮语的"崩塌"读 lak，地名中当"崩塌处"来理解。上述对音汉字的中古音韵地位及广西汉语方言读音如下：

拉、啦：来母，咸廿一，合韵，入声；白话[$_c$lai]，平话[$_c$lai]，官话[$_c$la]；
兰：来母，山开一，寒韵，平声；白话平话官话[$_c$lan]；
良：来母，宕开三，阳韵，平声；白话[$_c$lœŋ]，平话[$_c$lɛŋ]，官话[$_c$liaŋ]；
烈：来母，山开三，薛韵，入声；白话平话[lit$_{\circ}$]，官话[lɛ$_{\circ}$]；
落：来母，宕开一，铎韵，入声；白话[lɔk$_{\circ}$]，平话[lak$_{\circ}$]，官话[$_c$lo]；
络：来母，宕开一，铎韵，入声；白话[lɔk$_{\circ}$]，平话[lak$_{\circ}$]，官话[$_c$lo]；
乐：来母，宕开一，铎韵，入声；白话[lɔk$_{\circ}$]，平话[lak$_{\circ}$]，官话[$_c$lo]；
陆：来母，通合三，屋韵，入声；白话平话[lok$_{\circ}$]/[lʊk$_{\circ}$]，官话[$_c$lu]；
腊：来母，咸开一，盍韵，入声；白话平话[lap$_{\circ}$]，官话[$_c$la]。

壮语的 lak「崩塌处」是个入声字，"拉、啦、兰、良"这几个阴声韵、阳声韵的字不符合，要先排除。lak「崩塌处」收[k]尾，"腊"收[p]尾，要排

除。lak「崩塌处」是壮语第 7 调，应该对应汉语的阴入调，可是"烈、落、络、乐、陆"这些全都是阳入字。声母韵母对应最为吻合的是平话层次的"落、络、乐"，但是频率上并未见明显的区分，"落"稍微多一点点，我们推介"落"为 lak「崩塌处」的对音汉字的规范字。

二十四　凹陷下沉处：loemq ~ 论、乱、伦、仑、林、落、腊、任、万、罗

壮语"凹陷、下沉"读为 loemq，地名中理解为"凹陷下沉处"。上述的对译汉字，其中古音韵地位及广西汉语方言读音如下：

论：来母，臻合一，魂韵，平声；白话[lɐn²]，平话[lɐn²]/[lun²]，官话[lən²]；

乱：来母，山合一，换韵，去声；白话[lyn²]，平话[lun²]，官话[luan²]；

伦、仑：来母，臻合三，谆韵，平声；白话[˨lɐn]，平话[˨lɐn]/[˨lun]，官话[˨lən]；

林：来母，深开三，侵韵，平声；白话平话[˨lɐm]/[˨ləm]，官话[˨lin]；

落：来母，宕开一，铎韵，入声；白话[lɔk˨]，平话[lak˨]，官话[˨lo]；

腊：来母，咸开一，盍韵，入声；白话平话[lap˨]，官话[˨la]；

任：日母，深开三，沁韵，去声；白话平话[jɐm²]/[ȵɐm²]，官话[jin²]；

万：微母，山合三，愿韵，去声；白话平话[man²]，官话[wan²]；

罗：来母，果开一，歌韵，平声；白话[˨lo]，平话[˨la]/[˨lo]，官话[˨lo]。

壮语 loemq「凹陷下沉处」的声母是[l]，"任、万"的声母不是[l]。loemq「凹陷下沉处」的主元音是[o]，"论、乱、伦、仑、林、落、罗"的韵母的主元音音色跟[o]或相同或相近。但是 loemq「凹陷下沉处」有韵尾[m]，符合这个条件的，只有"林、任"两个字。loemq「凹陷下沉处」是壮语第 5 调，应该对应汉语的阴去调，上述字竟无一字是阴去字。所以，只能从"林、任"两个中选，"任"的声母与 loemq「凹陷下沉处」差异大。相比之下，只有选"林"作为 loemq「凹陷下沉处」的对音汉字的规范字。

第五节 村街行政单位类

村街行政单位共8个词，其使用频率如表2-5所示。

表2-5 村街行政单位类壮语地名对译汉字统计

		村街行政单位							
标准壮文		mbanj	manj	haw	fawh	hangq/hangh	gai	cu/cou	vingz
地名普查的壮文及含义		mbanj/vanz/mbanx/benj 村庄	manj/vanj 村庄	hih/haw 集市；圩场	fawz/fawh 集市	hangj 集市	gai 集市	cu/cuj 州府	vingz/viengz 军营
北部壮语	桂北土语	河池巴马		晚4	圩5				周1	
		河池环江	板1、村1		圩1					
		河池东兰	板43、班1		圩2					
		河池金城江	板12、村2、屯4		圩1					
		河池天峨	寨2、板9、盘4、环1							
		柳州融安	板5、迈1、寨1							
		河池罗城	板16、班1、村1、寨1						街2	
	柳江土语	来宾合山	板2、村2、屯1							
		来宾忻城	板24、村1							

续表

			村街行政单位							
标准壮文			mbanj	manj	haw	fawh	hangq/hangh	gai	cu/cou	vingz
地名普查的壮文及含义			mbanj/vanz/mbanx/benj 村庄	manj/vanj 村庄	hih/haw 集市；圩场	fawz/fawh 集市	hangj 集市	gai 集市	cu/cuj 州府	vingz/viengz 军营
北部壮语	柳江土语	来宾兴宾	村1	晚1						
		柳州柳城	板3、村4	满1						
		柳州柳江	板22、村48、屯1							
		河池宜州	板1							
	红水河土语	河池都安	板65		街2					仁1
		河池大化	板16		圩2					
		贵港港北								
		贵港桂平	村6、板1、班1		圩1					
		贵港覃塘								
		柳州鹿寨	板9							
		来宾武宣								
		来宾象州	村10							
	邕北土语	百色平果	板1		圩2					
	右江土语	百色田东	班2							

第二章 对音汉字的语言学分析及规范字推介

续表

			村街行政单位							
	标准壮文		mbanj	manj	haw	fawh	hangq/hangh	gai	cu/cou	vingz
	地名普查的壮文及含义		mbanj/vanz/mbanx/benj 村庄	manj/vanj 村庄	hih/haw 集市；圩场	fawz/fawh 集市	hangj 集市	gai 集市	cu/cuj 州府	ving/viengz 军营
北部壮语	右江土语	百色田阳	村90、屯33、甫2、板1、班1	晚5、满1	圩7		巷2	街18		
		河池凤山	板19、班4、屯4、村3、办1；板1	蛮1、万1	圩2				周1、州1、洲1	
	桂边土语	百色乐业	屯28							
		百色西林	弄8、龙3、罗2、板1、塘1、榜1		街1、圩1、书1、核1			皆1		
南部壮语	邕南土语	钦州	板4							
		防城港市	板10、村1							
		防城上思	板4							
		南宁隆安	板25、坡5、屯4、村2、着2、班1、群1、庄1	万3、慢1、敏1、蛮1	圩7					
	左江土语	崇左大新	屯96、板66	慢7、晚2、万1	圩5	伏2、街2	巷1		州1、周1	营1
		崇左江州	屯2、板2、坡2、干1、寨1、群1	万2						
		崇左龙州	板151、村3	皿2	圩1	埠7	巷2	关2		
		崇左天等	屯10							

续表

			\multicolumn{8}{c}{村街行政单位}

		标准壮文	mbanj	manj	haw	fawh	hangq/hangh	gai	cu/cou	Vingz
		地名普查的壮文及含义	mbanj/vanz/mbanx/benj 村庄	manj/vanj 村庄	hih/haw 集市；圩场	fawz/fawh 集市	hangj 集市	gai 集市	cu/cuj 州府	Ving/viengz 军营
南部壮语	左江土语	崇左宁明	板61、村3	慢1	圩5、市2			街8、佳1	周1	
		崇左凭祥	板53、屯2				行1	街1		
	德靖土语	百色德保	屯26、古2、庄1	晚2、慢1	圩1		汉1			
		百色靖西	屯86、班1、城1、村1	晚25、曼1	圩16、街2、勿1			巷5	街6	

一 村庄：mbanj~村、屯、寨、庄、城、弄、龙、罗、古、甫、坡、塘、着、群、干、板、榜、班、办、盘、环、迈

壮语的"村庄"说 mbanj「村庄」，这个读音基本覆盖了壮语地区。统计表中，mbanj 的译写汉字分为四类。第一类是"村、屯、寨、庄、城"，用汉语的村庄聚落的名词对译 mbanj「村庄」，是意译。第二类是"弄、龙、罗、古、甫、坡、塘"，这是壮语地名中常见地理实体的对译汉字，"弄、龙"代表 rungh「山间平地」，"罗"代表 lueg「山谷」，"古"代表 go「此地」、"甫、坡"代表 bo「山坡」，"塘"代表 daemz「水塘」，这种地理实体所在的地域也可以代表人们居住的地方，所以这些词也被人们用来对译 mbanj「村庄」，也是一种曲折辗转的意译。第三类是"着、群、干"，这类对译情况暂时不明。第四类是"板、榜、班、办、盘、环、迈"，是 mbanj「村庄」的对音汉字，其中古音韵地位及广西汉语方言读音如下：

板：帮母，山开二，删韵，上声；白话平话官话[ᶜpan]；

榜：帮母，宕开一，荡韵，上声；白话[ᶜpoŋ]，平话[ᶜpuŋ]/[ᶜpaŋ]，官话[ᶜpaŋ]；

第二章 对音汉字的语言学分析及规范字推介

班：帮母，山开二，删韵，平声；白话平话官话[₋pan]；
办：並母，山开二，山韵，去声；白话平话[pan²]，官话[pan²]；
盘：並母，山合一，恒韵，平声；白话平话[₋phun]，官话[₋phan]；
环：匣母，山合二，删韵，平声；白话平话[₋wan]，官话[₋huan]；
迈：明母，蟹开二，夬韵，去声；白话平话[mai²]，官话[mai²]。

　　mbanj「村庄」的声母是[ʔb]，可与汉语的声母[p]对应，上述的"板、榜、班、办、盘"都合适对应。"环"在白话平话中的声母是[w]，可能表明在某些壮语方言中，[ʔb]演变为[w]。而"迈"在白话平话中的声母为[m]，估计是 manj「村庄」的对音（见下文）。mbanj「村庄」的韵母是[a:n]，"榜"的韵母不合适，"板、班、办、盘"的韵母都合适。但是 mbanj「村庄」是壮语第 3 调，应该对应汉语的阴上调，只有"板"读阴上调。所以无论是在平话白话还是官话中，"板"的声韵调都与壮语 mbanj「村庄」最为对应，而且是频率最高的。我们推介"板"为 mbanj「村庄」的对音汉字的规范字。

二　村庄：manj ~ 晚、万、慢、曼、敏、满、皿、蛮

　　壮语的"村庄"虽说以 mbanj「村庄」为主，但是某些地方发生了 mb[ʔb]>m[m] 的音变。mbanj「村庄」>manj「村庄」在北部壮语区有零星发现，而在南部壮语区的靖西、大新、龙州等最为集中，对音汉字"晚、万、慢、曼、敏、满、皿、蛮"就反映了这一演变，它们的中古音韵地位及广西汉语方言的读音如下：

晚：微母，山合三，阮韵，上声；白话平话[ᶜma:n]，官话[ᶜwa:n]；
万：微母，山合三，愿韵，去声；白话平话[ma:n²]，官话[va:n²]；
慢：明母，山开二，谏韵，去声；白话平话[ma:n²]，官话[ma:n²]；
曼：微母，山合三，愿韵，去声；白话平话[ma:n²]，官话[ma:n²]；
敏：明母，臻开三，轸韵，上声；白话平话[ᶜmɐn]，官话[ᶜmin]；
满：明母，山合一，缓韵，上声；白话平话[ᶜmun]，官话[ᶜma:n]；
皿：明母，梗开三，梗韵，上声；白话[ᶜmen]，平话[ᶜmɐn]/[ᶜmɯn]，官话[ᶜmin]；
蛮：明母，山开二，删韵，平声；白话平话官话[₋man]。

　　manj「村庄」是壮语第 3 调，与汉语的阴上调相对应。上述汉字都是阳上调、阳去调或阳平调，没有一个是阴上字。从声母韵母看，"晚、万、

慢、蛮"的白话平话音与 manj 最为契合。其中"晚"的使用频率最高，我们推介"晚"为 manj「村庄」的对音汉字的规范字。

三　集市：haw ~ 圩、街、书、核、勿、市

四　集市：fawh ~ 伏、埠、街

五　集市：hangq/hangh ~ 汉、巷、行

上述三个词都是出现在壮语各地的"集市"的说法。

haw「集市」出现在北部壮语区，fawh「集市」出现在南部壮语区的邕南土语和左江土语中，hangq/hangh「集市」出现在南部壮语区及北部的右江土语中。一般情况下，文献中出现的壮语 haw「集市」与汉字"墟"是完全对应的。凡是讨论汉字"墟"的，都跟壮语的 haw「集市」相对应。关于这几个"集市"之间的关系，有不少讨论，下面分别介绍。

haw[haɯ¹]「集市」与 fawh[faɯ⁶]「集市」，有两种截然不同的看法。一种认为是本族词，另一种认为是非本族词。前一种以周振鹤、游汝杰（1986）[①]、白耀天（1987）[②]、韦树关（2003）[③]为代表。白耀天（1987）认为 haw 是壮语本族词；周振鹤、游汝杰（1986）和韦树关（2003）认为"haw、fawh"都是壮语本族词，韦文还给出了其间的演变关系图：

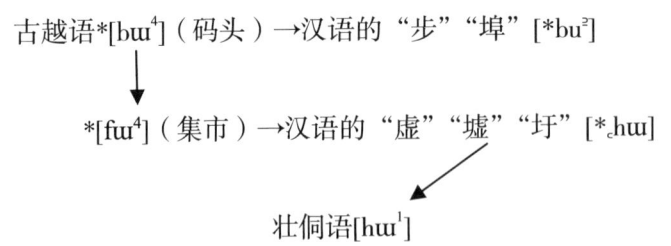

古越语 *[bɯ⁴]（码头）→汉语的"步""埠"[*bu²]

*[fɯ⁴]（集市）→汉语的"虚""墟""圩"[*ₑhɯ]

壮侗语[hɯ¹]

后一种看法，认为 haw[haɯ¹]「集市」与 fawh[faɯ⁶]「集市」不是壮

---

① 周振鹤、游汝杰：《方言与中国文化》，上海人民出版社 1986 年版，第 241 页。
② 白耀天：《"墟"考》，《广西民族研究》1987 年第 4 期。
③ 韦树关：《释"圩（墟、虚）"》，《民族语文》2003 年第 2 期。

语的本族词，代表性的研究有徐松石（2005）[①]、蓝庆元（2005）[②]及覃凤余、林亦（2007）[③]。

20世纪三四十年代，民族学家徐松石就声称，"壮人本呼野市为浪或阆""壮人称浪而不称墟"，"'墟'是瑶人词语"（见《粤江流域人民史》第四章、第九章）。也就是说，徐松石先生认为"墟"不是壮语，也不是汉语，而是瑶语。

蓝庆元的《壮汉同源词借词研究》（2005）是研究壮语汉借词的专著，称haw「集市」是汉语借词"墟"。覃凤余、林亦（2007）称："墟市"的"墟"本作"虛"，本义为大丘，大土山。《说文解字·丘部》："虛，大丘也。"空虚之"虛"与丘虛之"虛"本为不同的两个字，其反切折合今天的普通话读音，前者读[ɕy]，后者读[tɕhy]。二字混同，当是塞擦音变擦音后，溪母本身就已读擦音，丘虛之"虛"《广韵》就有去鱼、许鱼二切。"墟"是《广韵》鱼韵溪母字，大多数汉语方言读[y]韵母，部分平话方言读[ui]，广州话读[øy]。壮语无撮口呼，汉语中古遇摄三等字，大多以[ɯɯ]/[əɯ]对译。因此，壮语[haɯ¹]「集市」与粤语"墟"对应整齐。所以，haw「集市」是汉语借词"墟"。

覃凤余、林亦（2007）还论证了汉语的"埠"与壮语的 fawh[faɯ⁶]「集市」之间的关系。"埠"当是"阜"的后起字俗字，与山、高有关系。《说文解字》："阜，大陆也，山无石也。"《尔雅》："大陆曰阜。"《广雅·释邱》："小陵曰邱，尤石曰阜。"后来，"埠"与"步"义有相涉，同音替代。土之高为"埠"，高处往往便于踏"步"，可做台阶之用。在罕有轮轨的古代，交通靠水路，舟船是最便捷的交通工具。为方便上下舟船，一些作渡口的堤岸用石垒筑台阶，做踏步之用。因此方便上下舟船的堤岸可称"埠""埠头""步头"，以"埠、步"为地名的居民点，也必在江河沿岸。析言之，"埠"多指繁华城市的大码头、港口，成为地名专用字。"步"源于上下码头的石级、台阶，一般多用于乡镇的地名。浑言之，"步头"与"埠头"无别。"阜"，上古幽部并母字，《广韵》尤韵字，房九切。晚唐或更早，《切韵》尤侯韵

[①] 《徐松石民族学文集》，广西师范大学出版社2005年版，第70—72页。
[②] 蓝庆元：《壮汉同源词借词研究》，中央民族大学出版社2005年版，第261页。
[③] 覃凤余、林亦：《壮语地名的语言与文化》，广西人民出版社2007年版，第244页。

唇音字大多转入鱼模韵。从语音演变情况看，以"步"称"埠"当在部分中古尤侯韵唇音字变入遇摄、浊上变去之后。广西汉语的"埠"（步）有两个层次，一是自古保留的河边村镇，读[pu⁶]。桂平有"社步"，贺州有"八步"，合浦有"担埠""沙灰埠""二埠""高德埠""白沙头埠""石头埠""筏埠"，南宁的"石埠"读[pu⁶]，仍读重唇。二是读[fɐu⁶]，仍与尤韵字同音，但已遵循轻唇音合口三等变[f]的规则。广西梧州有"埠[fɐu²¹]民路"（梧州话阳去调与阳平调合并），甚至有两个层次重叠的地名"步埠"[pu²¹fɐu²¹]；柳州有"谷埠街[ku³¹fɐu²⁴kai⁴⁴]"，是柳江边的老城区，曾是广东商人聚集之处，至今居民仍有说白话的。"埠"[fɐu⁶]的读音是近代随着广东商人带进广西的。随着中法战争后1792年龙州的开埠，广东商人大批涌入龙州、靖西、德保、凭祥、宁明等边境地区，"埠"[fɐu⁶]这一汉语词也被借入南部壮语。

本著遵从蓝庆元（2005）和覃凤余、林亦（2007）的观点，认为haw[haɯ¹]「集市」借自汉语的"墟"，fawh[faɯ⁶]「集市」借自汉语的"埠"。

徐松石称，"壮人本呼野市为浪或阆""壮人称浪而不称墟"，即原来壮语的"集市"叫作"浪"。笔者的一个巴马的学生称，小时候看到老人拿的歌本，有"倍浪[pai¹la:ŋ⁶]"的字眼，问老人是什么意思，老人说：就是"去墟"。此学生的妈妈说：小的时候（20世纪50年代末）还听见有人讲"浪"，现在几乎没人讲了。巧的是，在广西壮学学会2010年年会上，百色市政协的黄碧功女士称，她以前也听见东兰、凤山一带壮人称集市为"浪"。可见，早期确实称集市为"浪/阆"，与徐松石所言吻合。现在的北部壮语和南部壮语，都没有发现壮称"集市"为"浪/阆"的，大多北部壮语都被汉语借词的 haw[haɯ¹]「集市」替换了。"浪/阆"这一读音在地名材料中，还可见到。靖西县武平乡的武平圩，原来的名字叫"郎家"。"郎"是"圩市"的意思，"家"是"乌鸦"的意思，"郎家"的意思是乌鸦多的集市①。我们将"郎家"转写为拼音壮文和国际音标为 langhga[la:ŋ⁶ka¹]。目前，南部壮语的地名中都出现 hangh/hangq[ha:ŋ⁶/⁵]「集市」，但是南部壮语的文献材料还出现

---

① 靖西县人民政府地名委员会：《广西壮族自治区靖西县地名志》，靖西县地名委员会（内部资料）1985年版，第143页。

第二章　对音汉字的语言学分析及规范字推介

了另一个词 yangh[jaːŋ⁶]「集市」。一例见于郑贻青（2013）的词汇表中①，另一例见于李方桂于 1935 年记录的《天保土歌》（天保，即今德保县）里②，即：

[niin⁵⁵]　　[lee³³]　　[naan³¹]　　[naan³¹]　　[ma³¹]　　[ʔooʔ³³]　　[jaaŋ³³]
念　　　　了　　　　久　　　　久　　　　来　　　出　　　　墟

"久久思念出墟来。"

据此，我们构拟这个"集市"的壮语词的历史演变为：[laːŋ⁶]>[jaːŋ⁶]>[haːŋ⁶/⁵]。这条[l]>[j]>[h]演变链，在不同的语言中都发生过，汉语的"以"母字也发生过这样的演变（郑伟，2011；潘悟云，2013）③。

根据语言调查及语音构拟，壮语"集市"一词在各地的分布和演变如表 2-6 所示。

表 2-6　壮语地名"集市"的分布

	北部壮语		南部壮语		
	其他北部壮语	右江土语	邕南土语	左江土语	德靖土语
汉语借词	[hauɯ¹]	[hauɯ¹]	[fauɯ⁶]		
本族词	[laːŋ⁶]	[haːŋ⁶/⁵]	[haːŋ⁶/⁵]		[jaːŋ⁶]/[haːŋ⁶/⁵]
	[laːŋ⁶] > [jaːŋ⁶] > [haːŋ⁶/⁵]				

北部壮语的 haw「集市」就是汉语"墟"的借词，"墟"的民间俗写为"圩"，"圩"也是 haw「集市」。所以，按"汉语借词还原"的原则，"圩"应该是 haw「集市」的对音汉字的规范字。

南部壮语的 fawh「集市」是个汉语借词，借自"埠"。从统计数据看，"埠"使用的频率也高。所以，按"汉语借词还原"的原则，以"埠"为 fawh「集市」对音汉字的规范字。

在北部的右江土语和南部的左江土语、德靖土语中，"集市"读成 hangh/hangq，其对音汉字有"汉、巷、行"，它们的中古音韵地位及广西汉

---

① 郑贻青：《靖西壮语研究》，广西民族出版社 2013 年版，第 206 页。
② 李方桂：《侗台语论文集》，《李方桂全集 2》，清华大学出版社 2011 年版，第 168 页。
③ 郑伟：《探索不同材料所反映的汉语以母字的音变》，《语言研究》2011 年第 4 期；潘悟云：《东亚语言中的"土"与"地"》，《民族语文》2013 年第 5 期。

语方言读音如下：

汉：晓母，山开一，翰韵，去声；白话平话[hɔn²]/[han²]，官话[han²]；
巷：匣母，江开二，绛韵，去声；白话[hɔŋ²]，平话[haŋ²]/[haŋ²]，官话[haŋ²]；
行：匣母，宕开一，唐韵，平声；白话[₂hɔŋ]，平话[₂haŋ]，官话[₂haŋ]。

山摄的"汉"是[n]尾，跟hangq/hangh「集市」的[ŋ]对应不上。"巷、行"两字，我们认为"巷"更适合推介。因为"行"的声调是阳平调，与壮语hangq/hangh「集市」的第5、第6调对应不上。平话的"巷"有读阳去调的，也有读阴去调的，与hangq/hangh「集市」的第5、第6调刚好对应上。从统计表中的频率看，也是最高的，因此我们推介"巷"为hangq/hangh「集市」的对音汉字的规范字。

六 集市：gai~街、皆、佳、关

壮语表"集市"的gai，很明显是个汉语借词，借自"街"。从统计表看，"街"的频率也是最高的。所以，根据"汉语借词还原"的原则，推介"街"为gai「集市」的对音汉字的规范字。

七 州府：cu/cou~州、周、洲

壮语的cu/cou就是汉语借词，借自"州"。从统计表看，"州"的频率也是最高的。所以，根据"汉语借词还原"的原则，推介"州"为cu「州府」的对音汉字的规范字。

八 军营：vingz~营、仁

壮语地名中的vingz，语义是驻军的营地，说明历史上曾经对壮族地区进行军事化管理。从语音对应关系看，vingz就是汉语借词"营"。韵母和声调对应很吻合，而汉语的"营"是以母字，以母在汉语方言和少数民族语言中就有读为擦化的[v]（郑伟，2011）[①]。广西的方言，还有很多平话"营"的声母读[v]，复兴平话、新桥平话等都读[vəŋ²]（陈海伦、林亦，2009）[②]。

---

① 郑伟：《探索不同材料所反映的汉语以母字的音变》，《语言研究》2011年第4期。
② 陈海伦、林亦主编：《粤语平话土话方音字汇·第一编 广西粤语、桂南平话部分》，上海教育出版社2009年版，第352页。

根据"汉语借词还原"的原则，推介"营"为 vingz「军营」的对音汉字的规范字。

第六节　人工地物类

人工地物这一类共 21 个词，其使用频率如表 2-7 所示。

一　水坝：vai ~ 外、歪、怀、槐

北部壮语称"水坝"为 vai，对音汉字有"外、歪、怀、槐"，它们的中古音韵地位及广西汉语方言读音如下：

外：疑母，蟹合一，泰韵，去声；白话[ŋoi²]，平话[wai²]，官话[wai²]；

歪：晓母，蟹合二，佳韵，平声；白话平话官话[₋wai]；

怀、槐：匣母，蟹合二，皆韵，平声；白话平话[₋wai]，官话[₋huai]。

这几个字的平话读音，其声母韵母都跟壮语的 vai「水坝」能对应得上。"外"的白话读音声母还读为[ŋ]，"怀、槐"的官话读音声母读[h]，这些跟壮语 vai 的声母不吻合。vai「水坝」是壮语第 1 调，应该对应汉语的阴平调，"外、怀、槐"都不是阴平字，这一条不合适。而"歪"是第 1 调，能对应得上。由此看来，"歪"是最合适的了，无论是在官话白话还是在平话中，其声韵调都能跟 vai「水坝」相契合。从统计数据看，"歪"的使用频率也是最高的。所以，推介"歪"为 vai「水坝」的对音汉字的规范字。

二　水坝：bai ~ 派、排、坝、巴、把

"水坝"在南部壮语的地名中读 bai，此 bai「水坝」未见壮文工具书中有收录。《壮汉词汇》收录的 fai「水坝」，在我们目前的材料中没有发现。但是，fai/bai「水坝」声母是轻唇重唇的转换关系。bai「水坝」的对音汉字有"派、排、坝、巴、把"，其中古音韵地位及广西汉语方言读音如下：

表 2-7 人工地物类壮语地名对译汉字统计

人工地物类 1

标准壮文		vai	bai	sok	ranz	gonx/gon/ givenz/donh	dou/du	lae	ruz	liz/lwz	ciengz	caih/saih
地名普查的壮文及含义		vai 水坝	fai/hai/ bah 水坝	sok 码头	ranz 家	gonx/gon/ givenz/donh 军斗	duj/dou 门	lae 楼梯	ruz 船	liz/lwz 船	cingz/singz/ siengz/ciengz 城墙	caih/saih cex/ceh 山寨
北部壮语	河池巴马	外 1、歪 2		足 1			都 1	累 2	乐 1、炉 1		城 1、祥 2、墙 1、常 1	才 1
	河池环江	歪 2、怀 1										
	河池东兰	怀 2		苏 3	兰 2						祥 4	才 2、寨 5
	河池金城江			作 1	兰 2		豆 1	梯 1				寨 3
	河池天峨	外 4		索 1							祥 3、长 1	
桂北土语	柳州融安	歪 2										
	河池罗城										城 1	才 5、寨 4、寨 1、晒 1
柳江土语	来宾合山											
	来宾忻城	歪 3、外 1										

续表

人工地物类 1

标准壮文	vai	bai	sok	ranz	gonh	dou/du	lae	ruz	liz/lwz	ciengz	caih/saih
地名普查的壮文及含义	vai 水坝	fai/bai/bah 水坝	sok 码头	ranz 家	gonx/gon/given/donh 犀斗	duj/dou 门	lae 楼梯	ruz 船	liz/lwz 船	cingz/singz/siengz/ciengz 城墙	caih/saih/cex/ceh 山寨
柳江土语 来宾兴宾	歪2、槐2		溯2								
柳江土语 柳州柳城	歪1										
柳江土语 柳州柳江	歪4										
柳江土语 河池宜州	歪1										
红水河土语 河池都安	歪4、槐1		案2	兰2							寨8、在1
红水河土语 河池大化	外1		作3	兰2							寨1、在1
红水河土语 贵港港北				郎1			垒1	鲁1		祥1、城1	
红水河土语 贵港桂平								鲁1		城2、洲12	在1、寨1
北部壮语 贵港覃塘	歪2、怀2										寨1
北部壮语 柳州鹿寨											寨2
北部壮语 来宾武宣											

续表

人工地物类 1

标准壮文		vai	bai	sok	ranz	gonh	dou/du	lae	ruz	liz/lwz	ciengz	caih/saih
地名普查的壮文及含义		vai 水坝	fai/bai/bah 水坝	sok 码头	ranz 家	gomx/gon/given/donh 库斗	duj/dou 门	lae 楼梯	ruz 船	liz/lwz 船	cingz/singz/siengz/ciengz 城墙	caih/saih/cex/reh 山寨
北部壮语	红水河土语 来宾象州											
	邕北土语 百色平果											
	右江土语 百色田东	外1		朔4	兰3、林1				略1			
	右江土语 百色田阳				屋10、兰7、栏3		门7、都1、度1		六2、录1、船1			
	桂边土语 河池凤山	外1			兰3		都2	耐2	陆1	力1	墙1	
	百色乐业				兰1							
	百色西林											
南部壮语	邕南土语 钦州		派2									
	防城港市										祥6、墙1	
	防城上思		派1								仁1	

第二章 对音汉字的语言学分析及规范字推介

续表

人工地物类 1

地名普查的壮文及含义		标准壮文	vai vai 水坝	bai fai/bai/bah 水坝	sok sok 码头	ranz ranz 家	gonh gonx/gon/ given/donh 牌斗	dou/du duj/dou 门	lae lae 楼梯	ruz ruz 船	liz/lwz liz/lwz 船	ciengz cingz/siengz/ciengz 城墙	caih/saih caih/saih/ cex/ceh 山寨
南部壮语	邕南土语	南宁隆安			朔 1	兰 40				胪 1			
	左江土语	崇左大新		派 14、排 1			贯 7、冠 1、卷 1	都 1、斗 1					
		崇左江州		派 3									
		崇左龙州						门 1					
		崇左天等						门 1、都 1	梯 3、黎 1	胪 1		乡 6、坡 4、成 2	寨 11、再 3、在 1
		崇左宁明		坝 2、巴 1								坡 1	寨 1
		崇左凭祥		排 1	朔 2	兰 1	费 1	斗 1					
	德靖土语	百色德保		把 1	索 1	连 1	群 3	都 1、门 1、斗 1			而 1、侣 1	坡 1	
		百色靖西						门 1			而 1、勿 1	坡 1	

人工地物类2

续表

标准壮文	yiuz/yiuz 签	giuz/gyauh/ gviuz/gyauz 桥梁	miuh 庙宇	cex/ceh/cwz/six 土地庙	loh/lak/ long/loek 道路	doh 渡口	mboh/moh 坟墓	loek 水车	diengz 草棚	gya gaj/gya 家
地名普查的壮文及含义										
北部壮语 桂北土语 河池巴马		桥6	庙1	社2,设2,晒2,习1				六2	廷7,腾2,亭1,定1	
河池环江	尧1									
河池东兰	签1	桥1	荅1,庙1					六2	塘1	
河池金城江		桥1,乔1		则1	乐2,路1		莫1			
河池天峨					路1	渡1	木1	六1		
柳州融安				社1	路1		木1			
河池罗城				寺1				乐1		
柳江土语 来宾合山										
来宾忻城								乐1		
来宾兴宾								六2		
柳州柳城										

第二章　对音汉字的语言学分析及规范字推介

续表

人工地物类 2

标准壮文	yiuz	giuz	miuh	six	loh	doh	moh	loek	diengz	gya
地名普查的壮文及含义	yiuh/yiuz 窑	giuz/gyaut/gyiuz/gyauz 桥梁	miuh 庙宇	cex/ceh/cwz/six 土地庙	loh/lak/long/loek 道路	doh 渡口	mboh/moh 坟墓	loek 水车	diengz 草棚	gaj/gya 家
北部壮语 柳江土语 柳州柳江										
河池宜州				社1						
河池都安		桥1	庙2							
河池大化			庙3	社1						
贵港港北										
贵港桂平						渡1	模1	六3		
贵港覃塘					鲁2		莫1	六1		
柳江土语 柳州鹿寨							塞1	六2		
红水河土语 来宾武宣									廷1	
来宾象州								六1	田1	
邕北土语 百色平果										

人工地物类 2

标准壮文		yiuz/yiuz 窑	giuz/gyauh/gyiuz/gyauz 桥梁	miuh 庙宇	six cex/ceh/cwz/six 土地庙	loh lob/lak/long/loek 道路	doh 渡口	moh mboh/moh 坟墓	loek 水车	diengz 草棚	gaj/gya 家
地名普查的壮文及含义											
北部壮语	右江土语										
	百色田东	窑1、腰1	桥1								
	百色田阳		桥10、孔1								
	河池凤山	窑1	桥3、梁1	庙1	则5、社4、穴3、设1、吉1、什1	路5		墓1	六4	亭1	
	百色乐业		桥2					膜1	六1	亭1	
桂边土语	百色西林										
南部壮语	邕南土语										
	钦州										
	防城港市										
	防城上思		乔1、桥1			路1		务2	六1	亭1	
	南宁隆安		桥4、乔1	苗2、庙2		路1	度1				
左江土语	崇左大新	窑2、尧1				路1		呠1			加1
	崇左江州										

第二章　对音汉字的语言学分析及规范字推介

续表

人工地物类 2

标准壮文		yiuz	giuz	miuh	six	loh	doh	moh	loek	diengz	gya
地名普查的壮文及含义		yiuh/yiuz 窑	giuz/gyauh/gyiuz/gyauz 桥梁	miuh 庙宇	cex/ceh/cwz/six 土地庙	loh/lak/long/loek 道路	doh 渡口	mboh/moh 坟墓	loek 水车	diengz 草棚	gaj/gya 家
南部壮语	左江土语 崇左龙州	窑1,窑3	桥1	庙1		路1,罗1					
	崇左天等					罗1					
	崇左宁明	瑶1	桥15,娇1,乔1	庙5,闹1	峙6	路5	驮4,渡1	坟2,莫1			家2
	崇左凭祥		桥1								
德靖土语	百色德保		桥3,扎1			路6				亭3	
	百色靖西									亭3,停1	

派：滂母，蟹开二，卦韵，去声；白话平话官话[phai²]；
排：並母，蟹开二，皆韵，平声；白话官话[₂phai]，平话[₂pai]；
坝：帮母，假开二，祃韵，去声；白话平话官话[pa²]；
巴：帮母，假开二，麻韵，平声；白话平话官话[₂pa]；
把：帮母，假开二，马韵，上声；白话平话官话[ᶜpa]。

壮语 bai「水坝」的韵母是复合元音，"坝、巴、把"的韵母都是单元音，不符合。"派、排"的声母韵母跟 bai 都吻合。bai「水坝」是壮语第 1 调，应该对应汉语阴平调，但是"派"是阴去字，"排"是阳平字，都不对应。从统计表看，"派"的频率高于"排"。所以，推介"派"为壮语 bai「水坝」的对音汉字的规范字。

三　码头：sok ~ 足、苏、作、索、溯、朔

壮语的"码头"读 sok，对音汉字有"足、苏、作、索、溯、朔"，它们的中古音韵地位及广西汉语方言读音如下：

足：精母，通合三，烛韵，入声；白话[tsuk˽]，平话[tsok˽]，官话[₂tsu]；
苏：心母，遇合一，模韵，平声；白话平话[₂łu]/[₂ło]/[₂łou]，官话[₂su]；
作：精母，宕开一，铎韵，入声；白话平话[tsɔk˽]/[tsak˽]，官话[₂tso]；
索：心母，宕开一，铎韵，入声；白话[łɔk˽]，平话[łɔk˽]/[łak˽]，官话[₂so]；
溯：心母，遇合一，模韵，去声；书面语，广西方言一般不读；
朔：生母，江开二，觉韵，入声；白话[łɔk˽]，平话[łɔk˽]/[łak˽]，官话[₂so]。

壮语的 sok「码头」是[k]尾，声调为壮语第 7 调，应该对应汉语的阴入调，"苏"是平声字，"溯"是阴去字，都不合适。"足、作、索、朔"，都是阴入字，在白话平话中读音也能与 sok 对应得上。但是，从统计表看，"朔"的频率高一些，所以推介"朔"为 sok「码头」的对音汉字的规范字。

四　家：ranz ~ 兰、栏、郎、林、连、屋

壮语的"家"读作 ranz，用"屋"来对译，属于意译字，对音汉字有"兰、栏、郎、林、连"，其中古音韵地位及广西汉语方言读音如下：

兰：来母，山开一，寒韵，平声；白话平话官话[₂lan]；

栏：来母，山开一，寒韵，平声；白话平话官话[₁lan]；
郎：来母，宕开一，唐韵，平声；白话[₁lɔŋ]，平话官话[₁laŋ]；
林：来母，深开三，侵韵，平声；白话平话[₁lɐm]/[₁ləm]，官话[₁lin]；
连：来母，山开三，仙韵，平声；白话平话[₁lin]，官话[₁lɛn]。

ranz「家」声母是[r]，声调是壮语第 2 调，对应汉语的阳平调。壮语中的[r]与[l]对应是最常见的对音，上述汉字的声母都是[l]，且声调都是第 2 调。ranz「家」的主元音是[a]，"林、连"两个字的主元音就不太吻合。ranz「家」的韵尾是[n]，"郎"也不吻合。那么，从声韵调三者来看，"兰、栏"两个字能对应得上。从统计表看，"兰"的频率最高，所以我们推介"兰"作为 ranz「家」的对音汉字的规范字。

五 戽斗：gonh ~ 贯、冠、卷、群

壮语的"戽斗"读 gonh，对音汉字有"贯、冠、卷、群"，它们的中古音韵地位及广西汉语方言读音如下：

贯：见母，山合一，换韵，去声；白话平话[kun³]，官话[kuan³]；
冠：见母，山合一，桓韵，去声；白话平话[kun³]，官话[kuan³]；
卷：见母，山合三，狝韵，上声；白话[ˀkyn]，平话[ˀkun]，官话[ˀkuɛn]；
群：群母，臻合三，文韵，平声；白话[₁khuɐn]，平话[₁kuɐn]，官话[₁kyn]。

上述对音汉字的平话的声母韵母跟 gonh「戽斗」都对应得上，gonh「戽斗」是壮语第 6 调，应对应汉语的阳去调，但上述汉字却没有一个是阳去字。频率高的字是"贯"，声母韵母在白话平话官话中的音色都比较接近。所以，我们推介"贯"作为 gonh「戽斗」的对音汉字的规范字。

六 门：dou/du ~ 都、豆、度、斗、门

壮语的"门"读 dou/du，"门"是意译字，对音汉字有"都、豆、度、斗"，其中古音韵地位及广西汉语方言读音如下：

都：端母，遇合一，模韵，平声；白话[₁tu]，平话[₁tu]/[₁tou]，官话[₁tu]；
豆：定母，流开一，候韵，去声；白话平话[tɐu³]，官话[tou³]；

度：定母，遇合一，暮韵，去声；白话[tu²]，平话[tɔ²]/[təu²]，官话[tu²]；
斗：端母，流开一，候韵，去声；白话平话[tɐu²]，官话[tou²]。

壮语"门"有两个读音，dou 是 du 的韵母裂化。u 裂化为 ou，汉语里也同样会发生。比如上述汉字"都、度"在平话里就有两种读法，故"都、度"的韵母能与 dou/du 的韵母对应上。dou/du「门」在壮语中是第 1 调，应对应汉语的阴平调，故"都"字更合适，从统计表看，"都"也是频率最高的。我们推介"都"作为 dou/du「门」的对音汉字的规范字。

七 楼梯: lae ~ 累、垒、耐、黎、梯

壮语的"楼梯"读 lae，对译为"梯"是意译，对音汉字有"累、垒、耐、黎"，它们的中古音韵地位及广西汉语方言读音如下：

累：来母，止合三，纸韵，上声；白话平话[⁵lui]，官话[lei²]；
垒：来母，止合三，旨韵，上声；白话平话[⁵lui]，官话[⁵lei]；
耐：泥母，蟹开一，代韵，去声；白话[nɔi²]，平话[nai²]，官话[nai²]；
黎：来母，蟹开四，齐韵，平声；白话平话[₂lɛi]，官话[₂li]。

壮语的 lae「楼梯」的声母是[l]，"耐"的声母是[n]，不合适。"累、垒、黎"的声母都是[l]，其中"黎"的官话音韵母读[i]，而"累、垒"的官话音韵母与 lae「楼梯」都能对应上。lae「楼梯」是壮语第 1 调，应对应汉语的阴平调，"累、垒"都不是阴平字。"累"推介为 ndaw/noi「里面」的对音汉字的规范字（见本章第九节）。所以，只能推介"垒"为 lae「楼梯」的对音汉字的规范字。

八 船: ruz ~ 略、乐、六、录、陆、炉、鲁、芦、胪、船

"船"在标准壮语中读 ruz，对译为"船"是意译。其对音汉字有"略、乐、六、录、陆、炉、鲁、芦、胪"，它们的中古音韵地位及广西汉语方言读音如下：

略：来母，宕开三，药韵，入声；白话平话[lœk₂]/[lɛk₂]/[liɛk₂]，官话[₂lyɛ]；
乐：来母，宕开一，铎韵，入声；白话[lɔk₂]，平话[lak₂]，官话[₂lo]；

六：来母，通合三，屋韵，入声；白话平话[lok₂/luk₂]，官话[₂lu]；
录：来母，通合三，烛韵，入声；白话平话[lok₂/luk₂]，官话[₂lu]；
陆：来母，通合三，屋韵，入声；白话平话[lok₂/luk₂]，官话[₂lu]；
炉：来母，遇合一，模韵，平声；白话[₂lu]，平话[₂lu]，官话[₂lu]；
鲁：来母，遇合一，姥韵，上声；白话[ºlu⁴]，平话[ºlu/ºlou]，官话[ºlu]；
芦：来母，遇合一，模韵，平声；白话[₂lu]，平话[₂lu/₂lou]，官话[₂lu]；
胪：中古无；广西白话平话官话会跟着普通话读[₂lu]。

壮语的 ruz「船」是阴声韵，"略、乐、六、录、陆"这几个入声字都不合适。"炉、鲁、芦、胪"这几个字的声母与韵母都跟 ruz「船」吻合，但是 ruz「船」是壮语第 2 调，与汉语的阳平调相对应，"鲁"就不吻合了。"炉、芦、胪"这三个字的白话平话官话的声韵调都很吻合，它们在频率上也没有高低之分。"炉、芦、胪"三个字的形旁都提示语义，"炉"与火相关，"芦"与草相关，"胪"与肉相关。我们引入一个"舻"，形旁就跟船相关了。据周振鹤、游汝杰的《方言与中国文化》①的研究，汉语表"船、船头"的"舻"还是壮侗语的底层词，也就是说，汉族人吸收了壮侗语的 ruz「船」之后，进而在汉语中造了一个"舻"字。在方块壮字字库中，表示 ruz「船」的方块字，"舻"排在第一位。虽然"舻"不在统计的数据内，但我们推介"舻"作 ruz「船」的对音汉字的规范字，应该说是有群众基础的。

九 船：liz/lwz ~力、勿、而、侣

郑贻青（2013）②记录靖西壮语的"船"为[li²]，李方桂（2005）③记录龙州的"船"为[lɯ²]，说明"船"在南部壮语有音变变体 liz/lwz。liz/lwz「船」的对音汉字有"力、勿、而、侣"，它们的中古音韵地位及广西汉语方言读音如下：

力：来母，曾开三，职韵，入声；白话[lek₂]，平话[lek₂/lək₂]，官话[₂li]；
勿：微母，臻合三，物韵，入声；白话[vut₂]，平话[fət₂]，官话[u²]；

---

① 周振鹤、游汝杰：《方言与中国文化》，上海人民出版社 1986 年版，第 243 页。
② 郑贻青：《靖西壮语研究》，广西民族出版社 2013 年版，第 203 页。
③ 李方桂：《龙州土语·李方桂全集 3》，清华大学出版社 2005 年版，第 249 页。

而：日母，止开三，之韵，平声；白话[ʒji]/[ʒn̠i]，平话[ʒɯ]/[ʒə]，官话[ə²]；

侣：来母，遇合三，鱼韵，上声；白话[ʔy]/[ʔli]，平话[ʔli]，官话[ʔy]。

壮语 liz/lwz「船」是阴声韵，入声字"力、勿"有韵尾，不合适，而且，我们推测"勿"是"而"的手写讹误。那么，只能在"而、侣"两个字中选了。"侣"白话平话均只有[i]一种读法，对应得上 liz「船」，但对应不上 lwz「船」。"而"的平话官话韵母为[ɯ]/[ə]，与 lwz「船」对应，白话韵母为[i]，与 liz 相对应。也就是说，选择"而"的话，白话平话官话的韵母都对应得上。统计结果显示，"而"的使用频率稍高一点。所以，我们推介"而"为 liz/lwz「船」的对音汉字的规范字。

十　城墙：ciengz ~ 城、祥、墙、常、长、仁、成、乡、洲

壮语的 ciengz 常见的意思就是"城墙"，很明显，它是个汉语借词，借自汉语的"城"字。上述汉字中的"乡、洲"可能是意译字。从统计表看，"城"也是频率最高的。所以，按"汉语借词还原"的原则，推介"城"为 ciengz「城墙」的对音汉字的规范字。

十一　山寨：caih/saih ~ 才、寨、赛、晒、在、再

壮语地名的 caih/saih 多数时候不是"村寨"的意思，而是山上防御匪患的石或木的建筑工事，即"山寨"。译写的汉字有"才、寨、赛、晒、在、再"，数量不少。从音韵及语义看，caih/saih「山寨」是一个汉语借词，借自"寨"。所以，按"汉语借词还原"的原则，推介"寨"为 caih/saih「山寨」的对音汉字的规范字。

十二　窑：yiuz ~ 尧、窑、腰、瑶

烧制土陶砖瓦器皿的窑口，壮语叫 yiuz，译写的汉字有"尧、窑、腰、瑶"。从语音和语义的对应关系来看，是借自汉语的"窑"。从统计数据看，"窑"字的频率也是最高的。所以，按"汉语借词还原"的原则，推介"窑"为 yiuz「窑」的对音汉字的规范字。

十三　桥梁：giuz ~ 桥、乔、求、娇、轿、孔、扎

壮语的 giuz，从语音和语义的对应关系来看，应该是汉语的"桥"的借词。上述的两个汉字"孔、扎"跟 giuz「桥梁」不是对音关系。"孔"估计是 gungj 的对音，gungj 是汉语借词"拱"，指乡下的石拱桥；而"扎"与 cad 是对音关系。cad 是小溪中的一种木制的拦水坝，表面平坦，人可从上面通过，其功能也相当于桥。

汉字"桥、乔、求、娇、轿"与 giuz「桥梁」有对音关系，由于 giuz 就是汉语借词"桥"，根据"汉语借词还原"的原则，同时统计数据也表明"桥"的频率最高，因此应当选"桥"作为 giuz「桥梁」的对音汉字的规范字。

十四　庙宇：miuh ~ 庙、杳、苗、闹

壮语的 miuh，从语音和语义的对应关系来看，应该是汉语"庙"的借词。统计数据也表明"庙"的频率最高。根据"汉语借词还原"的原则，用"庙"作为 miuh「庙宇」的对音汉字的规范字。

十五　土地庙：six ~ 社、设、晒、习、则、寺、穴、舌、什、峙

壮语的 six，表示土地庙、社坛的意思，就是汉语借词"社"。所以，根据"汉语借词还原"的原则，用"社"作为 six「土地庙」的对音汉字的规范字。

十六　道路：loh ~ 乐、路、鲁、罗

壮语的 loh，意思是"道路"，从语音和语义的对应关系来看，就是汉语"路"的借词。统计数据也表明"路"的频率最高。所以，根据"汉语借词还原"的原则，用"路"作为 loh「道路」的对音汉字的规范字。

十七　渡口：doh ~ 渡、度、驮

壮语的"渡口"叫 doh，从语音和语义的对应关系来看，就是汉语借词"渡"。所以，根据"汉语借词还原"的原则，用"渡"作为 doh「渡口」的对音汉字的规范字。

十八 坟墓：moh～莫、木、模、墓、膜、务、唒、坟

壮语把"坟墓"称为 moh，从语音和语义的对应关系来看，moh 就是汉语借词"墓"。所以，根据"汉语借词还原"的原则，用"墓"作为 moh「坟墓」的对音汉字的规范字。

十九 水车：loek～六、乐

壮族地区的 loek「水车」是一种水利灌溉设施，以木制轮子架设在水流上，大轮子上缚着若干竹筒做兜水用。轮子受水流冲击而转动，兜满水的竹筒随轮子转动提升水位，到达一定高度就倾泻入槽，通过水枧引导流进田里。

《正字通》："辘，辘轳，井上汲水轴也"，这个 loek 应该是汉语借词"辘"，蓝庆元（2005）①就持这种看法。但是，由于"辘"是一个很生僻的汉字，壮语地名中的 loek 并没有发现用"辘"的，基本上用的是"六、乐"。"六"字前文已经用作 lueg「山谷」的对音汉字的规范字，所以我们有两个选择，一是选"乐"字，二是引进"辘"字。前者的弊端是，"乐"在广西白话中读[lɔk˨]，在平话中读[lak˨]，平话音的韵母与 loek 差异较大。所以，依据"汉语借词还原"的原则，我们建议引进本字"辘"作为 loek「水车」的对音汉字的规范字。

二十 草棚：diengz～廷、腾、亭、定、塘、田、停

壮语把"草棚"称为 diengz。从语音和语义的对应关系来看，diengz 就是汉语借词"亭"。所以，依据"汉语借词还原"的原则，推介"亭"为 diengz「草棚」的对音汉字的规范字。

二十一 家：gya～加、家

壮语的 gya 就是汉语借词"家"，所以，依据"汉语借词还原"的原则，用本字"家"作为 gya「家」的对音汉字的规范字。

---

① 蓝庆元：《壮汉语同源词借词研究》，中央民族大学出版社 2005 年版，第 231 页。

第七节 植物类

植物这一类共 24 个词，其使用频率如表 2-8 所示。

一 森林：ndoeng ~ 陇、笼、拢、龙、隆、弄、聋、崠、东、冬、洞、秾、农、浓、侬、用、林

壮语把草茂林密的地方读 ndoeng，相当于汉语的"森林"。上述汉字中的"林"是意译字，其他的字是对音汉字，它们的中古音韵地位及广西汉语方言读音如下：

陇：来母，通合三，肿韵，上声；白话平话[^{c}luŋ]/[^{c}loŋ]，官话[^{c}loŋ]；

笼：来母，通合一，东韵，平声；白话平话[$_c$luŋ]，官话[$_c$loŋ]；

拢：来母，通合一，董韵，上声；白话平话官话[^{c}luŋ]；

龙：来母，通合三，钟韵，平声；白话平话官话[$_c$luŋ]/[$_c$loŋ]；

隆：来母，通合三，东韵，平声；白话平话官话[$_c$luŋ]；

弄：来母，通合一，送韵，去声；白话平话[noŋ$^⁼$]/[loŋ$^⁼$]，官话[loŋ$^⁼$]；

聋：来母，通合一，东韵，平声；白话平话[$_c$loŋ]，官话[$_c$loŋ]；

崠：端母，通合一，东韵，平声，广西汉语方言无记录，按音韵地位应读[$_c$toŋ]；

东：端母，通合一，东韵，平声；白话[$_c$tuŋ]，平话[$_c$toŋ]，官话[$_c$toŋ]；

冬：端母，通合一，冬韵，平声；白话[$_c$tuŋ]，平话[$_c$toŋ]，官话[$_c$toŋ]；

洞：定母，通合一，送韵，去声；白话[tuŋ$^⁼$]，平话[toŋ$^⁼$]，官话[toŋ$^⁼$]；

秾：中古无；白话[$_c$nuŋ]，平话[$_c$noŋ]，官话[$_c$noŋ]；

农：泥母，通合一，冬韵，平声；白话[$_c$noŋ]，平话[$_c$nuŋ]，官话[$_c$noŋ]；

浓：泥母，通合三，钟韵，平声；白话[$_c$noŋ]，平话[$_c$nuŋ]，官话[$_c$noŋ]；

侬：泥母，通合一，冬韵，平声；白话[$_c$noŋ]，平话[$_c$nuŋ]，官话[$_c$noŋ]；

表 2-8 植物类壮语地名对译汉字统计

植物类 1

标准壮文	ndoeng	faex	maex/maeq/mwi	go	haz/yaz	mak	caz	gaeu	raeu/rou/laeuz/lauz/louz/yaeuz/yaeuq/yaeuh/youh/you	gyaeu/caeu/giuh	bug	bangz
地名普查的壮文及含义	ndoeng 森林	faex 树木	maex/maeq/mwi 树木	go 棵、此地	haz/yah/yaz/raz 茅草	ma/maq/mak 果子	caz 茶树	gaeu 藤蔓	raeu 枫树	gyaeu/caeu/giuh 枫树	buz/bug 柚子	bangz 柚子
北部壮语 桂北土语 河池巴马	农 4、龙 2、弄 1、冬 1	肥 2、玩 1		支 10、可 7、科 1、歌 1、果 1、各 1	合 8、牙 1、压 1、壹 1	莫 3	查 1、茶 2		友 6、洪 1、凤 1、楼 2、优 1、漏 1			
北部壮语 桂北土语 河池环江												
北部壮语 桂北土语 河池东兰	龙 5、乔 3、拢 1、弄 1			可 8、哥 2	牙 2、合 1	麻 1、马 1		口 1	有 5、友 3		卜 1、布 1	
北部壮语 桂北土语 河池金城江	拢 3、龙 2、笼 1、弄 1			可 2	草 1	麻 1	茶 1		枫 1、友 1	枫 1	卜 1	
北部壮语 桂北土语 河池天峨	弄 5、龙 2、洞 1、用 1			果 3、科 1	合 3、或 1	马 2	茶 4、查 1	口 1	寿 1、漏 2、有 2、佑 1、腰 1			
北部壮语 桂北土语 柳州融安				古 5								

· 180 ·

第二章　对音汉字的语言学分析及规范字推介

续表

植物类 1

标准壮文	ndoeng	faex	maex/maeq/mwi	go	haz/yah/yaz/raz	mak	caz	gaeu	raeu/rou/laeuz/lauz/louz/yaeuz/yaeuj/yaeuq/yaub/youh/you	gyaeu/caeu/giuh	bug	bangz
地名普查的壮文及含义	ndoeng 森林	faex 树木	maex/maeq/mwi 树木	go 棵、此地	haz/yah/yaz/raz 茅草	ma/maq/mak 果子	caz 茶树	gaeu 藤蔓	raeu/rou/laeuz/lauz/louz/yaeuz/yaeuj/yaeuq/yaub/youh/you 枫树	gyaeu/caeu/giuh 枫树	huz/bug 柚子	bangz 柚子
北部壮语 桂北土语 河池罗城				果6、可4、棵1	草1、甲1				有1			
北部壮语 桂北土语 来宾合山				古5								
北部壮语 柳江土语 来宾忻城	乔1、龙1、陇1			古22、果4、困1								
北部壮语 柳江土语 来宾兴宾									楼3			
北部壮语 柳江土语 柳州柳城	陇1			古4、高2								
北部壮语 柳江土语 柳州柳江				果19、可7、古6、高4、茗2								

续表

植物类 1

标准壮文	ndoeng	faex	maex	go	haz/yaz	mak	caz	gaeu	raeu	gyaeu	bug	bangz
地名普查的壮文及含义	ndoeng 森林	faex 树木	maex/maeq/mwi 树木	go 棵、此地	haz/yah/yaz/raz 茅草	ma/maq/mak 果子	caz 茶树	gaeu 藤蔓	raeu/rou/laeu/laeuz/louz/yaeuz/yauh/yaeuq/yaeuj/youh/you 枫树	gyaeu/caeu/giuh 枫树	huz/bug 柚子	bangz 柚子
北部壮语 柳江土语 河池宜州				棵、此地 1								
北部壮语 红水河土语 河池都安	东5、弄1、龙2、隆1	费1、飞1		古19、果2、可2、高1	河6、牙1、合1、何1、旱1		茶3	高1	楼6、友2		卜1、朴1	
北部壮语 红水河土语 河池大化	东9、农1			古8、可2、果1、歌1	合2、化1、芽1		刷1、茶1		楼1			
北部壮语 红水河土语 贵港港北					虾1、霞1							
北部壮语 红水河土语 贵港桂平				可3、古1、果1、高1			茶1				卜1	

第二章 对音汉字的语言学分析及规范字推介

续表

植物类 1

标准壮文	ndoeng	faex	maex	go	haz/yaz	mak	caz	gaeu	raeu	gyaeu	bug	bangz
地名普查的壮文及含义	ndoeng 森林	faex 树木	maex/maeq/mwi 树木	go 棵、此地	haz/yah/yaz/raz 茅草	ma/maq/mak 果子	caz 茶树	gaeu 藤蔓	raeu/rou/laeuz/lauz/louz/yaeuz/yaeuj/yaeuq/yauh/youh/you 枫树	gyaeu/caeu/giuh 枫树	buz/bug 柚子	bangz 柚子
北部壮语 红水河土语	贵港覃塘				古 2								
	柳州鹿寨				古 6								
	来宾武宣				古二								
	来宾象州				古 7、可 1					欧 1、沟 1			
邕北土语	百色平果				古 1、果 1						楼 3		

续表

植物类1

标准壮文	ndoeng	faex	maex	go	haz/yaz	mak	caz	gaeu	raeu	gyaeu	hug	bangz
地名普查的壮文及含义	ndoeng森林	faex树木	maex/maeq/mwi树木	go棵、此地	haz/yah/yaz/raz茅草	ma/maq/mak果子	caz茶树	gaeu藤蔓	raeu/rou/laeuz/lauz/louz/yaeuz/yaeuj/yaeuq/yauh/youh/you枫树	gyaeu/caeu/giuh枫树	huz/hug柚子	bangz柚子
南部壮语 右江土语 百色田东	农2			果1、科1	何1							
南部壮语 右江土语 百色田阳	农14、浓2、林3	木1		古3、个2、果2、枯2、过1、谷1、囡1	荷5、茅1、牙1、合1、下1、压1	麦1、果1			陋1			
南部壮语 桂边土语 河池凤山	弄17、聋1	肥4		可7、科2	牙8、合3、哈3	麦2、麻1、妈1		勾1、沟1、高1	友3、又2、优1		卜1	
南部壮语 桂边土语 百色乐业	弄1	木1		古1	哈4、合1、牙1	麻1、马1	茶1					
南部壮语 邕南土语 百色西林			米13、美2	果1	下4、夏1	果1			楼1			
南部壮语 邕南土语 钦州												

第二章　对音汉字的语言学分析及规范字推介　◆◇◆

续表

植物类 1

标准壮文	ndoeng	faex	maex	go	haz/yaz	mak	caz	gaeu	raeu	gyaeu	bug	bangz
地名普查的壮文及含义	ndoeng 森林	faex 树木	maex/maeq/mwi 树木	go 棵、此地	haz/yah/yaz/raz 茅草	ma/maq/mak 果子	caz 茶树	gaeu 藤蔓	raeu/rou/laeuz/lauz/louz/yaeuz/yauh/youh/you 枫树	gyaeu/caeu/giuh 枫树	buz/bug 柚子	bangz 柚子
南部壮语 邕南土语 防城港市	崇 4		米 13	高 9								
防城上思			米 5	枯 8								
南宁隆安	农 15、隆 1		迷 2	果 1	何 9	马 1		厚 1				
左江土语 崇左大新	农 12、浓 7、依 1		美 2、米 2、枚 1	果 26、古 5、枯 2、个 2、可 2、颗 1、棵 1、过 1、哥 1、交 1	牙 3、哈 2、下 2、语 1、荷 1、禾 1、亚 1、鸦 1、要 1、贺 1			够 2、求 2、考 2、腾 1				
崇左江州	农 3、隆 1		迷 1	枯 4、果 2、古 1	下 1、何 1						卜 1	榜 4

续表

植物类 1

标准壮文	ndoeng	faex	maex	go	haz/yaz	mak	caz	gaeu	raeu/rou/laeuz/lauz/louz/yaeuz/yaeuq/yaeuh/youh/you	gyaeu/caeu/giuh	bug	bangz
地名普查的壮文及含义	ndoeng 森林	faex 树木	maex/maeq/mwi 树木	go 棵、此地	haz/yah/yaz/raz 茅草	ma/maq/mak 果子	caz 茶树	gaeu 藤蔓	raeu/rou/laeuz/lauz/louz/yaeuz/yaeuq/yaeuh/youh/you 枫树	gyaeu/caeu/giuh 枫树	huz/bug 柚子	bangz 柚子
南部壮语 左江土语 崇左龙州	农9、东1、稼1		美1、密1	枯2、科1	荷4		茶6	扣4				
南部壮语 左江土语 崇左天等	农2、龙1			古2、果1	荷2							
南部壮语 左江土语 崇左宁明	紫14、东2、农1		木9、米6、美3、梁1、梅1、树1、枝1	枯58、高16、古6、果4、哥3、过3、歌2、司1	何5、下3、荷3、河1、夏1、虾1	果2			尤1、优1；楼4、芬1、留3	秋10、邱5；尤1、优1、芬		
南部壮语 左江土语 崇左凭祥			米1	枯4			茶3	扣1				
南部壮语 德靖土语 百色德保	农11、林3	木2、费1		古6、果3、巴1、哥1、枯1、棵1	荷1	果3		口1、求1			卜1	劳1、绑1
南部壮语 德靖土语 百色靖西	农15、浓3、林3		美3、木1、米1	古37、枯25、果6、个1	荷8、合5、芽1、何1、押1	莫1、果1		口3、球1		求8、球3		庞3、劳1、榜1

第二章 对音汉字的语言学分析及规范字推介

续表

植物类 2

标准壮文	rungz	nim	faiq	it	maenj	dauz	leiz	coengz	ge	gauj	ngox	va
地名普查的壮文及含义	lungh/yungz 榕树	nem/niem 桃金娘	vaiq 稻花	it 葡萄	maenj 李子树	dauz 桃树	leiz/lez/liz/lib 梨树	coengz 松树	ge/ceh 松树	gauj 樟树	ndox/vuj/ngox 芦苇	va 花
桂北土语 河池巴马				乙3、一1	敏3							
桂北土语 河池环江												
北部壮语 河池东兰			外1	日1		桃3				考1		
北部壮语 河池金城江				益1		桃1				高2、糕1	俄3	花1
北部壮语 河池天峨	龙2、雄1			以1		桃2	力5、利2、立2、黎1				饿1	花1
北部壮语 柳州融安								虫1		高6	峨4	花1、化1
北部壮语 河池罗城				日1								

续表

植物类 2

标准壮文		rungz	nim	faiq	it	maenj	dauz	leiz	coengz	ge	gauj	ngox	va
地名普查的壮文及含义		lungh/yungz 榕树	nem/niem 桃金娘	vaiq 棉花	it 葡萄	maenj 李子树	dauz 桃树	leiz/lez/liz/lib 梨树	coengz 松树	ge/ceh 松树	gauj 樟树	ndox/vuj ngox 芦苇	va 花
北部壮语	柳江土语												
	来宾合山												
	来宾忻城												
	来宾兴宾												
	柳州柳城			外1、歪1									
	柳州柳江				益1								
	河池宜州												
	红水河土语	龙2		外1、歪1			桃1	力2、梨1、立1			高1	五2、伍1	花1
	河池都安												
	河池大化	龙2、荣1						立1					

· 188 ·

植物类 2

示准壮文	rungz	nim	faiq	it	maenj	dauz	leiz	coengz	ge	gauj	ngox	va
地名普查的壮文及含义	lungh/yungz 榕树	nem/niem 桃金娘	vaiq 棉花	it 葡萄	maenj 李子树	dauz 桃树	leiz/lez/liz/lib 梨树	coengz 松树	ge/ceh 松树	gauj 樟树	ndox/vuj ngox 芦苇	va 花
北部壮语 贵港 港北												
贵港 桂平												
贵港 覃塘												
红水河土语 柳州 鹿寨							梨1	崇3、从1				
来宾 武宣											俄1	
来宾 象州								崇1				

续表

植物类 2

标准壮文	rungz	nim	faiq	it	maenj	dauz	leiz	coengz	ge	gauj	ngox	va
地名普查的壮文及含义	lungh/yungz 榕树	nem/niem 桃金娘	vaiq 棉花	it 葡萄	maenj 李子树	dauz 桃树	leiz/lez liz/lib 梨树	coengz 松树	ge/ceh 松树	gauj 樟树	ndox/vuj ngox 芦苇	va 花
北部壮语 邕北土语 百色平果												
北部壮语 右江土语 百色田东	荣1						力1				俄1	化1
北部壮语 右江土语 百色田阳	龙6				敏3、麦1							
北部壮语 桂边土语 河池凤山	荣3、龙1		歪2	依1	敏1	桃7、道1	立6、留1、梨1、烈1			高3	我1	花2、话1
北部壮语 桂边土语 百色乐业	弯1		外2								峨1	化1
北部壮语 桂边土语 百色西林									者4、松1、这1、车1			

第二章 对音汉字的语言学分析及规范字推介

续表

植物类 2

标准壮文		rungz	nim	faiq	it	maenj	dauz	leiz	coengz	ge	gauj	ngox	va
地名普查的壮文及含义		lungh/yumgz 榕树	nem/niem 桃金娘	vaiq 棉花	it 葡萄	maenj 李子树	dauz 桃树	leiz/lez/liz/lib 梨树	coengz 松树	ge/ceh 松树	gauj 樟树	ndox/vuj/ngox 芦苇	va 花
南部壮语	邕南土语	钦州		稔 2									
		防城港市											
		防城上思		稔 1									
		南宁隆安											
	左江土语	崇左大新	龙 2、开 1										
		崇左江州		稔 1									
		崇左龙州											
		崇左天等											

· 191 ·

植物类 2

标准壮文	rungz	nim	faiq	it	maenj	dauz	leiz	coengz	ge	gauj	ngox	va
地名普查的壮文及含义	lungh/yungz 榕树	nem/niem 桃金娘	vaiq 棉花	it 葡萄	maenj 李子树	dauz 桃树	leiz/lez liz/lib 梨树	coengz 松树	ge/ceh 松树	gauj 樟树	ndox/vuj/ngox 芦苇	va 花
南部壮语 左江土语 崇左宁明	龙5、隆2、容1				敏2、闵1、密1	头3、桃2	梨1、利1					花1
南部壮语 左江土语 崇左凭祥	隆1			乙1	敏1		立1					
南部壮语 德靖土语 百色德保												
南部壮语 德靖土语 百色靖西	隆3				敏2、闵1		梨4、立3、历1、利1		者1结1、松1			

用：以母，通合三，用韵，去声；白话平话[joŋ²]，官话[joŋ²]。

ndoeng「森林」的声母是 nd[ʔd]，[ʔd]的音色跟[l]/[t]都有点像，所以"陇、笼、拢、龙、隆、弄、聋"这些字的对音反映了跟[l]相似的情况，而"䅶、东、冬、洞"对译则反映了跟[t]相似的情况。[ʔd]>[n]，这一演变在南部壮语区各土语都十分明显、突出，反映在对音汉字上，就是选用"秾、农、浓、侬"这一系列的[n]声母字。而"用"的声母，跟 ndoeng「森林」不同，我们推测是手写"农"的讹误。从声调看，ndoeng「森林」是壮语的第1调，应对应汉语的阴平调，但是上述汉字没有一个是阴平字。"秾、农、浓、侬"的出现频率是最高的，似应从这类字当中选用一个做规范字。从字形上看，"秾"或"㛦"有个形旁提示意义，更适合。两相比较，"秾"是"禾"字旁，提示与禾苗相关，而"㛦"是"木"字旁，提示与林木相关。我们的统计材料没有出现"㛦"，可能是因为输入法的问题。一般的电脑字库没有这个字，导致普查人员选择了另外能输入的字。这个字在方块壮字中出现也比较频繁，语音和语义都符合民间的语感，作为 ndoeng「森林」的对音汉字的规范字应该不会产生违和感。故我们推介"㛦"为 ndoeng「森林」的对音汉字的规范字。

二 树木：faex ~ 木、玩、肥、费、飞

壮语称"树木"为 faex，对译的汉字有"木、玩、肥、费、飞"。用"木"对译属于意译，其他的是对音汉字，其中古音韵地位及广西汉语方言读音如下：

玩：疑母，山合 ，换韵，去声；白话[˨wan]，平话[wan²]/[hun²]，官话[˨wan]；

肥：奉母，止开三，微韵，平声；白话[fi]，平话[fi]/[ɦi]，官话[fei]；

费：敷母，止合三，未韵，去声；白话[fei]，平话[fi²]/[fɦi²]，官话[fei²]；

飞：飞母，止合三，微韵，平声；白话[fi]，平话[foi]，官话[fei]。

faex「树木」的声母是[f]，韵母是[ai]（音色与[ei][ɐi]相近）。上述对音汉字中，"玩"的声母韵母对不上，有的地方的汉壮双语人把"玩耍"称为[fei]，我们猜测这可能是一种曲折的意译，"玩"要先排除。faex「树木」在壮语

中是第4调，应与汉语的阳上调对应，"肥、费、飞"的声调分别是阳平、阴去、阴平，没有一个是阳上字。"肥、费、飞"在平话官话中的声母韵母读[fei]/[fɐi]，与壮语的 faex「树木」的声母韵母都算吻合。但是，"肥""飞"白话是韵母读为[i]，就不吻合了。所以，如果选"费"的话，不仅方便平话官话读，白话读起来也能吻合。尽管统计的数据"费"的频率不算太高，但是我们还是推介"费"为 faex「树木」的对音汉字的规范字。

三 树木：maex ~ 木、目、米、美、迷、枚、密、縻、梅、树

壮语称"树木"为 maex，是 faex「树木」的方言变体。"树"是意译字，而"木、目"两个字，"木"是 maex「树木」的意译字，"目"是"木"的同音字，所以属于意译，这两个字要排除。"米、美、迷、枚、密、縻、梅"才是对音汉字，其中古音韵地位及广西汉语方言读音如下：

米：明母，蟹开四，荠韵，上声；白话平话[ᶜmɐi]，官话[ᶜmi]；

美：明母，止开三，旨韵，上声；白话平话[ᶜmɐi]/[ᶜmi]，官话[ᶜmei]；

迷：明母，蟹开四，齐韵，平声；白话平话[˳mɐi]，官话[˳mi]；

枚：明母，蟹合一，灰韵，平声；白话平话[˳mui]，官话[˳mei]；

密：明母，臻开三，质韵，入声；白话平话[mɐt˳]，官话[˳mi]；

縻：明母，止开三，支韵，平声；白话平话[˳mei]/[˳mui]，官话[˳mi]；

梅：明母，蟹合一，灰韵，平声；白话平话[˳mui]，官话[˳mei]。

壮语的 maex「树木」是阴声韵，"密"是入声韵，先排除。从韵母看，"米、迷、縻"的官话音对不上，而"枚、梅"的白话平话音也对不上。从声调上，maex「树木」是壮语的第4调，应该对应汉语的阳上调，上述汉字属于阳上字的只有"米、美"。

如果选择"米"，不方便说官话或普通话的人；如果选择"美"，则说白话平话官话的人都方便，普通话读起来也吻合。但是"美"已被推介为 moiq「新」的对音汉字的规范字（见本章第十节），这里不便再用。从统计数据看，"米"的频率是最高的。所以我们还是建议，选用"米"作为 maex「树木」的对音汉字的规范字。

四 棵、此地：go ~ 各、国、谷、哥、歌、戈、棵、颗、高、科、枯、巴、古、果、可、苦、个、过

壮语的 go 是植物的量词，语义相当于汉语"一棵"。go 还是个处所词头，"此地、此处"的含义。这个词在壮语地名中的使用频率非常高，各地语音形式都很统一。各地的对音汉字有"各、国、谷、哥、歌、戈、棵、颗、高、科、枯、巴、古、果、可、苦、个、过"，这些汉字的中古音韵地位及广西汉语方言读音如下，我们分为三组：

入声字：

各：见母，宕开一，铎韵，入声；白话[kɔk̚]/[kɛk̚]，平话[kak̚]/[køk̚]，官话[₋ko]；

国：见母，曾合一，德韵，入声；白话[kɔk̚]，平话[kuk̚]，官话[₋ko]；

谷：见母，通合一，屋韵，入声；白话[kuk̚]，平话[kok̚]，官话[₋ku]；

平声字：

哥：见母，果开一，歌韵，平声；白话官话[₋ko]，平话[₋ko]/[₋ku]；

歌：见母，果开一，歌韵，平声；白话官话[₋ko]，平话[₋ko]/[₋ka]；

戈：见母，果合一，戈韵，平声；白话官话[₋ko]，平话[₋ko]/[₋ku]；

棵、颗：溪母，果合一，戈韵，平声；白话平话官话[₋kho]；

高：见母，效开一，豪韵，平声；白话平话[₋kou]，官话[₋kau]；

科：溪母，果合一，戈韵，平声；白话[₋fo]，平话[₋hu]，官话[₋kho]；

枯：溪母，遇合一，模韵，平声；白话[₋fu]，平话[₋khu]/[₋hu]，官话[₋khu]；

巴：帮母，假开二，麻韵，平声；白话[₋pa]，平话[₋pa]，官话[₋pa]；

非平声、非入声字：

古：见母，遇合一，姥母，上声；白话[ˇku]，平话[ˇko]，官话[ˇku]；

果：见母，果合一，果韵，上声；白话官话[ˇko]，平话[ˇku]/[ˇko]；

可：溪母，果开一，哿韵，上声；白话[ˇho]，平话[ˇkho]，官话[ˇkho]；

苦：溪母，遇合一，姥韵，上声；白话[ˇfu]，平话[ˇho]/[ˇkhu]，官话[ˇku]；

个：见母，果开一，箇韵，去声；白话官话[koˀ]，平话[koˀ]/[kɤˀ]；

过：见母，果合一，过韵，去声；白话官话[koˀ]，平话[kuˀ]/[koˀ]。

由于壮语的 go「棵、此地」是壮语第 1 调，阴声韵，对应汉语的阴平调。上述汉字中"各、国、谷"这几个入声字要首先被排除。

上述汉字中的"哥、歌、戈、棵、颗、高、科、枯、巴"都是阴平字，"巴"的声母韵母对应不上，可能是曲折的意译，先排除。从语音及语义的对应关系来看，无论是白话官话还是平话，其中的声韵调都对应得上的就是"棵、颗"了。但是很奇怪，统计表上"棵、颗"的频率非常低，只有一两例而已，原因也许是"棵、颗"不是广西人口语中的常用字。广西人对植物的量词，官话常说"兜"、白话平话说"坡"，不常说"棵"。从统计表看，频率高的都不是平声字，而是阴上字的"古、果、可"，"古"排第一，"果"排第二，"可"排第三。从白话平话官话的各方言看，"古"对音的是在平话层，而"果"对音的可能是在白话官话层，"可"对音的可能在平话层也可能在官话层。

从广西语言发展的历史看，平话是在广西历史上非常重要的一个主流语言，中古时期广西的少数民族语言普遍从这个主流语言借入词汇。就 go「棵、此地」这一对音的汉字而言，"古"的频率最高，这反映了平话在广西民族交融史中的重要历史地位。由于"古"在壮语地名中出现的频率太高，在一些民族学家的印象中，"古"就成了壮语地名的代表词。在民间，人们还用"壮古佬"一词来指称壮族。

尽管"古"不是音韵关系特别对应的字，但它是高频词中的高频字。鉴于历史文化方面的考虑，我们仍推介"古"为 go「棵、此地」的对音汉字的规范字。

五 茅草：haz/yaz ~ 合、活、或、压、押、旱、甲、要、哈、毫、河、何、荷、禾、化、虾、霞、贺、牙、迓、芽、雅、鸦、亚、下、夏、草、茅

壮语把"茅草"读作 haz，haz 在各地都有变体 yaz。用"草、茅"对译，属于意译。其他的是对音汉字。上述对译汉字的中古音韵地位及广西汉语方言读音如下：

合：匣母，咸开一，合韵，入声；白话[hɐp₂]/[hɔp₂]，平话[hap₂]，官话[₂ho]；

第二章　对音汉字的语言学分析及规范字推介　◆◇◆

活：匣母，山合一，末韵，入声；白话[wut₂]，平话[hut₂]/[wɐt₂]，官话[₂ho]；

或：匣母，曾合一，德韵，入声；白话[wak₂]，平话[hut₂]/[wɐt₂]，官话[₂ho]；

压：影母，咸开二，狎韵，入声；白话[at₂]，平话[at₂]/[ap₂]，官话[ja²]；

押：影母，咸开二，狎韵，入声；白话平话[at₂]/[ap₂]，官话[ja²]；

旱：匣母，山开一，旱韵，上声；白话[ʰhɔn]，平话[ʰhan]，官话[xan²]；

甲：见母，咸开二，狎韵，入声；白话平话[kap₂]，官话[₂kia]；

要：影母，效开三，笑韵，去声；白话[jiu²]，平话[jiu²]/[hʷiu²]，官话[jau²]；

哈：晓母，麻开二，麻韵，平声；白话平话官话[₂ha]；

毫：匣母，效开一，豪韵，平声；白话平话[₂hou]，官话[₂hau]；

河、何、荷：匣母，果开一，歌韵，平声；白话平话官话[₂ho]；

禾：匣母，果合一，戈韵，平声；白话平话[₂vɔ]/[nu]，官话[₂hɔ]；

化：晓母，假合二，祃韵，去声；白话平话[fa²]/[wa²]，官话[hua²]；

虾：晓母，假开二，麻韵，平声；白话平话[₂ha]，官话[₂ɕia]/[₂hia]；

霞：匣母，假开二，麻韵，平声；白话平话[₂ha]，官话[₂ɕia]/[₂hia]；

贺：匣母，果开一，箇韵，去声；白话平话[ho²]，官话[ho²]；

牙、迓、芽：疑母，假开二，麻韵，平声；白话平话[₂ŋa]，官话[₂ia]；

雅：疑母，假开二，马韵，上声；白话平话[ʰŋa]，官话[ʰja]；

鸦：影母，假开二，麻韵，平声；白话平话[₂a]，官话[₂ia]；

亚：影母，假开二，祃韵，去声；白话平话[a²]，官话[ia²]；

下、夏：匣母，假开二，马韵，上声；白话[ha²]，平话[ia²]，官话[hia²]。

先看韵母，壮语 haz/yaz「茅草」是阴声韵，上述的入声字"合、活、或、压、押、甲"都带有塞音韵尾[p][t][k]，不合适，"旱"是阳声韵，有鼻音韵尾[n]也不合适。壮语 haz/yaz「茅草」的韵母的单元音[a]，上述汉字中的"要""毫"的韵母，也不合适。"河、何、荷、贺"在白话平话官话中韵母为[o]，也不合适。

"哈、化、虾、霞、牙、迓、芽、雅、鸦、亚、下、夏"在白话平话官话中的韵母音色跟[a]都很接近，关键要看声母。壮语 haz/yaz「茅草」的两个变体，一个声母为[h]，另一个声母为[j]。从统计表看，haz/yaz 两个变体没有明显的方言土语分区，很多方言土语区同时有 haz/yaz 两个变体。从历史语音演变的角度看，[h]与[j]的音转是人类语言常见的音变模式。为了照顾 haz/yaz 的变体共存，如果能在汉语中找到某个汉字在不同方言有[h]/[j]变体的，就是最理想的。"下、夏"就符合这一条件。"下、夏"在平话中读[ia²]，在壮族人说的壮式汉语中读[ia²]，能与壮语 yaz 声母韵母对应。"下、夏"在白话中读[ha²]，能与壮语的 haz 对应。从声调上看，"下、夏"的声调是阳去调，白话平话中好多地方的阳去调与阳平调的音值非常相近，也能与壮语 haz/yaz「茅草」的第 2 调对应。"下、夏"两字中，"下"是个方位词，在汉语中常用，主要用于构词。虽然从统计表看，"夏"的频率并不高，但是，我们仍然认为"夏"更合适作为 haz/yaz「茅草」的对音汉字的规范字。

六　果子：mak ~ 莫、麦、麻、妈、马、果

壮语把"果子"读为 mak（在柳江、东兰等地 mak 是"李子"的意思）。上述汉字中"果"是意译字，"莫、麦、麻、妈、马"才是对音汉字。它们的中古音韵地位及广西汉语方言读音如下：

莫，明母，宕开一，铎韵，入声；白话[mok₂]，平话[muk₂]，官话[₂mo]；

麦，明母，梗开二，麦韵，入声；白话[mɐk₂]，平话[mɛk₂]/[mɐk₂]，官话[₂mə]；

麻，明母，假开二，麻韵，平声；白话平话 [₂ma]；官话[₂ma]；

妈，明母，遇合一，模韵，上声；白话平话官话[ma]；

马，明母，假开二，马韵，上声；白话[ᶜma]，平话[ᶜma]/[ᶜmo]，官话[ᶜma]。

壮语的 mak「果子」是个促声字，上述 5 个对音汉字中，"莫、麦"是入声韵，"麻、妈、马"是阴声韵。"莫、麦"在白话平话官话中的主元音有[o][u][ɐ][ɛ][ə]，读[a]的罕见，而"麻、妈、马"在白话平话官话中，主元音都以[a]为主。正如上文所述，平话是在广西历史上非常重要的一个主流方言，既然汉字"莫、麦"不能在今天的平话中与 mak「果子」对应，而"麻、妈、马"虽然是阴声韵，但其主元音在白话平话官话中，都能与 mak「果子」对应得上，从"麻、马、妈"三个中选一个也不失为一个办法。"妈"

是个亲属称谓词，主要用于构词，不太合适，"马"作为一种动物，如果使用 max「马」的汉语借词（见本章第八节），会与这里冲突，所以比较合适的只有"麻"字了。因此，我们推介"麻"作为 mak「果子」的对音汉字的规范字。

七　茶树：caz ~ 查、刷、茶

壮语的"茶树"读 caz，这个 caz 就是汉语借词"茶"。在统计表中，"茶"字也是频率最高的。所以，根据"汉语借词还原"的原则，推介"茶"为 caz「茶树」的对音汉字的规范字。

八　藤蔓：gaeu ~ 口、高、欧、沟、勾、厚、狗、求、球、考、扣、腾

壮语各方言都把"藤"称为 gaeu，上述译写汉字中有个"腾"，是"藤"的同音字，属意译，先排除。其余的"口、高、欧、沟、勾、厚、狗、求、球、考、扣"，都是对音汉字。它们的中古音韵地位及广西汉语方言读音如下：

口：溪母，流开一，厚韵，上声；白话平话[ʰhɐu]，官话[ʰkhou]；

高：见母，效开一，豪韵，平声；白话[˨kɐu]，平话[˨kau]，官话[˨kau]；

欧：影母，流开一，侯韵，平声；白话[˨ɐu]，平话[˨ɐu]，官话[˨ŋɐu]；

沟：见母，流开一，侯韵，平声；白话[˨kɐu]，平话[˨kɐu]，官话[˨kou]；

勾：见母，流开一，侯韵，平声；白话[˨ŋɐu]，平话[˨kɐu]，官话[˨ŋou]；

厚：匣母，流开一，厚韵，上声；白话平话[ʰhɐu]，官话[ʰhou]；

狗：见母，流开一，厚韵，上声；白话[ʰkɐu]，平话[ʰkɐu]，官话[ʰkou]；

求、球：群母，流开二，尤韵，平声；白话[˨khɐu]，平话[˨kɐu]，官话[˨khiou]；

考：溪母，效开一，皓韵，上声；白话[ʰhau]，平话[ʰkhau]，官话[ʰkhau]；

扣：溪母，流开一，侯韵，去声；白话[khɐuˀ]，平话[khɐuˀ]，官话[khouˀ]。

壮语 gaeu「藤蔓」声母读[k]，"欧、厚"的声母，是影母和匣母，以前曾经有声母读[k]的音，但是目前白话平话官话中声母没有一个是读[k]的，要先排除。"口、考"这两个字，在平话官话中读[k]，但是在白话中却读[h]，而"勾"在平话中读[k]，但在白话官话中却读[ŋ]，所以，"口、勾、考"这三个字不理想。"高、沟、狗、求、球、扣"这几个字在白话平话官话中，

声母都读[k]/[kh]，所以要考虑韵母和声调。gaeu「藤蔓」的韵母是[au]（音色与[ou]/[ɐu]相近），这几个字的韵母都符合要求。gaeu「藤蔓」是壮语第1调，应与汉语的阴平调对应，只有"高、沟"是阴平字。gaeu「藤蔓」的主元音是短元音，而"高"在平话官话中的主元音都是长元音，所以，"高"也不是最合适的。"沟"在白话平话官话中读[ou]/[ɐu]，跟 gaeu「藤蔓」的主元音为短元音，非常吻合，尽管统计结果"沟"的频率不高，我们也推介"沟"为 gaeu「藤蔓」的对音汉字的规范字。

九 枫树：raeu ~ 风、枫、友、有、优、又、佑、腰、尤、楼、留、漏、陋、劳、洪、寿

壮语"枫树"读为 raeu。上述汉字中，"枫"是意译字；"风"是"枫树"的"枫"的同音字，属于意译，先把它排除。

raeu「枫树」的对音汉字有"友、有、优、又、佑、腰、尤、楼、留、漏、陋、劳、洪、寿"，它们的中古音韵地位及广西汉语方言读音如下：

友：云母，流开三，有韵，上声；白话[ᶜjɐu]，平话[ᶜjəu]，官话[ᶜjou]；

有：云母，流开三，有韵，上声；白话[ᶜjɐu]，平话[ᶜjəu]，官话[ᶜjou]；

优：影母，流开三，尤韵，平声；白话[₁jɐu]，平话[₁jou]，官话[₁jou]；

又：云母，流开三，宥韵，去声；白话[jɐuᶦ]，平话[jouᶦ]，官话[jouᶦ]；

佑：云母，流开三，宥韵，去声；白话[jɐuᶦ]，平话[jouᶦ]，官话[jouᶦ]；

腰：影母，效开三，宵韵，平声；白话[₁jiu]，平话[₁jiu]，官话[₁jau]；

尤：云母，流开三，尤韵，平声；白话[₁jɐu]，平话[₁jou]，官话[₁jou]；

楼：来母，流开一，侯韵，平声；白话[₁lɐu]，平话[₁lou]，官话[₁lou]；

留：来母，流开三，尤韵，平声；白话[₁lɐu]，平话[₁lou]，官话[₁liou]；

漏：来母，流开一，候韵，去声；白话[lɐuᶦ]，平话[lɐuᶦ]，官话[louᶦ]；

陋：来母，流开一，候韵，去声；白话[lɐuᶦ]，平话[lɐuᶦ]，官话[louᶦ]；

劳：来母，效开一，豪韵，平声；白话[₁lou]，平话[₁lɐu]，官话[₁lau]；

洪：匣母，通合一，东韵，平声；白话[₁huŋ]，平话[₁hoŋ]，官话[₁hoŋ]；

寿：禅母，流开三，宥韵，去声；白话[ɕɐuᶦ]，平话[sǝuᶦ]，官话[souᶦ]。

raeu「枫树」的声母是[r]，对音的汉字声母为[j]/[l]/[h]/[s]。"友、有、优、又、佑、腰、尤"对应[j]，"楼、留、漏、陋、劳"对应[l]，"洪"对应[h]，"寿"对应[s]。壮语的系统中，[r]>[l]是常见的演变，所以，在"楼、留、漏、陋、劳"里面挑一个字是比较好的选择。raeu「枫树」是壮语第1调，与汉语的阴平调对应，"楼、留、漏、陋、劳"中，没有一个属于阴平字。其中，"楼"的频率是最高的。所以，我们推介"楼"为 raeu「枫树」的对音汉字的规范字。

十　枫树：gyaeu～枫、秋、求、球、九、邱、优、劳

标准壮语的 raeu「枫树」在南部壮语区的德靖土语和左江土语中有方言变体，此变体被郑贻青（2013）[①]记为[khjau¹]，标准壮文转录为 gyaeu「枫树」。在上述汉字中，"枫"是意译字，而"优、劳"则应为 raeu「枫树」的对音汉字，而不是 gyaeu「枫树」的对音汉字。因此，gyaeu「枫树」的对音汉字有"秋、求、球、九、邱"，其中古音韵地位及广西汉语方言读音如下：

秋：清母，流开三，尤韵，平声；白话[ˌtshɐu]，平话[ˌtshou]，官话[ˌtshiou]；

求、球：群母，流开三，尤韵，平声；白话[ˌkhɐu]，平话[ˌkɐu]/[ˌtsɐu]，官话[ˌkhiou]/[ˌtsiou]；

九：见母，流开三，有韵，上声；白话[ˈkɐu]，平话[ˈkɐu]/[ˈtsɐu]，官话[ˈkiou]/[ˈtsiou]；

邱：溪母，流开三，尤韵，平声；白话[ˌɲɐu]，平话[ˌkhieu][②]，官话[ˌtshiou]/[ˌkhiou]。

gyaeu「枫树」的韵母是[au]（音色与[ou]/[ɐu]/[əu]相近），上述汉字的韵母都符合这个要求。gyaeu「枫树」的声母是[khj]，"求、球、九、邱"的声母可读[kh]/[k]，与之相吻合。而"秋"的声母读[tsh]，说明壮语方言中的 gyaeu「枫树」的声母 gy[khj]发生了腭化，变为[tsh]。也就是说，gyaeu「枫树」的声母有两个变体[khj]和[tsh]。这么来说，要寻找的那个规范汉字，其声母

---

① 郑贻青：《靖西壮语研究》，广西民族出版社2013年版，第195页。
② 此平话点是临桂义宁，承文友周本良先生惠告。

最好也要有[khj]和[tsh]两个变体，就可以很好对应。"秋"在各方言中只有一个声母[tsh]，而"求、球、九、邱"这几个字在平话官话中都既可以读[khj]/[kj]①，又可以读[tsh]/[ts]，符合这一要求。gyaeu「枫树」是壮语第1调，对应汉语的阴平字，"求、球"都是阳平字，"九"是阴上字，"邱"是阴平字。"邱"的声韵调都吻合。所以，尽管"邱"的使用频率不是很高，还是推介"邱"为 gyaeu「枫树」的对音汉字的规范字。

十一 柚子：bug ~ 布、卜、朴

北部壮语把"柚子"叫 bug，对音汉字有"布、卜、朴"，它们的中古音韵地位及广西汉语方言读音如下：

布：帮母，遇合一，暮韵，去声；白话平话官话[pu²]；
卜：帮母，通合一，屋韵，入声；白话[puk₃]，平话[pok₃]，官话[pu²]；
朴：滂母，江开二，觉韵，入声；白话[phuk₃]，平话[phok₃]，官话[₂phu]。

bug「柚子」的声母是[p]，韵母是[uk]，收[k]尾，是壮语第 8 调，对应汉语的阳入调。上述汉字中"布"是阴声韵，没有韵尾，对应不上。"卜、朴"的白话韵母都是[uk]，收[k]尾，但是阴入字。既然没有阳入字，"卜、朴"就可算勉强对应。统计结果表明，"卜"的频率最高，所以我们推介"卜"为 bug「柚子」的对音汉字的规范字。

十二 柚子：bangz ~ 榜、旁、庞、绑

南部壮语把"柚子"叫 bangz，跟 bug「柚子」可能是阳入对转的演变，二者互为方言变体。bangz「柚子」的对音汉字有"榜、旁、庞、绑"，它们的中古音韵地位及广西汉语方言读音如下：

榜：帮母，宕开一，荡韵，上声；白话[ᶜpɔŋ]，平话[ᶜpuŋ]，官话[ᶜpaŋ]；
旁：並母，宕开一，唐韵，平声；白话[₂phɔŋ]，平话[₂paŋ]，官话[₂phaŋ]；
庞：並母，江开二，江韵，平声；白话[₂phɔŋ]，平话[₂paŋ]，官话[₂phaŋ]；
绑：帮母，江开一，讲韵，上声；白话[ᶜpɔŋ]，平话[ᶜpaŋ]，官话[ᶜpaŋ]。

---

① 汉语的介音[i]，与壮语的腭化音[j]相当，因此汉语的[khi][ki]相当于壮语的[khj]/[kj]。

bangz「柚子」的声母是[p]，韵母是[aːŋ]。上述对音汉字"榜、旁、庞、绑"，从声母韵母看来，其平话官话的读音与 bangz「柚子」相似。bangz「柚子」是壮语第2调，与汉语的阳平调对应，故只有"旁、庞"两个字合适，这两个字平话和官话的读音一致，在频率上也分不出高低。鉴于"旁"是个常用方位词，为了避免汉语成词，推介"庞"为 bangz「柚子」的对音汉字的规范字。

十三　榕树：rungz ~ 龙、雄、荣、弄、隆、容、弯

壮语的"榕树"读 rungz，译写汉字有"龙、雄、荣、弄、隆、容、弯"。"容"是"榕"的同音字，是意译。"弯"字找不出对应关系，估计是"容"字手写体造成的讹误。

从语音和语义的对应关系来看，rungz「榕树」就是汉语借词"榕"（蓝庆元，2005）[①]，根据"汉语借词还原"的原则，我们推介本字"榕"为壮语 rungz「榕树」的对音汉字的规范字。

十四　桃金娘：nim ~ 稔

壮语的 nim 是一种紫色小果，汉语方言叫"桃金娘"。我们的材料中只见一个译写汉字——"稔"。稔，普通话读为 rěn，意思是庄稼成熟。我们在一些壮语材料中还看到另一个方块字——"棯"，普通话读为 rěn、shěn，指一种枣树。这两个字，显然广西都不用。

壮语的 nim「桃金娘」之所以用"稔、棯"来对音，显然是晚近官话书面语的对音，对音用的是声旁"念"。官话中"念"读[nenˀ]，跟壮语的 nim「桃金娘」声母韵母近似。但是"念"是动词，跟文化活动相关，与紫色小果不相干，故加个表植物的"禾"或"木"做形旁。稔、棯，其实是广西知识分子的自造字。"稔、棯"两相比较，形旁"禾"提示稻米禾苗之意，不妥，而"木"旁较为吻合。我们推介"棯"为 nim「桃金娘」的对音汉字的规范字，并且约定其普通话读音为 niān。

[①] 蓝庆元：《壮汉同源词借词研究》，中央民族大学出版社2005年版，第243页。

在广西的白话平话官话和客家话中，也用方言俗字"稔、棯"来指桃金娘，读音[nɛm]，语音语义均与汉字的"稔 rěn「庄稼成熟」、棯 rěn/shěn「一种枣树」"无涉，汉语方言应为壮语借词。

十五　棉花：vaiq ~ 外、歪

《壮汉词汇》[①]中收入的"棉花"为 faiq，这个词在我们的地名材料中没有出现，出现的都是 vaiq「棉花」。对音汉字有"外、歪"，其中古音韵地位及广西汉语方言读音如下：

外：疑母，蟹合一，泰韵，去声；白话[ŋoi²]，平话[wai²]，官话[wai²]；

歪：晓母，蟹合二，佳韵，平声；白话平话官话[₁wai]。

vaiq「棉花」是壮语第 5 调，与汉语阴去调对应，但是"外、歪"都不是阴去字。"外"的白话读音跟 vaiq「棉花」的声母韵母不吻合，"歪"在白话平话官话中的读音，其声母韵母都与 vaiq「棉花」相吻合。相比之下，从声母韵母角度看，"歪"比"外"更合适。但是，"歪"是阴平字，其声韵调与 vai「水坝」完全吻合，已经推介"歪"做 vai「水坝」的对音汉字的规范字（参见本章第六节），这里再用的话，就撞字了。"外"尽管是阳去字，但也只能选择"外"做 vaiq「棉花」的对音汉字的规范字。

十六　葡萄：it ~ 以、依、日、益、一、乙

"葡萄"在壮语中读 it，对音汉字有"以、依、日、益、一、乙"，其中古音韵地位及广西汉语方言读音如下：

以：以母，止开三，止韵，上声；白话[ᶜji]/[ᶜi]，平话[ᶜi]/[ᶜhi]/[ᶜhəi]，官话[ᶜi]；

依：影母，止开三，微韵，平声；白话[₁ji]/[₁i]，平话[₁ie]/[₁əi]，官话[₁i]；

日：日母，臻开三，质韵，入声；白话[jɐt˲]/[nɐt˲]，平话[nɐt˲]，官话[₁i]；

益：影母，梗开三，昔韵，入声；白话[jik˲]/[iek˲]，平话[ek˲]/[ik˲]，官话[˲i]；

[①] 广西壮族自治区少数民族语言文字工作委员会研究室：《壮汉词汇》，广西民族出版社 1984 年版，第 275 页。

一：影母，臻开三，质韵，入声；白话[jɐt₂]，平话[ɐt₂]/[jət₂]，官话[₂i]；

乙：影母，臻开三，质韵，入声；白话[jit₂]，平话[jit₂]，官话[₂i]。

it「葡萄」的声母是零声母，韵母是[it]，声调是壮语第 7 调，与汉语的阴入调相对应。上述汉字，"以、依"是非入声字，要先排除。"日"虽是入声字，却是阳入字，也不对应。"益、一、乙"是阴入字，要看韵母，"益"的韵母，韵尾是[k]，与 it「葡萄」的韵尾[t]吻合得不是很好；"一"在白话平话中的读音，其主元音是[ɐ][e]，与 it「葡萄」的主元音[i]吻合得不是很好。相比之下，"乙"在白话平话官话中的读音是最适合的。"乙"的使用频率虽然不是最高，但是也值得推介。所以，我们推介"乙"为 it「葡萄」的对音汉字的规范字。

十七　李子树：maenj ~ 麦、密、敏、闵、闷

壮语的"李子"读 maenj，在壮语地名中指李子树。maenj「李子树」的对音汉字有"麦、密、敏、闵、闷"，其中古音韵地位及广西汉语方言读音如下：

麦：明母，梗开二，麦韵，入声；平话[mɛk₂]/[mɐk₂]，白话[mɐk₂]，官话[₂mə]；

密：明母，臻开三，质韵，入声；白话[mɐt₂]/[mat₂]，平话[mɐt₂]，官话[₂mi]；

敏：明母，臻开三，轸韵，上声；白话[ᶜmɐn]，平话[ᶜmɐn]，官话[ᶜmin³]；

闵：明母，臻开三，真韵，上声；广西方言少见，官话跟着普通话读[ᶜmin]；

闷：明母，臻合一，恩韵，去声；白话[mun²]，平话[mun²]/[ɯn²]，官话[mən²]。

maenj「李子树」的声母是[m]；韵母是[an]（音色与[ɐn][en]相近），收[n]尾；声调是壮语第 3 调，与汉语的阴上调相对应。"麦、密"两个字是入声字，收[k][t]尾，不合适。"敏、闵、闷"三个字，"闵"在白话平话中少见，"闷"在白话平话中的主元音[u]，跟 maenj「李子树」的主元音不吻合，也不合适。"敏"在白话平话中的声母韵母都与 maenj「李子树」的声母韵母相吻合，遗憾的是，"敏"是阳上字，不是阴上字。但是统计数据显示，"敏"是频率

最高的字，所以，我们推介"敏"为 maenj「李子树」的对音汉字的规范字。

十八 桃树：dauz～桃、道、头

壮语的 dauz「桃树」就是汉语借词"桃"（蓝庆元，2005）[①]，按照"汉语借词还原"的原则，使用"桃"作为 dauz「桃树」的对音汉字的规范字。

十九 梨树：leiz～力、利、立、黎、梨、烈、利、历、留

壮语的 leiz「梨树」就是汉语借词"梨"（蓝庆元，2005）[②]，按照"汉语借词还原"的原则，使用"梨"作为 leiz「梨树」的对音汉字的规范字。

二十 松树：coengz～虫、崇、从

壮语的"松树"读 coengz，对音汉字有"虫、崇、从"，它们的中古音韵地位及广西汉语方言读音如下：

虫：澄母，通合三，东韵，平声；白话[˯tshuŋ]，平话[˯tsoŋ]，官话[˯tshoŋ]；

崇：崇母，通合三，东韵，平声；白话[˯tshuŋ]，平话[˯ɬoŋ]/[˯tʃoŋ]，官话[˯tshoŋ]；

从：从母，通合三，钟韵，平声；白话[˯tshuŋ]，平话[˯tʃoŋ]，官话[˯tshoŋ]。

汉语"松树"的"松"的中古音韵地位为：邪母，通合三，钟韵，平声，原本应读阳平调。有个"鬆"是"头发散乱"的意思，读阴平调，"鬆"被简化为"松"，二字就混同了，"松"就跟着"鬆"的简化字读为阴平调。也就是说，"松"读为阴平调是普通话晚近的变化。壮语"松树"的 coengz，就是第 2 调，与汉语的阳平调相对应，其实就是汉语借词"松"（蓝庆元，2005）[③]，壮语地名中 coengz「松树」是第 2 调，并没有混读到第 1 调，仍然与早期"松"的阳平调相对应，其对音汉字"虫、崇、从"也全是阳平

[①] 蓝庆元：《壮汉同源词借词研究》，中央民族大学出版社 2005 年版，第 251 页。
[②] 蓝庆元：《壮汉同源词借词研究》，中央民族大学出版社 2005 年版，第 256 页。
[③] 蓝庆元：《壮汉同源词借词研究》，中央民族大学出版社 2005 年版，第 248 页。

字。既然 coengz「松树」就是汉语借词"松",按照"汉语借词还原"的原则,对音汉字的规范字应该选"松"。但是情况没有这么简单。广西民间的汉语方言用字,仍然保留阳平调的读法,民间会写读为阳平调的"樬、枞",制作家具的人仍然可读为"[₌tshoŋ]"。如果选用"松",今天广西的大多数人都受普通话的影响,会跟着普通话一起读阴平调。一旦读阴平调,就不能保留这一段汉语借词的历史。鉴于此,我们还是决定从阳平字中选,"虫、崇、从"都是阳平字,声母韵母也相吻合。从统计数据看,"崇、从"比较多。我们查阅了方块壮字字库,coengz「松树」民间多写为"枞、樬",说明"从"被民间用作声旁来对音,所以我们推介"从"为 coengz「松树」的对音汉字的规范字。

二十一 松树: ge ~ 者、这、车、结、松

南部壮语区的田林县和靖西县"松树"没有用汉语借词 coengz「松树」,而用本族词 ge「松树」。用"松"对译属于意译。对音汉字有"者、这、车、结",它们的中古音韵地位及广西汉语方言读音如下:

者:章母,假开三,马韵,上声;白话平话官话[ᶜtsɛ];

这:中古无;白话平话跟普通话念[ᶜtse],官话跟普通话念[tseᵔ];

车:昌母,假开三,麻韵,平声;白话[₌tshɛ],平话[₌tshi],官话[₌tshe];

结:见母,山开四,屑韵,入声;白话平话[kit˳],官话[₌ke]/[₌tse]。

先说声母,ge「松树」的声母是[k],"者、这、车"的声母都是[ts],而"结"的声母有[k]和[ts]两个变体。这说明,在南部壮语中,ge「松树」发生了[k]>[ts]的声母腭化,在某种程度上,读[ts]的情况还多于读[k]。再说韵母,ge「松树」的韵母是[e](与[ɛ]音色相近),"者、这"在白话平话官话中的韵母都能与 ge「松树」吻合;"车"的白话与官话吻合,平话不吻合;"结"只有官话吻合。最后看声调,ge「松树」的声调是壮语第1调,与汉语的阴平调相对应。上述对音汉字除"车"是阴平字之外,其他都不是。

选"车"是否合适呢?不一定。因为 ge「松树」发生了[k]>[ts]的声母腭化,有[k]和[ts]两个变体。"车"只读[ts],无法对应 ge「松树」的[k]和[ts]两个变体。在上述对音汉字中,只有"结"的官话音,其声母正在经历[k]>[ts]

的腭化演变，有[k]和[ts]两个变体，能与 ge「松树」的[k]和[ts]两个变体相对应。所以，我们推介"结"为 ge「松树」的对音汉字的规范字。

二十二　樟树：gauj ~ 考、糕、高

壮语的"樟树"读 gauj，对音汉字有"考、糕、高"，它们的中古音韵地位及广西汉语方言读音如下：

考：溪母，效开一，皓韵，上声；白话[ʰau]，平话[ʰkhau]/[ʰhau]，官话[ʰkhau]；

糕：见母，效开一，豪韵，平声；白话[˨ku]/[˨kou]，平话[˨kau]，官话[˨kau]；

高：见母，效开一，豪韵，平声；白话[˨ku]/[˨kou]，平话[˨kau]，官话[˨kau]。

先说声母，gauj「樟树」的声母是[k]，上述汉字除了"考"的白话音声母为[h]，无论在哪个方言，"糕、高"的声母韵母都与 gauj「樟树」的声母吻合。再说韵母，gauj「樟树」的韵母是[a:u]。"糕、高"的白话韵母与之不相吻合，平话与官话是吻合的。最后说声调，gauj「樟树」是壮语第 3 调，与汉语阴上调相对应。上述汉字只有"考"是阴上字，但是，一来"考"的声母与 gauj「樟树」的声母不尽吻合；二来"考"被推介为 gau「白色」的对音汉字的规范字（参见本章第十节），这里再用就冲突了。因此，只能在"糕、高"中选了，由于"高"的使用频率高，我们推介"高"为 gauj「樟树」的对音汉字的规范字。

二十三　芦苇：ngox ~ 俄、饿、峨、五、伍、我

壮语的"芦苇"读 ngox，对音汉字有"俄、饿、峨、五、伍、我"，它们的中古音韵地位及广西汉语方言读音如下：

俄：疑母，果开一，歌韵，平声；白话[˨ŋo]，平话[˨ŋo]/[˨ŋø]，官话[˨ŋo]；

饿：疑母，果开一，箇韵，去声；白话[ŋɔ²]，平话[ŋa²]/[ŋø²]，官话[ŋo²]；

峨：疑母，果开一，歌韵，平声；白话[˨ŋo]，平话[˨ŋo]，官话[˨ŋo]；

五：疑母，遇合一，姥韵，上声；白话[ʰŋ]/[ʰŋ]，平话[ʰŋo]/[ʰŋou]，官话[ʰu]；

伍：疑母，遇合一，姥韵，上声；白话[ᵇŋ]/[ᵇŋ]，平话[ᵇŋo]/[ᵇŋou]，官话[ᵇu]；

我：疑母，果开一，哿韵，上声；白话[ᵇŋɔ]/[ᵇo]，平话[ᵇŋo]/[ᵇŋa]，官话[ᵇo]。

ngox「芦苇」的声母是[ŋ]，韵母是[o]。上述汉字"五、伍"的官话音的声母、白话音的韵母与 ngox「芦苇」的声母韵母不吻合，"俄、饿、峨、我"这几个字的声母韵母都与 ngox「芦苇」的声母韵母吻合。ngox「芦苇」是壮语第4调，与汉语的阳上调相对应。"俄、饿、峨"都不是阳上字，只有"我"是阳上字。汉语的"我"是第一人称单数代词，使用频率很高，不像地名用字，在数量统计上频率也非常低，不适合推介。在方块壮字字库中，ngox「芦苇」写作"楴"，读音与"俄、饿、峨"相同，有个"木"字旁，表示一种植物，语义也吻合。但是"楴"仍是方块壮字系统的字，在现有的汉字输入系统上不方便录入。我们考虑引入汉字系统的"莪"字，其造字原理与"楴"一致，有个"艹"，提示其语义是一种草。我们推介"莪"为 ngox「芦苇」的对音汉字的规范字。

二十四　花：va ~ 花、化、话

壮语的 va 就是汉语借词"花"，参见蓝庆元（2005）[①]。按照"汉语借词还原"的原则，推介"花"为 va「花」的对音汉字的规范字。

第八节　动物类

动物这一类共25个词，其使用频率如表2-9所示。

一　水牛：vaiz ~ 来、委、歪、外、怀、槐、淮、牛

壮语各方言"水牛"读 vaiz，用"牛"来对译属于意译。对音汉字有"来、委、歪、外、怀、槐、淮"，它们的中古音韵地位及广西汉语方言读音如下：

[①] 蓝庆元：《壮汉同源词借词研究》，中央民族大学出版社2005年版，第217页。

表2-9 动物类壮语地名对译汉字统计

动物类1

标准壮文			vaiz 水牛	cwz/cez 黄牛	moz 黄牛	ngwz 蛇	nguz/ngouz 蛇	lingh/leng 猴子	gaeng 乌猿	guk 虎	sw 虎	mui 熊	bing 蚂蟥、水蛭	mu/mou/moug 猪	laih/raih 野猪
地名普查的壮文及含义			vaiz 水牛	cwz/cez 黄牛	moz 黄牛	ngwz 蛇	nguz/ngouz 蛇	lingh/leng 猴子	gaeng 乌猿	guk 虎	sw 虎	mui 熊	bing 蚂蟥、水蛭	moug/mu 猪	laih/raih 野猪
北部壮语	桂北土语	河池巴马	怀11	徐2、球1		额1		良1		古1、福1		美5、米2	兵1、边1	母1	
		河池环江	怀5												
		河池东兰	牛1、怀1							谷1		美4	兵1	母1	
		河池金城江	怀5、牛2；外1	节1	莫1					虎1、谷1					
		河池天峨													
	柳江土语	柳州融安													
		河池罗城	怀1											茂1、墓1	米3
		来宾合山													
		来宾忻城	怀1、外1												米2、赖1
		来宾兴宾													

第二章　对音汉字的语言学分析及规范字推介

续表

动物类 1

标准壮文		vaiz	cwz	moz	ngwz	nguz/ngouz	lingz	gaeng	guk	sw	mui	bing	mu/mou	raih
地名普查查到的壮文及含义		vaiz 水牛	cwz/cerz 黄牛	moz 黄牛	ngwz 蛇	nguz/ngouz 蛇	lingh/lengh 猴子	gaeng 乌猿	guk 虎	sw 虎	mui 熊	bing 蚂蟥、水蛭	moug/mu 猪	laih/raih 野猪
北部壮语	柳江土语												模 1	
	柳州柳城													
	柳州柳江	怀 2、牛 1												
	河池宜州													
	河池都安	怀 7、淮 1			额 1				古 1、可 1		美 3、梅 1		茂 1、目 1	来 1、任 1
	河池大化	怀 3						更 1						
红水河土语	贵港港北							更 1						
	贵港桂平													
	贵港覃塘													
	柳州鹿寨													
	来宾武宣													
	来宾象州													

续表

八 动物类 1

标准壮文	vaiz 水牛	cwz/cez 黄牛	moz 黄牛	ngwz 蛇	nguz/ngouz 蛇	lingh/leng 猴子	gaeng 乌猿	guk 虎	sw 虎	mui 熊	bing 蚂蟥、水蛭	mu/moug/mu 猪	laih/raih 野猪
地名普查的壮文及含义													
北部壮语 邕北土语 百色平果	怀 1		莫 1										
北部壮语 右江土语 百色田东	怀 6	除 1											
北部壮语 右江土语 百色田阳	怀 6	色 2、则 1、习 1											
北部壮语 桂边土语 河池凤山			么 2、磨 1	额 1				谷 1		美、雄 1	兵 1		
北部壮语 桂边土语 百色乐业												务 2	
北部壮语 桂边土语 百色西林	歪 1	社 1		额 1				谷 1		美、妹 1	兵 3	母 2、塞 1	米 3、奶 1
南部壮语 邕南土语 钦州	怀 1												
南部壮语 邕南土语 防城港	怀 2、委 1、牛 1											务 2	

第二章 对音汉字的语言学分析及规范字推介 ▲◇◆

续表

动物类 1

标准壮文	vaiz 水牛	cwz/cez 黄牛	moz 黄牛	ngwz 蛇	nguz/ngouz 蛇	lingz/lengh/leng 猴子	gaeng 乌猿	guk 虎	sw 虎	mui 熊	bing 蚂蟥、水蛭	mu/mou moug/mu 猪	raih laih/raih 野猪
地名普查的壮文及含义													
防城上思	怀1												
南宁隆安	怀3、槐1											姆1	
崇左大新（左江土语）	怀14、外3、歪2、来1		么3、嗊2、没1、漠牛2										
崇左江州	怀3		莫1、模1		偶1	岭2、灵1、令1						乌1、母1	
崇左龙州	怀7、歪1、牛1		莫1		吴1	灵1						模1、姆1、垭1	
崇左天等			诺1、合1	蛇1		宁2、凌1、伶1						姆2、巫1、母1	
崇左宁明（南部壮语）	怀14、牛7、外1	徐1	么9、磨1、牛1			陵3、灵1		谷3		熊1、梅1	兵1		
崇左凭祥	怀2										兵4、炳1、清1	某4、谋1、么1	

· 213 ·

广西壮语地名规范字研究

续表

动物类 1

标准壮文	vaiz	cwz	moz	ngwz	nguz/ngouz	lingz	gaeng	guk	sw	mui	bing	mu/mou	raih
地名普查的壮文及含义	vaiz 水牛	cwz/ceez 黄牛	moz 黄牛	ngwz 蛇	nguz/ngouz 蛇	lingh/leng 猴子	gaeng 乌猿	guk 虎	sw 虎	mui 熊	bing 蚂蟥、水蛭	mou/mu 猪	laih/raih 野猪
南部壮语 德靖土语 百色德保	怀9、歪2					灵1					兵1	苗2、布1	
南部壮语 德靖土语 百色靖西	怀22		莫2、模1		偶1、吴1	灵2、凌1、羚1、枪1			慈3、泗1、西1	美1			

动物类 2

标准壮文	yiengz	lungz	roeg/noeg	enq	ga	a	max	ma	meuz	bit	gaeq	hanq
地名普查的壮文及含义	yengz/yiengz 羊	lungz 龙	roeg/noeg 鸟	enq/yen/yien 燕子	ga/ja 乌鸦	gya/ga 乌鸦	max 马	maj/ma 狗	meuz/baeuq 猫	bit/haet 鸭	gaoq/gaeq 鸡	hanq 鹅
北部壮语 桂北土语 河池巴马	羊3、阳2、洋3	龙1		燕2			马8	马2	苗3	必1	鸡3、机2、贵1	汉1
北部壮语 桂北土语 河池环江		龙1										
北部壮语 桂北土语 河池东兰	扬1、羊1	龙1					马2					

第二章 对音汉字的语言学分析及规范字推介 ◆◇◆

续表

动物类 2

标准壮文	yiengz	lungz	roeg/noeg	enq	ga	a	max	ma	meuz	bit	gaeq	hanq
地名普查的壮文及含义	yengz/yiengz 羊	lungz 龙	roeg/noeg 鸟	enq/yen/yien 燕子	gya/ga 乌鸦	a/ja 乌鸦	max 马	maj/ma 狗	meuz/baeuq 猫	bit/baet 鸭	gaoq/gaeq 鸡	hanq 鹅
桂北土语 河池金城江	羊 2											
桂北土语 河池天峨		龙 4		燕 2			马 3	华 1	庙 1		界 1	汗 1
桂北土语 柳州融安							马 4					
桂北土语 河池罗城								马 1				汉 1
桂北土语 来宾合山												
桂北土语 来宾忻城												
柳江土语 来宾兴宾							莫 1,马 1					
柳江土语 柳州柳城												
柳江土语 柳州柳江												
柳江土语 河池宜州												

续表

动物类 2

标准壮文	yiengz	lungz	roeg/noeg	enq	ga	a	max	ma	meuz	bit	gaeq	hanq
地名普查的壮文及含义	yengz/yiengz 羊	lungz 龙	roeg/noeg 鸟	enq/yen/yien 燕子	gya/ga 乌鸦	a/ja 乌鸦	max 马	maj/ma 狗	meuz/haeuq 猫	bit/baet 鸭	gaoq/gaeq 鸡	hanq/鹅
北部壮语 红水河土语 河池都安	羊1											汉1
河池大化	洋1											
贵港港北		龙1										
贵港桂平		龙1	六1	燕2								
贵港覃塘			六7			鸦2	马1					
柳州鹿寨							马4					
来宾武宣									猫1			
来宾象州											计1	
邕北土语 百色平果												

第二章　对音汉字的语言学分析及规范字推介

续表

动物类 2

标准壮文	yiengz	lungz	roeg/noeg	enq	ga	a	max	ma	meuz	bit	gaeq	hanq
地名普查的壮文及含义	yengz/yiengz 羊	lungz 龙	roeg/noeg 鸟	enq/yen/yien 燕子	gya/ga 乌鸦	a/ja 乌鸦	max 马	maj/ma 狗	meuz/baeuq 猫	bit/baet 鹎	gaoq/gaeq 鸡	hanq 鹅
北部壮语　右江土语　百色田东	羊2		鸟1			鸦1	马7			笔2		汉1
百色田阳												
桂边土语　河池凤山	洋4，阳1，羊1	龙3					马7			必2	桂2，开1	汉1，喊1，限1
百色乐业	羊1	龙2	鸟1						猫1	别1		旱1
百色西林							马3，母1	马1，妈1				
钦州												
南部壮语　邕南土语　防城港防城												
防城港上思		龙14，陇4					马8	狗1		必1	鸡1	汉1
南宁隆安	羊4											

续表

动物类 2

标准壮文		yiengz 羊	lungz 龙	roeg/noeg 鸟	enq/yen/yien 燕子	ga 乌鸦	a 乌鸦	max 马	ma 狗	meuz 猫	bit 鸭	gaeq 鸡	hanq 鹅
地名普查的壮文及含义		yengz/yiengz 羊	lungz 龙	roeg/noeg 鸟	enq/yen/yien 燕子	gya/ga 乌鸦	a/ja 乌鸦	max 马	maj/ma 狗	meuz/baeuq 猫	bit/baet 鸭	gaoq/gaeq 鸡	hanq 鹅
南部壮语 左江土语	崇左大新	羊1、洋1						马1、妈1	马2				
	崇左江州	羊1、洋2、扬1	龙2、陇1	鸟4				马3	马1		鸭1	鸡1	
	崇左龙州	咩1、羊1	龙1			加1		马1、马9	妈1	苗4、否1	必1		
	崇左天等	杨1、洋1、阳1、扬1	龙26、弄2	鸟2、六2	燕2、院1		鸦2、亚1	马23	狗3、犬1、吗2、妈1、麻1	猫1、庙1、妙1	笔1、须1、平1、笨1	鸡8、机1、基1、计1	
	崇左凭祥		龙1		燕1			马2			笔1		
德靖土语	百色德保	阳2、羊1、洋1	龙3、隆1	鸟3、六1、育1		果2、大2、个1、家1、歌1		马7	马1				
	百色靖西	洋1	龙12				雅1	马38	荷2、马1、巴1、麻1		笔1	鸡5、机1、记1	罕1、堪1

第二章　对音汉字的语言学分析及规范字推介 ◆◇◆

来：来母，蟹开一，咍韵，平声；白话[lei²]/[loi]，平话[lai]，官话[lai]；
委：影母，止合三，纸韵，上声；白话[ʰwɐi]，平话[ʰwei]，官话[ʰwei]；
歪：晓母，蟹合二，佳韵，平声；白话平话官话[wai]；
外：疑母，蟹合一，泰韵，去声；白话[ŋɔi²]，平话[wai²]，官话[wai²]；
怀、槐、淮：匣母，蟹合二，皆韵，平声；白话平话[wai]，官话[huai]。

vaiz「水牛」的声母是[w]，韵母是[a:i]。上述对音汉字中，"来"的声母、"委"的韵母，与 vaiz「水牛」不吻合，先排除。vaiz「水牛」是壮语第 2 调，与汉语的阳平调相吻合。"歪、外"的声母韵母吻合，但不是阳平字，且"歪"推介为 vai「水坝」的对音汉字的规范汉字（参见本章第六节），"外"推介为 vaiq「棉花」的对音汉字的规范汉字（参见本章第七节），都不能选。"怀、槐、淮"三个字是阳平字，在白话平话中的声韵调皆吻合，统计数据显示，使用频率最高的是"怀"。所以，我们推介"怀"为 vaiz「水牛」的对音汉字的规范字。

二　黄牛：cwz ~ 色、则、习、节、社、球、徐、除

北部壮语"黄牛"读 cwz，对音汉字有"色、则、习、节、社、球、徐、除"，它们的中古音韵地位及广西汉语方言读音如下：

色：生母，曾开三，职韵，入声；白话[sek]/[ɕik]，平话[sək]，官话[sɤ]；
则：精母，曾开一，德韵，入声；白话[tsɐk]/[tʃɐk]，平话[tɕək]，官话[tsə]；
习：邪母，深开三，缉韵，入声；白话[tsɐt]，平话[tsəp]/[tʃəp]，官话[si]；
节：精母，山开四，屑韵，入声；白话[tsit]，平话[tʃit]，官话[tse]；
社：禅母，假开三，马韵，上声；白话[ʰsɛ]，平话[ʰʃɛ]/[ʰiʃ]，官话[seʰ]/[səʰ]；
球：群母，流开三，尤韵，平声；白话[khɐu]，平话[kɐu]/[ʃəu]，官话[khiou]；
徐：邪母，遇合三，鱼韵，平声；白话[tshy]/[tshɿ]，平话[tɕɯ]/[tʃui]，官话[ɕy]；
除：澄母，遇合三，鱼韵，平声；白话[tshy]/[tshɿ]，平话[tɕɯ]/[tʃui]，

官话[ˌtɕhy]。

先看声母，cwz「黄牛」的声母是[ɕ]，与汉语的[ɕ]/[s]/[ts]/[tɕ]能对应，上述汉字除"球"之外，其他汉字的声母都能与 cwz「黄牛」的声母相对应。用"球"来对音 cwz「黄牛」，可能是某些平话的"球"声母发生腭化后的读音，层次也比较晚。cwz「黄牛」的韵母是[ɯ]，没有韵尾。上述"色、则、习、节"这几个字是入声字，有韵尾，其对音用的是官话读音的韵母，层次浅，不是最理想的选择。那么，只剩下"社、徐、除"三个字了，这三个字要看声调。cwz「黄牛」是壮语第 2 调，与汉语的阳平调相对应。"社"是阳上字，白话平话的音色都对不上，也不合适。"徐、除"，在白话平话中，主元音以[y][ui]等为主。但是据潘悟云（2000）①，中古时期，中国西南地区有一个主流方言即古平话，其鱼韵就读[ɯ]。"徐、除"是鱼韵字，在当时的主流语言中是读[ˌɕɯ]的。今天的平话，还有一小部分方言如邕宁四塘方言就读[ˌɕɯ]，与壮语 cwz「黄牛」声韵调完全吻合。据统计数据显示，"徐"的频率比"除"高，因此，我们推介"徐"为 cwz「黄牛」的对音汉字的规范字。

三 黄牛：moz ~ 诺、合、没、莫、漠、嘆、模、谟、磨、魔、么、牛

南部壮语的"黄牛"读 moz，用"牛"对译属于意译。对音汉字有"诺、合、没、莫、漠、嘆、模、谟、磨、魔、么"，它们的中古音韵地位及广西汉语方言读音如下：

诺：泥母，宕开一，铎韵，入声；白话[nɔkˌ]，平话[nøkˌ]，官话[ˌno]；
合：匣母，咸开一，合韵，入声；白话[hɐpˌ]/[hɔpˌ]，平话[hapˌ]，官话[ˌho]；
没：明母，臻合一，没韵，入声；白话[mutˌ]，平话[mutˌ]，官话[ˌmo]；
莫：明母，宕开一，铎韵，入声；平话[mukˌ]，白话[mɔkˌ]，官话[ˌmo]；
漠：明母，宕开一，铎韵，入声；白话[mokˌ]，平话[mukˌ]，官话[ˌmɔ]；
嘆：中古无，估计是自造的方块壮字；官话会跟着普通话读[ˌmɔ]；
模：明母，遇合一，模韵，平声；白话[ˌmɔ]，平话[ˌmu]/[ˌmou]，官话[ˌmo]；
谟：中古无，广西方言会跟着普通话读[ˌmo]；

---

① 潘悟云：《汉语历史音韵学》，上海教育出版社 2000 年版，第 201 页。

磨：明母，果合一，戈韵，平声；白话[₋mɔ]，平话[₋mu]/[₋mo]，官话[₋mo]；
魔：明母，果合一，戈韵，平声；白话[₋mɔ]，平话[₋mu]/[₋mou]，官话[₋mo]；
么：中古无，广西方言少说，读书人会将普通话音折合读[₋mo]。

先看声母，moz「黄牛」的声母是[m]。"诺、合"白话平话官话的读音，声母都不符合，先排除。再看韵母，moz「黄牛」的韵母是[o]，没有韵尾，上述汉字的"没、莫、漠、嘆"都是入声字，对应的层次是官话，若用白话平话来念，语音还是不吻合，也排除。moz「黄牛」是壮语第2调，与汉语的阳平调对应。"么"广西方言读阴平调，也不合适。"模、谟、磨、魔"都是阳平字，且白话官话的读音与 moz「黄牛」音色吻合，是比较合适的备选。四个字相比，"磨"的使用频率最高。我们推介"磨"为 moz「黄牛」的对音汉字的规范字。

四 蛇：ngwz ~ 额、蛇

北部壮语的"蛇"读 ngwz，用"蛇"对译属于意译。ngwz「蛇」的对音汉字是"额"，其中古音韵地位及广西汉语方言读音如下：

额：疑母，梗开二，陌韵，入声；白话[ŋak₋]/[ŋek₋]，平话[ŋek₋]，官话[ŋə]。

"额"对音 ngwz「蛇」，显然用的是官话的音。由于只有一个对音汉字，只能用"额"做 ngwz「蛇」的对音汉字的规范字。

五 蛇：nguz/ngouz ~ 偶、吴

南部壮语的"蛇"有两个读音，李方桂（2005）记录龙州壮语的"蛇"为[ŋu²]①，郑贻青（1996）记录靖西壮语的"蛇"为[ŋou²]②，说明南部壮语的"蛇"的韵母 [ŋu²]>[ŋou²]，韵母从单元音到复合元音发生了裂变，我们用标准壮文记录为 nguz/ngouz「蛇」。nguz/ngouz「蛇」的对音汉字是"偶、吴"。这两个字的中古音韵地位及广西汉语方言读音如下：

偶：疑母，流开一，候韵，去声；白话[⁼ŋɐu]/[⁼ŋau]，平话[⁼ŋeu]，官话[⁼ŋeu]；

---

① 李方桂：《龙州土语·李方桂全集3》，清华大学出版社 2005 年版，第 262 页。
② 郑贻青：《靖西壮语研究》，广西民族出版社 2013 年版，第 194 页。

吴：疑母，遇合一，模韵，平声；白话[ŋ]，平话[ŋo]/[ŋou]，官话[u]。

"偶"在方言中只有复合元音[əu]/[au]的读音，没有对应从单元音到复合元音的裂化过程。而"吴"是有的方言读单元音，有的方言读复合元音，与壮语[ŋu²]>[ŋou²]「蛇」的过程相吻合。我们推介"吴"为 nguz/ngouz「蛇」的对音汉字的规范字。

北部壮语的 ngwz「蛇」与南部壮语的 nguz/ngouz「蛇」很明显互为方言变体。它们的声母和声调都相同，只是韵母有三个变体：[ɯ][u][ou]。如果我们能在汉字中找到一个也有这三个变体的字，就能跟 ngwz/nguz/ngouz「蛇」对应了，可惜的是，我们的材料中没有这样的字，只能把北部壮语的 ngwz「蛇」当作一个词来做规范，把南部壮语的 nguz/ngouz「蛇」当作另外一个词来做规范。

六 猴子：lingz ~ 令、岭、怜、良、凌、宁、灵、陵、伶、玲

壮语"猴子"读 lingz，对音汉字有"令、岭、怜、良、凌、宁、灵、陵、伶、玲"，它们的中古音韵地位及广西汉语方言读音如下：

令：来母，梗开三，劲韵，去声；白话[leŋ³]，平话[ləŋ²]/[leŋ³]，官话[liŋ³]；

岭：来母，梗开三，静韵，上声；白话[˪leŋ]，平话[˪ləŋ]/[leŋ]，官话[˪liŋ]；

怜：来母，山开四，先韵，平声；白话[˩lin]，平话[˩lin]/[˩len²]，官话[˩lien]；

良：来母，宕开三，阳韵，平声；白话[˩lœŋ]，平话[˩leŋ]，官话[˩liaŋ]；

凌：来母，曾开三，蒸韵，平声；白话[˩liŋ]/[˩leŋ]，平话[˩ŋeŋ]，官话[˩lin]；

宁：泥母，梗开四，青韵，平声；白话[˩neŋ]，平话[˩neŋ]/[˩ŋeŋ]，官话[˩nin]；

灵：来母，梗开四，青韵，平声；白话[˩liŋ]，平话[˩ləŋ]，官话[˩lin]；

陵：来母，曾开三，蒸韵，平声；白话[˩liŋ]/[˩leŋ]，平话[˩leŋ]，官话[˩lin]；

伶：来母，梗开四，青韵，平声；白话[˩liŋ]/[˩leŋ]，平话[˩leŋ]/[˩ləŋ]，官话[˩lin]；

玲：来母，梗开四，青韵，平声；白话[˩liŋ]，平话[˩ləŋ]，官话[˩lin]。

lingz「猴子」的声母是[l]，韵母是[iŋ]，收[ŋ]尾，声调是壮语第 2 调，与汉语的阳平调相对应。上述对音汉字"令、岭"不是阳平字，排除。余下全都是阳平字，"怜"收[n]尾，排除。其中有两个被推介为别的词的对音

第二章 对音汉字的语言学分析及规范字推介 ◆◇◆

汉字的规范字，即良~rengz「平地」（见本章第四节）、宁~ningq「小」（见本章第十节），能用的字有"凌、灵、陵、伶、玲"。从统计数据看，"灵"的使用频率最高。我们推介"灵"为lingz「猴子」的对音汉字的规范字。

七 乌猿：gaeng ~ 更

壮语的"乌猿"读gaeng，目前只发现一个对音汉字"更"，它的中古音韵地位及广西汉语方言读音如下：

更：见母，梗开二，庚韵，平声；白话[₋kɐŋ]，平话[₋kɐŋ]/[₋kɐŋ]，官话[₋kən]。

从音色看，白话平话中的声韵调都能对应，推介"更"为gaeng「乌猿」的对音汉字的规范字。

八 虎：guk ~ 古、福、谷、可、虎

北部壮语的"老虎"读guk，用"虎"对译属于意译。对音汉字有"古、福、谷、可"。它们的中古音韵地位及广西汉语方言读音如下：

古：见母，遇合一，姥母，上声；白话[ᶜku]，平话[ᶜko]，官话[ᶜku]；
福：非母，通合三，屋韵，入声；白话[fukɔ]/[fokɔ]，平话[fokɔ]，官话[₋fu]；
谷：见母，通合一，屋韵，入声；白话[kukɔ]/[kokɔ]，平话[kokɔ]，官话[₋ku]；
可：溪母，果开一，哿韵，上声；白话[ᶜho]，平话[ᶜkho]，官话[ᶜkho]。

guk「虎」的声母是[k]，韵母是[uk]，是入声字，收[k]尾；声调是壮语第7调，与汉语的阴入调相对应。上述对音汉字，"古、可"是非入声字，对音用的是官话层次，不是最好的选择。"福"是阴入字，但是声母对不上，也不合适。"谷"在白话平话中都能与guk「虎」对应。在方块壮字系统中，guk「虎」写作"狗"，说明民间也常拿"谷"做声旁。从统计结果看，"谷"的使用频率也相对高一些。所以，我们推介"谷"为guk「虎」的对音汉字的规范字。

九 虎：sw ~ 西、泗、慈

南部壮语的"老虎"读sw，对音汉字有"西、泗、慈"，它们的中古音韵地位及广西汉语方言读音如下：

西：心母，蟹开四，齐韵，平声；白话平话[ɬei]，官话[ɕi]；

泗：中古无，依"四"的读音；白话[ti]，平话[ɬei]，官话[sɿ]；

慈：从母，止开三，之韵，平声；白话[˰tshi]/[˰tshɿ]，平话[˰tɕi]/[˰tsəi]，官话[˰tshɿ]。

sw「虎」的声母[s]，可对应汉语的擦音声母[ɬ][ɕ][s]、塞擦音声母[tɕ][ts]；韵母是[ɯ]，与汉语方言[ɿ]的音色很相近；声调是壮语第1调，与汉语的阴平调相对应。

上述对音汉字中，"西"是阴平字，但是其在白话平话官话中的韵母[ei/i]跟壮语的[ɯ]不太吻合。"泗、慈"的官话音[ɿ]与[ɯ]比较吻合，但不是阴平字。从统计数据看，"慈"的使用频率最高。我们推介"慈"为 sw「虎」的对音汉字的规范字。

十 熊：mui ~ 美、米、梅、妹、雄、熊

壮语的"熊"读 mui，上述汉字中，"熊"是意译字，"雄"是"熊"的同音字，属于意译。其余的对音汉字有"美、米、梅、妹"，它们的中古音韵地位及广西汉语方言读音如下：

美：明母，止开三，旨韵，上声；白话[˚mɐi]/[˚mi]，平话[˚mɐi]，官话[˚mei]；

米：明母，蟹开四，荠韵，上声；白话[˚mɐi]，平话[˚mɐi]，官话[˚mi]；

梅：明母，蟹合一，灰韵，平声；白话[˰mui]，平话[˰mɔi]，官话[˰məi]；

妹：明母，蟹合一，队韵，去声；白话[mui²]，平话[mɔi²]/[mui²]，官话[mei²]。

mui「熊」是壮语第1调，与汉语的阴平调相对应，上述汉字竟无一字是阴平字。统计数据显示，"美"的使用频率很高，但是"美"不适合作 mui「熊」的规范字。原因是：一方面，mui「熊」的韵母有个合口的[u]，"美、米"在白话平话官话中都不合口，音色对不上；另一方面，"美"已经推介为 moiq「新」的对音汉字的规范字（参见本章第十节），此处不能再用。"梅、妹"是合口，与 mui「熊」能对应上，应该在这两个字里选一个。这两个字的频率都不高，我们推介"妹"作为 mui「熊」的对音汉字的规范字。

十一 蚂蟥、水蛭：bing ~ 炳、边、清、兵

壮语的"蚂蟥、水蛭"读 bing，对音汉字有"炳、边、清、兵"，它们的中古音韵地位及广西汉语方言读音如下：

炳：帮母，梗开三，庚韵，上声；白话[˚peŋ]，平话不明，官话[˚pin]；

边：帮母，山开四，先韵，平声；白话[˳pin]，平话[˳pin]，官话[˳pɛn]；

清：清母，梗开三，清韵，平声；白话[˳tsheŋ]/[˳tshiŋ]，平话[˳tshəŋ]，官话[˳tshin]；

兵：帮母，梗开三，庚韵，平声；白话[˳piŋ]/[˳peŋ]，平话[˳pəŋ]，官话[˳pin]。

壮语的 bing「蚂蟥、水蛭」的声母是[p]；韵母是[iŋ]，阳声韵，收[ŋ]尾；声调是壮语第 1 调，与汉语的阴平调相对应。从声母看，"清"的声母读[tsh]，对应不上，先排除。从韵母看，"边"收[n]尾，不对应，也排除。从声调看，"炳"是阴上字，与壮语第 1 调对不上，也要排除。声韵调都合适的是"兵"，且统计数据也表明，"兵"的使用频率最高。所以，我们推介"兵"为 bing「蚂蟥、水蛭」的对音汉字的规范字。

十二 猪：mu/mou ~ 目、布、某、谋、茂、么、母、姆、墓、模、务、亩、巫、乌、坯

壮语的"猪"读 mu/mou，对音的汉字有"目、布、某、谋、茂、么、母、姆、墓、模、务、亩、巫、乌、坯"，它们的中古音韵地位及广西汉语方言读音如下：

目：明母，通合三，屋韵，入声；白话[muk˼]/[mok˼]，平话[mok˼]，官话[˳mu]；

布：帮母，遇合一，暮韵，去声；白话[puˀ]/[pouˀ]，平话[puˀ]/[pouˀ]，官话[puˀ]；

某：明母，流开一，厚韵，上声；白话[˚mɐu]，平话[˚mɐu]，官话[˚mou]；

谋：明母，流开三，尤韵，平声；白话[˳mɐu]，平话[˳mɐu²]，官话[˳mou]；

茂：明母，流开一，候韵，去声；白话[mɐuˀ]，平话[mɐuˀ]，官话[mauˀ]/[mouˀ]；

么：中古无，广西方言少说，读书人会将普通话音折合读作[˳mo]；

母、姆：明母，流开一，厚韵，上声；白话[˚mu]/[˚mɐu]，平话[˚mu]/[˚mɐu]，

官话[˧mu];

墓：明母，遇合一，暮韵，去声；白话[muˀ]，平话[muˀ]/[mouˀ]，官话[muˀ]；

模：明母，遇合一，模韵，平声；白话[˨mɔ]，平话[˨mɔ]/[˨mou]，官话[˨mo]；

务：微母，遇合三，遇韵，去声；白话[muˀ]/[mouˀ]，平话[muˀ]/[mouˀ]，官话[uˀ]；

亩：明母，流开一，厚韵，上声；白话[ˀmɐu]/[ˀmu]，平话[ˀmɐu]，官话[ˀmɐu]；

巫：微母，遇合三，虞韵，平声；白话[˨mu]/[˨mɐu]，平话[˨mu]/[fɐu]，官话[˨u]；

乌：影母，遇合一，模韵，平声；白话[˨u]，平话[˨ou]/[˨u]，官话[˨u]；

圩：溪母，流开三，尤韵，平声；白话少讲，平话[˨ɐu]/[˨khieu]，官话[˨khiou]/[tshiou¹]。

壮语 mu/mou「猪」的声母是[m]；韵母有[u]和[ou]两个变体，说明壮语方言发生了元音[u]> [ou]的裂化；声调是壮语第1调，与汉语的阴平调相对应。

上述的汉字，"圩"的声母韵母完全对应不上，我们推测是 gyauh「野猪」的对音汉字，先排除。"目"是入声字，与 mu/mou「猪」的阴声韵不相吻合，排除。"布"的声母不符合，也要排除。声调是阴平调的只有"巫、乌"，"乌"是影母字，声母不会读[m]，估计是"巫"的官话同音字。"巫"似乎不适合选为规范字，因为：一方面，平话有个读音声母为[f]，官话是零声母，与 mu/mou「猪」的声母不吻合；另一方面，在统计数据中使用频率太低。"某、谋、茂"这三个字，韵母读[ɐu/əu/ou]，"么"的韵母也只读[o]，不具备[u]>[ou]裂化演变的条件，也不是好的选择，也要排除。"务"在白话平话中的声母是[m]，韵母也具备[u]>[ou]的裂化演变，不足的是官话的声母不读[m]。"母、姆、墓、模、亩"在白话平话官话中的声母都是[m]，韵母也具备[u]>[ou]的裂化演变的条件，基本符合对应要求。统计的数据表明，"母"的使用频率最高。所以，我们推介"母"为 mu/mou「猪」的对音汉字的规范字。

十三 野猪：raih ~ 在、奶、来、赖

壮语的"野猪"读 raih，对音汉字有"在、奶、来、赖"，它们的中古音韵地位及广西汉语方言读音如下：

在：从母，蟹开一，海韵，上声；白话[tsɔi²]，平话[ˢtsai]/[tsai]，官话[tsai²]；
奶：泥母，蟹开二，蟹韵，上声；白话[ˢnai]，平话[ˢnai]，官话[ˢnai]；
来：来母，蟹开一，哈韵，平声；白话[ˌlei]/[ˌloi]，平话[ˌlai²]，官话[ˌlai]；
赖：来母，蟹开一，泰韵，去声；白话[lai²]，平话[lai²]，官话[lai²]。

raih「野猪」的声母是[r]；韵母是复合元音[a:i]；声调是壮语第6调，应对应汉语的阳去调。

先看声母，本书多次提到，[r]的方言变体非常多，最常见的是[r]>[l]，如 "利~reih「旱地」"（参见本章第四节）；也有[r]>[n]，如 raemx>naemx「水」（参见本章第三节）；还有[r]>[s]，如 raengz>saengz「地下溶洞、深潭」（参见本章第三节）。此处出现的对音汉字"奶"，可能就体现了[r]>[n]；而对音汉字"在"，则可能体现了[r]>[s]，壮语的擦音[s]和塞擦音[ts]相混，壮语人会把汉语的塞擦音[ts]混读为擦音[s]，汉语"在"的读音[ˢtsai]混同为[ˢsai]，那么就跟 saih（<raih「野猪」）的声韵调很相近了。从数量上看，"在、奶"之类的声母的字很少，即[r]>[n]与[r]>[s]在壮语中的演变比较少。对音汉字"来、赖"的数量占绝大多数，说明用[l]来对音壮语的[r]仍是 raih「野猪」这个词的主流。"来"虽然声母韵母都对应，但声调是阳平调，对不上。"赖"的声韵调在白话平话官话里都与 raih「野猪」相吻合，因此，推介"赖"为 raih「野猪」的对音汉字的规范字。

十四 羊：yiengz~羊、阳、洋、扬、咩、杨

壮语的"羊"读 yiengz，就是汉语借词"羊"（蓝庆元，2005）[①]，根据"汉语借词还原"的原则，"羊"应该是 yiengz「羊」的对音汉字的规范字。

十五 龙：lungz~龙、陇、弄、隆

壮语的"龙"读 lungz，就是汉语借词"龙"（蓝庆元，2005）[②]，根据"汉语借词还原"的原则，"龙"应该是 lungz「龙」的对音汉字的规范字。

[①] 蓝庆元：《壮汉同源词借词研究》，中央民族大学出版社2005年版，第263页。
[②] 蓝庆元：《壮汉同源词借词研究》，中央民族大学出版社2005年版，第230页。

十六 鸟：roeg/noeg ~ 鸟、六、育

北部壮语"鸟"读 roeg。而南部壮语读音有变化，郑贻青（1996）记录靖西壮语为[nɔːk⁸]①，李方桂（2005）记录龙州壮语为[nuk⁸]②，卢业林（2011）记录大新壮语为[nok⁸]③，根据上述材料，我们把南部壮语的"鸟"用标准壮文记录为 noeg。显然北部壮语的 roeg「鸟」与南部壮语的 noeg「鸟」互为方言变体。用"鸟"对译属于意译。roeg/noeg「鸟」的对音汉字在我们的材料里只发现两个字即"六、育"，其中古音韵地位及广西汉语方言读音如下：

六：来母，通合三，屋韵，入声；白话平话[lok₂]/[luk₂]，官话[₅lu]；

育：以母，通合三，屋韵，入声；白话[juk₂]/[jok₂]，平话[jok₂]/[ŋok₂]，官话[₅jiu]。

"育"在平话中以[jok₂]居多，个别方言读[ŋok₂]。从音色上看，"六"对音 roeg，"育"对音 noeg。统计数据表明，"六"是绝对高频字，南部壮语和北部壮语都在使用；"育"是绝对低频字，只在靖西发现 1 例。我们碰到的难处是，绝对高频的"六"不能选为对音汉字的规范汉字，因为"六"的官话音和普通话读音，音色与 roeg/noeg 相差太多了，且"六"选为 lueg「山谷」的对音汉字的规范字了（参见本章第二节），要避让。"育"能不能用呢？也不是太合适，因为：第一，"育"是绝对低频字；第二，"育"在今天的白话平话中以读[jok₂]居多，跟 roeg/noeg「鸟」均难以对应。

既然现实的对音汉字"六、育"都不合适，我们尝试从方块壮字中选择。roeg/noeg「鸟」的方块壮字有"蚞、鵌、鸠、犾、鸿、鞪、鞪、吥"，我们选"鸿"，左边是声旁，提示读音，右边是形旁，表示意思。选用"鸿"，声旁"六"，其实对音还用白话平话中"六"的语音。不过，这个"鸿"毕竟不是汉字系统的字，需要折合一个普通话读音。仿照安徽地名"六安"的"六"读 lù，我们也照此折合"鸿"的声旁"六"，将"鸿"的普通话读

---

① 郑贻青：《靖西壮语研究》，广西民族出版社 2013 年版，第 194 页。
② 李方桂：《龙州土语·李方桂全集 3》，清华大学出版社 2005 年版，第 261 页。
③ 卢业林：《大新壮语语法调查与研究》，硕士学位论文，广西大学，2011 年，第 4 页。

音定为 lù。

十七　燕子：enq ~ 燕、院

壮语的"燕子"读 enq，就是汉语借词"燕"（蓝庆元，2005）[①]，根据"汉语借词还原"的原则，"燕"应该是 enq「燕子」的对音汉字的规范字。

十八　乌鸦：ga ~ 加、瓜、个、果、家、歌、大

十九　乌鸦：a ~ 鸦、亚、雅

壮语的"乌鸦"有两个读音：ga 和 a，其对音汉字的中古音韵地位及广西汉语方言读音如下：

加：见母，假开二，麻韵，平声；白话平话[$_{˩}$ka]，官话[$_{˩}$kja]/[$_{˩}$tsja]；

瓜：见母，假合二，麻韵，平声；白话[$_{˩}$kua]，平话[$_{˩}$kua]/[$_{˩}$ka]，官话[$_{˩}$kua]；

个：见母，果开一，箇韵，去声；白话[kɔ$^˧$]，平话[kɔ$^˧$]/[ki$^˧$]，官话[kɔ$^˧$]；

果：见母，果合一，果韵，上声；白话[$^˥$kɔ]，平话[$^˥$kɔ]，官话[$^˥$kɔ]；

家：见母，假开二，麻韵，平声；白话[$_{˩}$ka]，平话[$_{˩}$ka]，官话[$_{˩}$kia]；

歌：见母，果开一，歌韵，平声；白话[$_{˩}$kɔ]，平话[$_{˩}$kɔ]/[$_{˩}$ka]，官话[$_{˩}$kɔ]；

大：定母，果开一，箇韵，去声；白话平话[tai$^˧$]，官话[ta$^˧$]。

鸦：影母，假开二，麻韵，平声；白话[$_{˩}$a]，平话[$_{˩}$ia]/[$_{˩}$a]，官话[$_{˩}$ia]；

亚：影母，假开二，祃韵，去声；白话[a$^˧$]，平话[a$^˧$]/[ja$^˧$]，官话[ia$^˧$]；

雅：疑母，假开二，马韵，上声；白话[$^˥$ŋa]，平话[$^˥$ŋa]/[$^˥$ŋa]，官话[$^˥$ia]；

根据潘悟云（1997）[②]，汉语的"乌"字上古拟音为[*qa]。读[*qa]的"乌"字与汉藏语系广泛可见的"乌鸦"一词的[ka¹]/[qa¹]/[kha¹]/[ʔa¹]是同源词。据此，汉语"乌"与"鸦"属于古今字的关系：早期的"乌"读[*qa]，后来[*qa]读音演变为[ʔa]，就又造了一个新的字"鸦"来写这个[ʔa]音。这样看来，壮语的 ga 就是上古汉语的"乌"的对应同源词，壮语"乌鸦"读为 a 的是中古汉语"鸦"的汉语借词。

[①] 蓝庆元：《壮汉同源词借词研究》，中央民族大学出版社 2005 年版，第 263 页。
[②] 潘悟云：《喉音考》，《民族语文》1997 年第 5 期。

值得注意的是，ga「乌鸦」的对译汉字中有个"大"字，其对音关系我们无法得知，或许是 da 和 ga 都可以表「村名词头」，而 da 可对音"大"，就将"大"用来记录 ga「乌鸦」了吧。

壮语的 a「乌鸦」是中古时期的汉语借词"鸦"，其对音汉字有"亚、雅"。那么根据"汉语借词还原"的原则，"鸦"应该推介为 a「乌鸦」的对音汉字的规范字。

壮语的 ga「乌鸦」是上古时期的汉语借词"乌"，却不能适用"汉语借词还原"原则，因为今天广西的汉语方言中，找不到"乌"读[ka]的。ga「乌鸦」的对音汉字为"加、瓜、个、果、家、歌"。ga「乌鸦」是壮语第 1 调，应与汉语的阴平调相对应，"个、果"不是阴平字，与壮语 ga「乌鸦」第 1 调对不上。"加、瓜、家、歌"是阴平字，哪个合适呢？"加"已被选为 ga「村名词头」的规范汉字了（参见本章第四节），这里不能再用。"瓜"在极少数平话中读[ka]，但是在多数平话以及白话官话里都读[kua]，与 ga 音色有差异。"家"在白话平话中的声母韵母也能对应，但是壮语地名中很多用姓氏命名的地名，取名"某 gya"，其中的 gya「家」是汉语借词，依据"汉语借词还原"的原则要用回本字"家"，故"家"也不是最好的选择。"歌"字对音平话，声韵调都吻合，但是在白话官话中读[kɔ]不读[ka]。我们引入一个"戛"字作为 ga「乌鸦」的对音汉字的规范字。这个"戛"就是一个记音汉字，用在法国地名"戛纳"。"戛"已经在当代汉语中占有一席之地，收入第 7 版的《现代汉语词典》中，并且有个固定的普通话读音 gā，与壮语的 ga「乌鸦」对应非常整齐。

二十　马：max ~ 马、莫、母、吗、妈

壮语的"马"读 max，就是汉语借词"马"（蓝庆元，2005）[①]，根据"汉语借词还原"的原则，"马"应该推介为 max「马」的对音汉字的规范字。

[①] 蓝庆元：《壮汉同源词借词研究》，中央民族大学出版社 2005 年版，第 231 页。

二十一 狗：ma～狗、华、巴、马、犸、麻、妈、吗、苟、犬

壮语的"狗"读 ma，上述汉字中，"狗、犬"是意译字，"苟"是"狗"的同音字，也属于意译。对音的汉字有"华、巴、马、犸、麻、妈、吗"，它们的中古音韵地位及广西汉语方言读音如下：

华：匣母，假合二，麻韵，平声；白话[₂wa]，平话[₂wa]，官话[₂xua]；

巴：帮母，假开二，麻韵，平声；白话[₂pa]，平话[₂pa]，官话[₂pa]；

马：明母，假开二，马韵，上声；白话[ᶜma]，平话[ᶜma]，官话[ᶜma]；

犸：中古无，普通话读 mǎ，白话平话会跟着读[ᶜma]，官话跟着读[ᶜma]；

麻：明母，麻开二，麻韵，平声；白话[₂ma]，平话[₂ma]，官话[₂ma]；

妈：明母，假开二，麻韵，平声；白话[₂ma]，平话[₂ma]，官话[₂ma]；

吗：中古无，普通话读 mā，白话平话会跟着读[₂ma]，官话跟着读[₂ma]。

壮语 ma 的声母是[m]；韵母是[a]，声调是壮语第 1 调，与汉语的阴平调相对应。上述对音汉字，"华、巴"声母对应不上，"马、犸、麻"不是阴平字，况且"马"是 max「马」的汉语借词（见本节上文），所以不适合。"妈、吗"是阴平字，声母韵母也对应，比较适合。为了避免常用汉字"妈"被望文生义理解为"妈妈、母亲"，我们推介"吗"为 ma「狗」的对音汉字的规范字。

二十二 猫：meuz～庙、猫、苗、否、妙

壮语的"猫"读 meuz，就是汉语借词"猫"（蓝庆元，2005）[①]。根据"汉语借词还原"的原则，"猫"应该推介为 meuz「猫」的对音汉字的规范字。

关于"猫"，需要说明一些事情。先看"猫"的中古音韵地位及广西汉语方言的读音：

猫：明母，效开二，肴韵，平声；白话[₂mɛu]，平话[₂meu]/[₂mɛu]，官话[₂miau]。

按音韵地位，汉语的"猫"本来为阳平调。晚近以来，普通话发生变异，改为阴平调。广西的汉语方言随着主流的通用语变化，"猫"在白话官话中都读阴平调，平话也以阴平调为主，少数方言保留阳平调的读法。

---

① 蓝庆元：《壮汉同源词借词研究》，中央民族大学出版社 2005 年版，第 232 页。

meuz「猫」为壮语第2调，保留着中古的阳平调。为了反映历史，应该选一个读为阳平字，作为对音汉字的规范字，比如可以选上述对译汉字中的"苗"字。这样的做法，道理上是可以的，如本章第七节"松树"的 coengz 就是"松"，原来读阳平调，普通话已经读为阴平调。由于"coengz～松"在壮语、汉语中的声母不同，人们认为是两个词，民间自造的方块壮字会专门为 coengz 造字"枞、樅"，我们从地名的对音汉字中选了一个读阳平调的"从"。但是具体到"meuz～猫"，声母韵母都相同，只有声调不同。多数壮语人都认为 meuz「猫」就是汉语的"猫"，并没有在意其调类的差别，况且壮语的调类与官话层次的调类是对应不上的。民间自造的方块壮字没有专门为 meuz「猫」造字，一直就用汉字"猫"。类似的例子还有"柳州"，柳江壮语读为[lju²tsju¹]，[lju²]是壮语第2调（疑本字为"榴"），按理应对应汉语的阳平调，然而"柳"却是个阳上字。柳州的壮汉双语人并不在意其调类的不同，仍然坚持认为[lju²]就是"柳"字。所以，这里我们没有比照 coengz「松树」的做法，仍然依据"汉语借词还原"的原则，采用"猫"字为 meuz「猫」的对音汉字的规范字。

二十三 鸭：bit～贫、平、笨、别、弼、笔、必

壮语的"鸭子"读 bit，对音汉字有"贫、平、笨、别、弼、笔、必"，它们的中古音韵地位及广西汉语方言读音如下：

贫：並母，臻开三，真韵，平声；白话[₋phɐn]，平话[₋pən]，官话[₋phin]；

平：並母，梗开三，庚韵，平声；白话[₋phɐŋ]/[₋phiŋ]，平话[₋pəŋ]，官话[₋pin]；

笨：並母，臻合一，混韵，上声；白话[pɐn²]，平话[pɐn²]，官话[pən²]；

别：帮母，山开三，薛韵，入声；白话[pit₂]，平话[pit₂]，官话[₋pe]；

弼：並母，臻开三，质韵，入声；白话[pet₂]，平话[pit₂]/[pət₂]，官话[pi²]；

笔：帮母，臻开三，质韵，入声；白话[pet₇]，平话[pət₇]，官话[₋pi]；

必：帮母，臻开三，质韵，入声；白话[pit₇]，平话[pit₇]，官话[₋pi]。

壮语的 bit「鸭」的声母是[p]；韵母是[it]，收[t]入声尾；声调是壮语第7调，与汉语的阴入调相对应。"贫、平、笨"三个字是阳声韵，收[n][ŋ]尾，与 bit「鸭」的入声韵对不上，先排除。"别、弼"虽然是入声字，却是阳入

字，不是阴入字，也不合适。"笔、必"是阴入字，但是"笔"的主元音有一点差别，不是最合适的。声韵调都合适的就是"必"字了，统计数据也显示，"必"的使用频率比"笔"高一点。所以，我们推介"必"为 bit「鸭」的对音汉字的规范字。

二十四　鸡：gaeq ~ 鸡、贵、机、界、计、桂、开、基、记

壮语的"鸡"读 gaeq，据蓝庆元（2005）[①]记录，gaeq「鸡」就是汉语借词"鸡"。根据"汉语借词还原"的原则，应该推介"鸡"为 gaeq「鸡」的对音汉字的规范字。

需要指出，"鸡"的中古音韵地位和广西汉语方言的读音：

鸡：见母，蟹开四，齐韵，平声；白话平话[₋kɐi]，官话[₋ki¹]/[₋tsi]。

汉语的中古音韵和广西汉语各方言中"鸡"都为阴平调，而壮语的 gaeq「鸡」却为壮语第 5 调，调类对不上。既是汉语借词，为什么汉语是阴平调而壮语是第 5 调。蓝庆元（2005）没有解释。笔者与蓝庆元先生私人沟通，他表示目前还找不到好的解释。

二十五　鹅：hanq ~ 堪、喊、汗、限、旱、罕、汉

壮语的"鹅"读 hanq，对音汉字有"堪、喊、汗、限、旱、罕、汉"，它们的中古音韵地位及广西汉语方言读音如下：

堪：溪母，咸开一，覃韵，平声；白话[₋hɐm]，平话[₋høm]，官话[₋khan]；

喊：晓母，咸开一，敢韵，上声；白话[ham²]/[hɐm²]，平话[ʿham]，官话[ʿxan]；

汗：匣母，山开一，翰韵，去声；白话[hɔn²]，平话[høn²]，官话[xan²]；

限：匣母，山开二，产韵，上声；白话[ʿhan]/[₋han]，平话[han²]，官话 [xɛn²]；

旱：匣母，山开一，旱韵，上声；白话[ʿhɔn]，平话[ʿhan]，官话[ʿxan²]；

罕：晓母，山开一，旱韵，上声；白话[ʿhɔn]，平话[ʿhan]，官话[ʿxan]；

[①] 蓝庆元：《壮汉同源词借词研究》，中央民族大学出版社 2005 年版，第 219 页。

汉：晓母，山开一，翰韵，去声；白话[hɔn²]，平话[han²]/[høn²]，官话[xan²]。

壮语的 hanq「鹅」的声母是[h]，韵母是[a:n]，收[n]尾；声调是壮语第5调，与汉语的阴去调相对应。上述对音汉字，"堪、喊"收[m]尾，不合适。"汗、限、旱、罕"都不是阴去字，也不合适。"汉"是阴去字，平话与官话的声母韵母都与 hanq 吻合，且统计数据显示"汉"的使用频率是最高的。我们推介"汉"作为 hanq「鹅」的对音汉字的规范字。

第九节　方位类

方位这一类共25个词，其使用频率如表2-10所示。

一　对面、那边：fag～发、伏、法、扶、福、乏、伐、佛

南部壮语"对面、那边"读 fag，对音汉字有"发、伏、法、扶、福、乏、伐、佛"，它们的中古音韵地位及广西汉语方言读音如下：

发：非母，山合三，月韵，入声；白话平话[fat₃]，官话[˨fa]；

伏：奉母，通合三，屋韵，入声；白话[fuk₃]/[fok₃]，平话[fok₃]，官话[˨fu]；

法：非母，咸合三，乏韵，入声；白话平话[fat₃]，官话[˨fa]；

扶：奉母，遇合三，虞韵，平声；白话[˨fu]，平话[˨fu]/[˨fou]，官话[˨fu]；

福：非母，通合三，屋韵，入声；白话[fuk₃]/[fok₃]，平话[fok₃]，官话[˨fu]；

乏：奉母，咸合三，乏韵，入声；白话[fat₂]/[fap₂]，平话[fat₂]/[fap₂]，官话[˨fa]；

伐：奉母，山合三，月韵，入声；白话[fat₂]，平话[fat₂]，官话[˨fa]；

佛：奉母，臻合三，物韵，入声；白话[fɐt₂]/[fat₂]，平话[fɐt₂]，官话[˨fu]。

fag「对面、那边」的声母是[f]；韵母是[a:k]，收[k]尾，入声韵；声调是壮语第8调，与汉语的阳入调相对应。上述对音汉字的声母都是[f]，"发、法、乏、伐、佛"这几个字在白话平话中的韵尾收[t]尾，不合适，先排除。"扶"

第二章 对音汉字的语言学分析及规范字推介

表 2-10 方位类壮语地名对译汉字统计

方位类 1

标准壮文		fag	baih	henz	gwnz	nw	dingz/daengz	bak	laj	dawz/dawj	yah	rog	nog	ndaw/noi
地名普查的壮文及含义		fak/fwk/fag/fuk/faz 对面、那边	baih/byai 处所、那边	henz 旁边	gwnz 上面	nwj/nawj 上面	daengz/dingh/dingj 上面	bak/hag/bah/baz 出入口	laj/ndaq 下面	daw/dae/dei/dawz/dawj/daej 下面	yah/yaj 下面	rog/lueg 外面	nog 外面	ndaw/ndau/noix 里面
北部壮语	桂北土语 河池巴马	发 1			上 8、更 5		廷 1	百 11	拉 40、下 13			外 1		内 6、里 1
	河池环江				背 2、上 1			白 1	下 3、拉 1					内 1
	河池东兰		派 1		更 17			百 6、巴 2	拉 61、下 3					内 6、里 2、累 1
	河池金城江				背 37、上 13、加 2			白 4、北 3、百 1、坝 1、口 2、怕 1	拉 62、下 31			外 5、落 1		里 12、内 9
	河池天峨				上 12、更 5			巴 13、八 10、百 6	拉 44、下 13					里 6
	柳州融安		排 1		更 3、根 2				拉 31、下 1					里 1
	河池罗城				背 6、上 2			白 7	拉 25、下 2					内 1
柳江土语	来宾合山				上 2				下 3					

续表

方位类 1

标准壮文	fag	baih	henz	gwnz	nw	dingz/daengz	bak	laj	dawz/dawj	yah	rog	nog	ndaw/noi
地名普查的壮文及含义	fak/fwk/faz fag/fuk/faz 对面、那边	baih/byai 处所、那边	henz 旁边	gwnz 上面	nwj/nawj 上面	daengz/dingh/dingj 上面	bak/bag/bah/baz 出入口	laj/ndaq 下面	daw/dae/dei/dawz/dawj/daej 下面	yah/yaj 下面	rog/lueg 外面	nog 外面	ndaw/ndau/noix 里面
北部壮语 柳江土语 来宾忻城				上7、更1			口1、北11、白2、百1、甫1	拉7、下12、加1、沙1					内6、洞2、进1
来宾兴宾													
柳州柳城				肯2、近2			北3、桕1	拉6、下1					里1
柳州柳江				根27、肯6、琴2、近1、敬1、上16、金1			北9、白2、百1	拉47、下20、喇1、脚2、底2					里9、内2
河池宜州				肯4、根1、埂1、上2		定1	北1、桕1	下2					里1
红水河土语 河池都安				肯3、更2、勤1、根1、上1			百18、白1、八1	拉29			乐1、作1		内6、中1

第二章　对音汉字的语言学分析及规范字推介

续表

方位类 1

标准壮文	fag	baih	henz	gwnz	nw	dingz/daengz	bak	laj	dawz/dawj	yah	rog	nog	ndaw/noi
地名普查的壮文及含义	fak/fwk/fag/fuk/faz 对面,那边	baih/byai 处所,那边	henz 旁边	gwnz 上面	nwj/nawj 上面	daengz/dingh/dingj 上面	bak/hag/bah/baz 出入口	laj/ndaq 下面	daw/diae/dei/dawz/daej 下面	yah/yaj 下面	rog/lueg 外面	nog 外面	ndaw/noix 里面
北部壮语 红水河土语 河池大化	伏2			琴1		顶1	百3	拉3		亚1			内1
贵港港北													
贵港桂平							口3、北1	下2					里2
贵港覃塘													
柳州耗寨				上1、恩1			巴1、潘1、口1	拉17、下2					里1
来宾武宣				根1									
来宾拳州				上8				下9					
邕北土语 百色拳果													

续表

方位类 1

标准壮文	fag	baih	henz	gwnz	nw	dingz/daengz	bak	laj	dawz/dawj	yah	rog	nog	ndaw/noi
地名普查的壮文及含义	fak/fwk/fag/fuk/faz 对面，那边	baih/byai 处所，那边	henz 旁边	gwnz 上面	nwj/nawj 上面	daengz/dingh/dingj 上面	bak/bag/bah/baz 出入口	laj/ndaq 下面	daw/dae/dei/diaz/dawj/daej 下面	yah/yaj 下面	rog/lueg 外面	nog 外面	ndaw/ndaw/noix 里面
北部壮语 右江土语 百色田东				群1		顶4、定1、廷1	百9、瀑1	拉1、下1					内1
百色田阳	伏1	排28	沿2、边2、贤2	更31、上60、琴2、根1	汝3	顶20、叮2、丁6、亭2、定1、兴1、鼎1、吞1、灯1		下87、忐4、拉3			外14、乐2、落1、绿1、录1		内32
桂边土语 河池凤山				更27、上7、肯1、埂1		顶1、定1、庭1	巴14、白2、坝1	拉88、下8	忐1		乐2、外1		内15、累1
百色乐业							巴4	拉1					
百色西林	法1、发1			上9、肯2			八12、巴1、口1	下9、腊2、拉1					徕3、内1

第二章　对音汉字的语言学分析及规范字推介

续表

方位类 1

标准壮文	fag	baih	henz	gwnz	nw	dingz/daengz	bak	laj	dawz/dawj	yah	rog	nog	ndaw/noi
地名普查的壮文及含义	fak/fwk/fag/fuk/faz 对面,那边	baih/byai 处所,那边	henz 旁边	gwnz 上面	nwj/nawj 上面	daengz/dingh/dingj 上面	bak/bag/bah/baz 出入口	laj/ndaq 下面	daw/dae/dei/dawz/daej 下面	yah/yaj 下面	rog/lueg 外面	nog 外面	ndaw/ndau/noix 里面
邕南土语 钦州	福 6			群 1		顶 2, 定 1, 丁 1	百 3						里 1
防城港市													
防城上思	发 6, 福 4, 伏 3, 乙 1			上 24, 根 9, 金 1, 都 1	上 36, 勒 2	亭 3, 上 1	北 2	下 1	顿 1				
南宁隆安						定 1, 廷 1	百 2	下 13, 拉 14	底 6		外 7, 六 1, 落 1, 录 1	诺 1	内 38, 礼 2, 都 1, 里 1
左江土语 崇左大新	伏 37					廷 5, 庭 4, 顶 3, 定 3, 挺 1, 停 1, 亭 1, 丁 1, 邓 1	百 39, 北 1, 佰 1, 咀 1, 朋 1	下 34	底 39, 德 1		外 26, 怀 1, 腊 1	糯 1	内 66, 屯 33, 村 1, 能 1, 勒 1

· 239 ·

续表

方位类1

标准壮文	fag	baih	henz	gwnz	nw	dingz/daengz	bak	laj	dawz/dawj	yah	rog	nog	ndaw/noi
地名普查的壮文及含义	fak/fwk/fag/fuk/faz 对面、那边	baih/byai 处所、那边	henz 旁边	gwnz 上面	nwj/nawj 上面	daengz/dingh/dingj 上面	bak/hag/bah/baz 出入口	laj/ndaq 下面	daw/dae/dei/dawz/dawj/daej 下面	yah/yaj 下面	rog/lueg 外面	nog 外面	ndaw/ndaux/noix 里面
南部壮语 左江土语 崇左江州	伏1				汝1	停2、廷1、上1	苗1						
南部壮语 左江土语 崇左龙州	伏9、发1					廷3、停3、定1、庭1	百20		底7、下4、其1		外1		内9、内3
南部壮语 左江土语 崇左天等	伏9、发1				上2、汝1		百6、北1、巴1	下1	地1、下1				内2
南部壮语 左江土语 崇左宁明	法13、伐1、佛1				上6、汝1	上6、顶19、亭14、停7、定5、丁4、等1、成1、腾1、等1	百29、北11、把2、迫1	下5	下5、丁1、底4	下5、雅1、牙1	外1、六1		内2

第二章 对音汉字的语言学分析及规范字推介

续表

方位类 1

标准壮文		fag	baih	henz	gwnz	nw	dingz/daengz	bak	laj	dawz/dawj	yah	rog	nog	ndaw/noi
地名普查的壮文及含义		fak/fwk/fag/fuk/faz 对面、那边	baih/byai 处所、那边	henz 旁边	gwnz 上面	nwj/nawj 上面	daengz/dingh/dingj 上面	bak/bag/bah/haz 出入口	laj/ndaq 下面	daw/dae/dei/dawz/dawj/daej 下面	yah/yaj 下面	rog/lueg 外面	nog 外面	ndaw/noix 里面
左江土语	崇左宁祥					上 2	上 2			下 4、底 1				
南部壮语	百色德保	扶 1		力 1			上 2、亭 2、腾 2、停 1、顶 15、丁 9	百 14、巴 1、宝 1	下 4	底 1、多 1	下 2	外 1	诺 2	雷 1、内 4
	百色靖西	伏 23、法 2、发 1		沿 1、劳 1、边 1		上 70、汝 4、女 1		百 58、巴 8、把 8	下 57、乐 1	底 11、大 7、德 2、登 1		外 38		内 47、里 1

241

广西壮语地名规范字研究

续表

方位类 2

标准壮文		leix	gyang/cang	naj	rag	goek	gyaeuj/caeuj	laeuj	hu	du/duz	dangj	laeng	laeb
地名普查的壮文及含义		lae/leix 里面	gyang/cingq 中间	naj/naz 前面	rag/lag 根部	goek/goeng/guk 根部	gyaeuh/gyaeuj/couh/gai/gyak 头部	laeuj/gyaeuj 头部	huj/huq 头部	du/duz 头部	dangj/dang 尾部	laeng 后面	laemx/laeb 后面
北部壮语 桂北土语	河池巴马		江 8、甲 1、中 2				周 7、介 2、加 1、甲 1、土 1、交 1						
	河池环江		中 3、江 1	纳 1									
	河池东兰		江 12		腊 3		九 1					冷	
	河池金城江		中 2、江 2、讲 1			可 1	丘 6、坎 1						
	河池天峨		江 9、丈 1、当 1、张 1、降 1			可 1	丘 5、丘 2、交 12、九 1	九 5、丘 1、久 1				后 5	
	柳州融安						九 4					浪 2	
	河池罗城		江 2				丘 2					后 1	

第二章　对音汉字的语言学分析及规范字推介

续表

方位类 2

标准壮文	leix	gyang/cang	naj	rag	goek	gyaeuj/caeuj	laeuj	hu	du/duz	dang	laeng	laeb
地名普查的壮文汉义	lae/leix 里面	gyang/cingq 中间	naj/naz 前面	rag/lag 根部	goek/goeng/goenq/guk 根部	gyaeuh/gyaeuj/couh/gai/gyak 头部	laeuj/gyaeu. 头部	huj/huq 头部	du/duz 头部	dangj/dang 尾部	laeng 后面	laemx/laeb 后面
北部壮语 柳江土语	来宾合山		江2										
	来宾忻城												
	来宾兴宾		江1				头1						
	柳州柳城		江11、中3	那2、纳1			九1、邱1						
	柳州柳江						九4、久2						
红水河土语	河池宜州		江2、讲1			各1	头1、九1						
	河池鄠安		江10			各1	九10					凳1	
	河池大化		江2				吉1、九2					郎2、后1、浪1、伦1、龙1	
	贵港港北												

续表

方位类 2

标准壮文		leix	gyan/grang	naj	rag	goek	gyaeuj/raeuj	laeuj	hu	du/duz	dang	laeng	laeh
地名普查的壮文及含义		lae/leix 里面	gyang/cingq 中间	naj/naz 前面	rag/lag 根部	goek/goeg/goenq/guk 根部	gyaeuh/gyaeuj/couh/gai/gyak 头部	laeuj/gyaeuj 头部	huj/huq 头部	du/duz 头部	dangj/dang 尾部	laeng 后面	laemx/laeb 后面
北部壮语	贵港桂平												
	贵港覃塘												
	红水河土语 柳州鹿寨		江 2、讲 1				九 1、苟 2					浪 1	
	来宾武宣						古 2						
	邕北土语 来宾象州					合 3、古 1							
	右江土语 百色平果		丈 1										
	百色田东		中 7、江 6、壮 2、庄 1、足 1	前 6、面 2、那 1、拿 1	腊 1	可 9、哥 5、果 4	周 7、久 6、旧 3、九 1、交 1					后 14、佬 2、背 1	立 2
	桂边土语 河池凤山		江 33								当 1		

第二章 对音汉字的语言学分析及规范字推介 ◆◇◆

续表

方位类 2

标准壮文		leix	gyan/gcang	naj	rag	goek	gyaeuj/caeuj	laeuj	hu	du/duz	dang	laeng	laeb
		lae/leix 里面	gyang/cingq 中间	naj/naz 前面	rag/lag 根部	goek/goeng/goenq/guk 根部	gyaeuh/gyaeuj/couh/gai/gyak 头部	laeuj/gyaeuj 头部	huj/huq 头部	du/duz 头部	dangj/dang 尾部	laeng 后面	laemx/laeb 后面
地名普查的壮文及含义	桂边土语 百色乐业	列1											
	桂边土语 百色西林		央1							拖1		后1、浪1	
	南部壮语 邕南土语 钦州		争5										
	南部壮语 邕南土语 防城港市					角3、果1、各1	周1						
	南部壮语 邕南土语 防城上思			那1		顿1	周1、教1、吊1、川1						
	南部壮语 邕南土语 南宁隆安		中2、江3、庄3、章1、壮1、干1			局3、合2、菊5、棍1	头2	柳1		都2	汤5		立9

续表

方位类 2

标准壮文		leix	gyang/cang	naj	rag	goek	cyaeuj/caeuj	laeuj	hu	du/duz	dang	laeng	laeb
地名普查的壮文及含义		lae/leix 里面	gyang/cingq 中间	naj/naz 前面	rag/lag 根部	goek/goenq/guk 根部	gyaeuh/couh/gai/gyak 头部	laeuj/gyaeuj 头部	huj/huq 头部	du/duz 头部	dangj/dang 尾部	laeng 后面	laemx/laeb 后面
南部壮语	崇左大新		江25、章16、中13、彰1、丈1	那2		合17、根1、格7			呼3、头2、科2		汤18、尾4、塘1	后10、后背6、背2、后面1、海1、北1	立1
	崇左江州		江2	哪1		谷1、菊1					汤1、咪1		立1
左江土语	崇左龙州	礼1	江12、章1			峪1、曲1			呼3		汤1	冷1	立1
	崇左天等		江2、庄1、章1、壮1										
	崇左宁明		江20、中1			合5			头5、户1			背3、后2、楞1、另1	

第二章 对音汉字的语言学分析及规范字推介

续表

方位类 2

标准壮文		leix	gyang/cang	naj	rag	goek	gyaeuj/caeuj	laeuj	hu	du/duz	dang	laeng	laeb
地名普查的壮文及含义		lae/leix 里面	gyang/cingq 中间	naj/naz 前面	rag/lag 根部	goek/goeg/goenq/guk 根部	gyaeuj/gyaeuh/couh/gai/gyak 头部	laeuj/gyaeuj 头部	huj/huq 头部	du/duz 头部	dangj/dang 尾部	laeng 后面	laemx/laeb 后面
左江土语	崇左凭祥		江 2、章 1			各 4、鞠 1					堂 4、汤 3		
南部壮语	百色德保		江 6、中 2、央 1		络 1	各 1			头 1	涂 1	堂 14、汤 12、尾 1、塘 1、卓 1		立 3、立 2
	百色靖西		江 34、中 9、章 1	那 1	禾 1	谷 5、古 5、根 4、角 1	头 14		和 1		唐 1	罢 1	立 1

是阴声韵，没有韵尾，也不合适，排除。只有"伏、福"韵尾能对上。"福"是阴入字，不合适。最合适的是"伏"，而且统计的数据中频率最高的也是"伏"。所以，我们推介"伏"为 fag「对面、那边」的对音汉字的规范字。

二 处所、那边：baih ~ 派、排

北部壮语的处所词为 baih，语义是"那边"，对音汉字有"派、排"，其中古音韵地位及广西汉语方言读音如下：

派，滂母，蟹开二，卦韵，去声；白话平话官话[phai²]；

排，並母，蟹开二，皆韵，平声；白话官话[˗phai]，平话[˗pai]。

baih「处所、那边」的声母是[p]，韵母是[a:i]，声调为壮语第 6 调，与汉语的阳去调对应。"排""派"这两个字，声母韵母都与 baih「处所、那边」相对应，但声调都不是阳去。更重要的是，这两个汉字跟南部壮语的 bai「水坝」的对音汉字完全一样，不仅如此，"派、排"都已被选为其他词的对音汉字的规范字，即"派 ~ bai「水坝」"（参见本章第六节），"排 ~ baiz「山的斜坡面」"（参见本章第二节）。这两个字已经不能再做 baih「处所、那边」的对音汉字的规范字了，我们得另选。民间自造的方块壮字中有一个"墩"，表示 baih「处所、那边」，说明民间用"败"做声旁来表示 baih「处所、那边」。"败"的中古音韵地位及广西汉语方言读音如下：

败：並母，蟹开二，夬韵，去声；白话平话[pai²]，官话[pai²]。

"败"在广西白话平话官话中声韵调均能与 baih「处所、那边」整齐地对应，以"败"作声旁的"墩"适合推介为 baih「处所、那边」的对音汉字的规范字。

三 旁边：henz ~ 沿、贤、力、边、旁

壮语的"旁边"读 henz，对译如用"边、旁"是意译，只有"沿、贤、力"这三个字是音译。它们的中古音韵地位及广西汉语方言读音如下：

沿：以母，山合三，仙韵，平声；白话[˗jyn]，平话[˗yn]/[˗hin]，官话[˗jen]；

贤：匣母，山开四，先韵，平声；白话平话[˗jin]/[˗hin]，官话[˗hen]；

力：来母，曾开三，职韵，入声；白话[lek₂]，平话[lek₂]/[lək₂]，官话[li²]。

henz「旁边」的声母是[h]；韵母是[e:n]，收[n]尾；声调是壮语第2调，与汉语的阳平调相对应。上述三个汉字，"力"无论是声母韵母还是声调都与 henz「旁边」对应不上，其对应关系可以这样解释。壮语的"力"读为[ɣe:ŋ²]，其声母和韵母的主元音都与 henz「旁边」能对应，所以，其对音关系是曲折的。"沿、贤"二字，调类都是汉语阳平调，与 henz「旁边」的壮语第2调能对应。从频率上看，"沿、贤"看不出高低，但是"沿"字在白话平话中的声母韵母与 henz「旁边」吻合，与官话不吻合。"贤"字在白话平话官话中都吻合。所以，我们推介"贤"为 henz「旁边」的对音汉字的规范字。

四 上面：gwnz ~ 都、更、肯、加、近、根、琴、金、敬、埂、勤、恳、群、上

北部壮语的"上面"读 gwnz，对译如果用"上"，属于意译。对音汉字有"都、更、肯、加、近、根、琴、金、敬、埂、勤、恳、群"，它们的中古音韵地位及广西汉语方言读音如下：

都：端母，遇合一，模韵，平声；白话平话官话[˨tu]；

更：见母，梗开二，庚韵，平声；白话[˨kɐŋ]，平话[˨kɛŋ]/[˨kaŋ]，官话[˨kən]；

肯：溪母，曾开一，等韵，上声；白话平话[ʰhɐŋ]，官话[ʰkən]；

加：见母，假开二，麻韵，平声；白话平话[˨ka]，官话[˨kja]/[˨tsja]；

近：群母，臻开三，隐韵，上声；白话[khɐn²]，平话[kɐn²]，官话[kin²]；

根：见母，臻开一，痕韵，平声；白话平话官话[˨kɐn]；

琴：群母，深开三，侵韵，平声；白话平话[˨kɐm]，官话[˨khin]；

金：见母，深开三，侵韵，平声；白话[˨kɐm]，平话[˨kɐm]/[˨tʃəm]，官话[˨kin]；

敬：见母，梗开三，映韵，去声；白话[kiŋ²]/[kɔŋ²]，平话[kɐŋ²]/[kɯŋ²]，官话[kin²]；

埂：见母，梗开二，梗韵，上声；白话平话[ʰkɐŋ]/[ʰkɛŋ]，官话[ʰkən]；

勤：群母，臻开三，殷韵，平声；白话[˨khɐn]，平话[˨kɐn]，官话[˨khin]；

恳：溪母，臻开一，很韵，上声；白话[ˤhɐn]/[ˤhan]，平话[ˤhɐn]，官话[ˤkhən]；

群：群母，臻合三，文韵，平声；白话[˳khuɐn]，平话[˳kɯn]，官话[˳khyn]。

gwnz「上面」的声母是[k]；韵母是[ɯn]，收[n]尾；声调是壮语第 2 调，应该与汉语的阳平调相对应。上述对音汉字，从声母看，"都"声母读[t]，差异太大，排除。"肯、恳"的声母在白话平话中均读[h]，不吻合，先排除。从韵母看，"更、肯、敬、埂"在白话平话中收[ŋ]尾、"琴、金"在白话平话中收[m]尾、"加"无韵尾，这些都不合适，也排除。从声调看，"更、加、根、金"是阴平字、"肯、恳"是阴上字，"近"是阳上字，"敬"是阴去字，都不是阳平字。合适的只剩下"勤、群"这两个是阳平字，相比之下"群"是合口呼，与 gwnz「上面」的韵母不是很吻合，"勤"的开口呼更吻合。所以，我们推介"勤"为 gwnz「上面」的对音汉字的规范字。

五 上面：nw ~ 汝、女、勒、上

南部壮语的"上面"读 nw，用"上"对译属于意译，对音汉字有"汝、女、勒"。它们的中古音韵地位及广西汉语方言读音如下：

汝：日母，遇合三，语韵，上声；白话[ˤjy]/[ˤni]，平话[ˤnui]/[ˤnui]，官话[ˤjy]；

女：泥母，遇合三，语韵，上声；白话[ˤnui]/[ˤni]，平话[ˤnui]/[ˤnɯ]，官话[ˤny]；

勒：来母，曾开一，德韵，入声；白话[lɐk˳]/[lɛʔ˳]/[lɛk˳]，平话[lək˳]，官话[˳lə]。

nw「上面」的声母是[n]；韵母是[ɯ]，是阴声韵，没有韵尾；声调是壮语第 1 调，与汉语的阴平调相对应。上述汉字，"勒"是入声字，与 nw「上面」的对应显然是官话层，且官话[n]/[l]相混；"汝、女"对应的显然是平话层。要选择规范字，最好在平话层中选。统计数据表明，"汝"的频率高于"女"，按理应该选"汝"。可是，尽管在白话平话中的日母字有读[n]的，可今天的主流语言如官话普通话却不再读[n]；而"女"在白话平

话中读[n]，在官话普通话中也读[n]，选"女"作规范字，既照顾了历史，也方便对应官话普通话的读音。所以，我们推介"女"为 nw「上面」的对音汉字的规范字。

六 上面：dingz/daengz ~ 登、吞、邓、灯、丁、仃、兴、定、挺、顶、鼎、等、腾、成、亭、停、廷、庭、叮、上

在部分桂边土语和南部壮语中，dingz（可能有方言变体 daengz）是"上面"的意思，与北部壮语的 gwnz「上面」同义。用"上"对译属于意译。对音汉字有"登、吞、邓、灯、丁、仃、兴、定、挺、顶、鼎、等、腾、成、亭、停、廷、庭、叮"，它们的中古音韵地位及广西汉语方言读音如下：

登：端母，曾开一，登韵，平声；白话[₋teŋ]，平话[₋teŋ]/[₋taŋ]，官话[₋tən]；

吞：透母，臻开一，痕韵，平声；白话平话官话[₋tʰən]；

邓：定母，曾开一，嶝韵，去声；白话[teŋ²]/[tʰeŋ²]，平话[taŋ²]，官话[tən²]；

灯：端母，曾开一，登韵，平声；白话[₋teŋ]/[₋taŋ]，平话[₋teŋ]/[₋taŋ]，官话[₋tən]；

丁：端母，梗开四，青韵，平声；白话[₋tiŋ]，平话[₋teŋ]/[₋taŋ]，官话[₋tin]；

仃：端母，梗开四，青韵，平声；白话[₋tiŋ]，平话[₋teŋ]/[₋taŋ]，官话[₋tin]；

兴：晓母，曾开三，证韵，去声；白话[hiŋ²]/[heŋ²]，平话[heŋ²]/[huŋ²]，官话[₋hin]；

定：定母，梗开四，径韵，去声；白话[teŋ²]，平话[tiŋ²]/[təŋ²]，官话[tin²]；

挺：定母，梗开四，迥韵，上声；白话[ˀtʰeŋ]/[ˀtʰeŋ]，平话[ˀtʰəŋ]，官话[ˀtʰin]；

顶：端母，梗开四，迥韵，上声；白话[ˀteŋ]，平话[ˀtəŋ]，官话[ˀtin]；

鼎：端母，梗开四，迥韵，上声；白话[ˀtiŋ]/[ˀteŋ]，平话[ˀteŋ]/[ˀtəŋ]，官话[ˀtin]；

等：端母，曾开一，等韵，上声；白话平话[ˀtaŋ]，官话[ˀtən]；

腾：定母，曾开一，登韵，平声；白话[₋tʰəŋ]，平话[₋teŋ]，官话[₋tʰən]；

成：禅母，梗开三，清韵，平声；白话[₋saŋ]/[₋siŋ]，平话[₋səŋ]，官话[₋tsʰən]；

亭、停：定母，梗开四，青韵，平声；白话[ˬtheŋ]，平话[ˬteŋ]/[ˬtəŋ]，官话[ˬthiŋ]；

廷、庭：定母，梗开四，青韵，平声；白话[ˬtheŋ]，平话[ˬteŋ]/[ˬtəŋ]，官话[ˬthin]；

叮：端母，梗开四，青韵，平声；白话[ˬtiŋ]，平话[ˬteŋ]/[ˬtəŋ]，官话[ˬtin]。

壮语 dingz/daengz「上面」的声母是[t]；韵母是[iŋ]/[ɐŋ]，收[ŋ]尾；声调是壮语第2调，与汉语的阳平调相对应。上述汉字，从声母看，"兴、成"的声母与 dingz/daengz「上面」声母[t]不吻合，先排除；"登、吞、邓、灯、丁、仃、挺、顶、鼎、等、叮"的声调都不是阳平，也不合适。声韵调都吻合的是"腾、亭、停、廷、庭"。从统计结果看，"亭、廷"的频率都比较高。由于"亭"推介为 diengz「草棚」的对音汉字的规范字（参见本章第六节），此处不便再用。所以，我们推介"廷"为 dingz/daengz「上面」的对音汉字的规范字。

七 出入口：bak ~ 咀、口、巴、坝、怕、甫、潘、瀑、崩、把、宝、柏、百、佰、栢、白、北、八、追、苗

壮语的 bak 是"嘴巴"的意思，在壮语地名中，由身体部位隐喻为方位概念，表示"出入口"。上述汉字，"咀（"嘴"的俗字）、"口"是意译字，其他的是对音汉字。对音汉字的中古音韵地位及广西汉语方言读音如下：

巴：帮母，假开二，麻韵，平声；白话平话官话[ˬpa]；

坝：帮母，假开二，祃韵，去声；白话平话官话[paˀ]；

怕：滂母，假开二，祃韵，去声；白话平话官话[phaˀ]；

甫：非母，遇合三，虞韵，上声；白话[ˉphu]/[ˉfu]，平话[ˉphəu]，官话[ˉphu]；

潘：滂母，山合一，桓韵，平声；白话平话[ˬphun]，官话[ˬphan]；

瀑：并母，通合一，屋韵，入声；白话[pokˬ]/[phukˬ]，平话[pokˬ]，官话[phuˀ]；

崩：帮母，曾开一，登韵，平声；白话[ˬpɐŋ]/[ˬpɛŋ]，平话[ˬpaŋ]，官话[ˬpoŋ]；

把：帮母，假开二，马韵，上声；白话平话官话[ˉpa]；

宝：帮母，效开一，皓韵，上声；白话[ˊpu]/[ˊpou]，平话官话[ˊpau]；
柏：帮母，梗开二，陌韵，入声；白话[phakˀ]，平话[phɛkˀ]，官话[ˏpə]；
百、佰、栢：帮母，梗开二，陌韵，入声；白话平话[pakˀ]/[pekˀ]，官话[ˏpə]；
白：並母，梗开二，陌韵，入声；白话[pakˀ]，平话[pɛkˀ]/[pakˀ]，官话[ˏpə]；
北：帮母，曾开一，德韵，入声；白话平话[pekˀ]，官话[ˏpə]；
八：帮母，山开二，黠韵，入声；白话[pɛtˀ]/[patˀ]，平话[patˀ]，官话[ˏpa]；
迫：帮母，梗开二，陌韵，入声；白话[phakˀ]，平话[phakˀ]/[pɛkˀ]，官话[ˏphə]；
苗：明母，效开三，宵韵，平声；白话平话[ˏmiu]，官话[ˏmiau]。

bak「出入口」的声母是[p]，韵母是[aːk]，收[k]尾；声调是壮语第7调，与汉语的阴入调相对应。上述对音汉字分为两类，一类是非入声字的"巴、坝、怕、甫、潘、瀑、崩、把、宝、苗"，另一类是入声字的"百、佰、栢、白、北、八、迫"。bak「出入口」是入声字，非入声字对音的是官话层次，入声字对音的是在白话平话层次。我们立足于中古层次，主要考虑白话平话中的入声字的"柏、百、佰、栢、白、北、八、迫"这几个。"北"主元音不吻合，"八"的读音是[patˀ]，收[t]尾不收[k]尾，"迫"声母不吻合，"白"的读音是[pakˀ]，韵尾倒是合适了，但是是个阳入字，与 bak「出入口」的壮语第7调还对不上。从统计数字看，"百"的频率最高，在每个县都出现，就是因为"百"在白话平话中的读音与 bak「出入口」声韵调都吻合。著名的市级行政名称"百色"，著名历史事件"百色起义"，用的就是这个 bak「出入口」。所以，我们推介"百"为 bak「出入口」的对音汉字的规范字。

八　下面：laj ~ 拉、加、沙、喇、脚、底、下、忎、腊、乐

北部壮语的"下面"读 laj，上述汉字中，"脚、底、下"是意译字。"忎"为民间自造的方块壮字，是个会意字。一般人会比照汉语"忐忑"二字的

读音，"忈"读[thə˧]，显然读音为[thə˧]的"忈"字不能用来对应 laj「下面」的读音。因此，对音汉字有"拉、加、沙、喇、腊、乐"，它们的中古音韵地位及广西汉语方言读音如下：

拉：来母，咸开一，合韵，入声；白话[₋lai]，平话[₋lai]，官话[₋la]；

加：见母，假开二，麻韵，平声；白话平话[₋ka]，官话[₋kja]/[₋tsja]；

沙：生母，假开二，麻韵，平声；白话平话官话[₋sa]；

喇：中古无，平话官话[ˀla]；

腊：来母，咸开一，盍韵，入声；白话平话[lap₂]，官话[₋la]；

乐：来母，宕开一，铎韵，入声；白话[lɔk₂]，平话[lak₂]，官话[₋lo]。

壮语 laj「下面」的声母是[l]，韵母是[a]，没有韵尾，是阴声韵；声调是壮语第 3 调，对应汉语的阴上调。上述汉字，"加、沙"的声母不是[l]，不合适；"腊、乐"是入声字，对音估计用官话，层次浅，也不合适。声母韵母比较合适的只有"拉、喇"两个字。从白话平话官话的对音看，声韵调最合适的是"喇"字，但在所有的统计材料中，"喇"只出现了 1 次。"拉"的官话读[₋la]，虽说声调不是阴上调而是阴平调，但是"拉"的频率是最高的，每个县都有不少。笔者翻阅第一次地名普查的资料，用"喇"来对音 laj「下面」的很多。但是第一次地名普查，也有的县做了规范化处理，将"喇"统一为"拉"。我们推测，晚近用"拉"对音 laj「下面」可能源于壮语的连读变调。壮语地名中，laj「下面」多处在一个双音节地名的前字，前字的声调调值可能会变成一个中性的 33 调，而官话的[₋la]调值刚好是 33 调。既然，"拉"的频率最高，尽管是晚近的官话层次，我们也推介"拉"为 laj「下面」的对音汉字的规范字。

九 下面：dawz/dawj～底、下、忈、顿、德、其、地、多、大、登、丁

南部壮语的"下面"读 dawz/dawj，上述汉字中，"底、下"是意译字，"忈"是民间自造的方块壮字，是个会意字。对音汉字有"顿、德、其、地、多、大、登、丁"，它们的中古音韵地位及广西汉语方言读音如下：

顿：端母，臻合一，恩韵，去声；白话[tɐn˧]，平话[tən˧]，官话[tɐn˧]；

德：端母，曾开一，德韵，入声；白话[tɐk₂]，平话[tɐk₂]，官话[₂tə]；

其：群母，止开三，之韵，平声；白话[̗khi]/[̗khei]，平话[̗ki]/[̗kəi]，官话[̗khi]；

地：定母，止开三，至韵，去声；白话[tei²]，平话[təi²]，官话[ti²]；

多：端母，果开一，歌韵，平声；白话平话[̗ta]/[̗tɔ]，官话[̗tɔ]；

大：定母，果开一，简韵，去声；白话平话[tai²]，官话[ta²]；

登：端母，曾开一，登韵，平声；白话[̗taŋ]，平话[̗taŋ]/[̗taŋ]，官话[̗nəl]；

丁：端母，梗开四，青韵，平声；白话[̗tiŋ]，平话[̗tɯŋ]，官话[̗tin]。

dawz/dawj「下面」的声母是[t]，韵母是[aɯ]，带韵尾[ɯ]，这个韵尾很难在汉语方言里找到，它的音色有点接近[ə]，还容易发成[ŋ]；声调是壮语第 2 调或第 3 调，与汉语的阳平调或阴上调相对应。按照这些标准，上述对音汉字中声母韵母的音色比较接近的是"德"的官话读音[̗tə]和"丁"的平话读音[̗tɯŋ]。但是"德"是个入声字，在白话平话中的读音有[k]韵尾，音色又不像了。而"丁"是阴平字，也不合适。"忈"字，中古无，一般读过书的人会比照汉语的"忐忑"二字的读音，"忑"读[thə²]，在平话白话中无入声的读法，声韵调的音色都跟 dawz/dawj「下面」比较接近。"忑"是方块壮字系统的自造字，且刚好在现代汉字系统中有一模一样的字，读音也相近，很适合用来做规范字。所以，我们就推介"忑"为 dawz/dawj「下面」的对音汉字的规范字，"忑"的规范读音就取其普通话音读为 tè。

十　下面：yah ~ 亚、雅、牙、夏、下

壮语的 yah 是个借自平话的汉语借词，本字就是"下"。据陈海伦、林亦（2009）[①]的记录，亭子、四塘、那毕、田东蔗园、复兴、王灵、新桥、黎塘等地平话的"下"都读[ja⁶]，与壮语的 yah「下面」声韵调完全一致。根据"汉语借词还原"的原则，"下"就应该是 yah「下面」的对音汉字的规范字。

---

① 陈海伦、林亦主编：《粤语平话土话方音字汇·第一编　广西粤语、桂南平话部分》，上海教育出版社 2009 年版，第 18 页。

十一 外面：rog ~ 外、怀、落、六、乐、绿、录、腊、作

北部壮语的"外面"读 rog，汉字"外"属于意译，"怀"在壮语人的口语中，常读为[ˬva:i]，被当作"外"的音近字，也属意译。"落、六、乐、绿、录、腊、作"才是对音汉字。它们的中古音韵地位及广西汉语方言读音如下：

落：来母，宕开一，铎韵，入声；白话[lɔk˨]，平话[lak˨]，官话[ˬlo]；

六：来母，通合三，屋韵，入声；白话平话[lok˨/luk˨]；官话[ˬlu]；

乐：来母，宕开一，铎韵，入声；白话[lɔk˨]，平话[lak˨]，官话[ˬlo]；

绿：来母，通合一，烛韵，入声；白话平话[lok˨]/[luk˨]，官话[ˬlu]；

录：来母，通合三，烛韵，入声；白话[luk˨]/[lok˨]，平话[lɔk˨]，官话[ˬlu]；

腊：来母，咸开一，盍韵，入声；白话平话多读[lap˨]；

作：精母，宕开一，铎韵，入声；白话[tsɔk˨]，平话[tʃøk˨]/[tʃok˨]，官话[ˬtso]。

其中，"落"推介做了 lak「崩塌处」的对音汉字的规范字（参见本章第四节），"六"推介做了 leug「山谷」的对音汉字的规范字（参见本章第二节），这里不能再用。

rog「外面」的声母是[r]，[r]在壮语方言中有复杂的变体，最常见的变体是[l]，"乐、绿、录、腊"的声母都是[l]，体现了这一变体。[r]的不太常见的变体有[s]（见本章第三节 raengz「深潭」的论述）。"作"的声母是[ts]/[tʃ]，很多壮语方言目前还没有独立的[ts]/[tʃ]音位，汉语的[ts]/[tʃ]容易混读为[s]，"作"[tsɔk˨]/[tʃok˨]一旦混读为[sok˨]，就跟壮语的 sog（<rog「外面」）读音很接近了。所以，对音汉字"作"体现的是[r]的变体[s]。由于这一变体比较少，我们主要还是考虑声母是[l]的"乐、绿、录、腊"这四个字。rog「外面」的韵尾是[k]，"腊"的韵尾是[p]，要排除。剩下"乐、绿、录"三个字，"乐"的白话读音与 rog「外面」对应，但是平话音的韵母相差太大。"绿、录"两个音韵地位完全相同，白话平话的读音一致，声韵调都能与 rog「外面」吻合，应该在这两个字里挑一个，"绿"是个形容词，容易汉语成词。统计数据显示，"录"的频率稍微高一点，所以推介"录"作为 rog「外面」的对音汉字的规范字。

十二 外面：nog ~ 糯、诺

南部壮语的"外面"跟北部壮语读音相比有变化，郑贻青（2013）[①]记录靖西壮语的"外面"为[noːk¹⁰]，我们用标准壮语转写为 nog「外面」。很明显，此读音与 rog「外面」互为地域变体。nog「外面」的对音汉字有"糯、诺"，其中古音韵地位及广西汉语方言读音如下：

糯：泥母，果合一，过韵，去声；白话[nɔ²]，平话[nu²]/[nou²]，官话[noº]；

诺：泥母，宕开一，铎韵，入声；白话[nɔk₂]，平话[nøk₂]，官话[₂no]。

nog「外面」是促声字，收[k]尾，"糯"是阴声韵，显然不合适。"诺"在白话平话中的声韵调均与 nog 相吻合，从统计数据看，"诺"的使用频率也高一些，所以，我们推介"诺"为 nog「外面」的对音汉字的规范字。

十三 里面：ndaw/noi ~ 里、中、进、村、都、屯、洞、内、累、徕、礼、能、勒、雷

壮语 ndaw/noi 的本义为"里面"，是壮语地名中使用频率很高的方位词，引申为"地方、此地"的意思。上述对译的汉字中，"里、中、进"属于直接意译，用汉语中表方位的词来对译壮语表方位的词；"村、都、屯、洞"属于间接意译，用行政单位的名称来对译 ndaw 的"地方、此地"的意思。属于对音汉字的有"内、累、徕、礼、能、勒、雷"，其中"内"似乎为意译音译二者合一。这些对音汉字的中古音韵地位及广西汉语方言读音如下：

内：泥母，蟹合一，队韵，去声；白话平话[nui²]，官话[nei²]；

累：来母，止合三，纸韵，上声；白话平话[lui²]，官话多读[lei²]；

徕：来母，蟹开一，咍韵，平声；白话平话无，官话[₂lai]；

礼：来母，蟹开四，荠韵，上声；白话平话[ºlɐi]，官话[ºli]；

能：泥母，曾开一，登韵，平声；白话平话[₂nɐŋ]，官话[₂nən]；

勒：来母，曾开一，德韵，入声；白话[lɐk₂]/[lak₂]，平话[lɐk₂]/[lak₂]，官话[₂lə]；

雷：来母，蟹合一，灰韵，平声；白话平话[₂lui]/[₂loi]，官话[₂lɐi]。

[①] 郑贻青：《靖西壮语研究》，广西民族出版社 2013 年版，第 191 页。

ndaw「里面」的声母是[ʔd]，韵母是[aɯ]。北部壮语的声母[ʔd]和韵母[aɯ]到南部壮语，都发生了变化，如下：

表2-11　北部壮语和南部壮语的[ʔd] >[n]、[aɯ]>[ɔːi]的音变

字义	北部壮语（《壮汉词汇》）[①]	南部壮语（郑贻青，2013）[②]
得	[ʔdai³]	[nai³]
好	[ʔdei¹]	[nai¹]
给	[haɯ³]	[hɔːi³]
稀	[saɯ¹]	[sɔːi¹]
里面	[ʔdaɯ¹]	[nɔːi¹]

声母遵从[ʔd]>[n]的演变，韵母遵从[aɯ]>[ɔːi]的演变，因此"里面"这个词，从北部壮语到南部壮语发生了[ʔdaɯ¹]>[nɔːi¹]的演变，我们根据郑贻青（2013）的记录，把靖西的"里面"用标准壮语记为noi。郑贻青（2013）记录的是靖西县城，说明靖西县城已经发生了[ʔdaɯ¹]>[nɔːi¹]的演变。但是在乡下大部分地区，这一演变尚未完成。笔者于2017年4月参加第二次地名普查，采录靖西19个乡镇的地名，录音材料显示完全可以记为[ʔdɔːi¹]。目前所见南部壮语的材料，"里面"的声母以[ʔd/d]为主，如龙州[daw¹]（李方桂，2005）[③]、田阳巴别乡[ʔdoːi²]（孟飞雪、朱婷婷、黄涓，2015）[④]、大新有[ʔdaɯ¹]/[naɯ¹]两种交替形式（卢业林，2011）[⑤]。所以，从语音上说，南部壮语"里面"声母的大趋势还是[ʔd]。因此，我们说，壮语的"里面"有ndaw和noi两个变体，前者在北部壮语，后者在一部分南部壮语。

[①] 广西壮族自治区少数民族语言文字工作委员会：《壮汉词汇》，广西民族出版社1984年版，第421、563、569、672页。

[②] 郑贻青：《靖西壮语研究》，广西民族出版社2013年版，第191、215、216、221、222页。

[③] 李方桂：《龙州土语·李方桂全集3》，清华大学出版社2005年版，第227页。

[④] 孟飞雪、朱婷婷、黄涓：《田阳壮语的语音、词汇》，《百色学院学报》2015年第5期。

[⑤] 卢业林：《大新壮语语法调查与研究》，硕士学位论文，广西大学，2011年，第11、21页。

第二章 对音汉字的语言学分析及规范字推介

ndaw/noi「里面」的声调是壮语第 1 调，与汉语的阴平调相对应。上述汉字"内、累、徕、礼、能、勒、雷"没有一个是阴平字。这几个字中，尽管频率最高的是"内"，但是"内"不太适合。ndaw/noi「里面」有[ʔd]/[n] 两个变体，"内"的声母只读[n]，还不很吻合。"内"的各方言的读音要跟形容词 noix「少」的音色更吻合，被推介为 noix「少」的对音汉字的规范字（参见本章第十节）。"徕"字生僻，依普通话读[₂lai]，与 ndaw 的音色差异大，不合适。"礼"被推介为 rij「溪」的对音汉字的规范字（参见本章第三节）。"能"的韵母音色不合。"勒"是入声字，适合做 laeg「深」的对音汉字的规范字（参见本章第十节）。剩下"累、雷"这两个字，"累"的使用频率稍微高一点，我们推介"累"作为 ndaw/noi「里面」的对音汉字的规范字。

十四　里面：leix ~ 列、礼

壮语的 leix 就是汉语借词"里"（蓝庆元，2005）[①]，平话的读音为[lei⁴]/[ləi⁴]。根据"汉语借词还原"的原则，"里"应该被推介为 leix「里面」的对音汉字的规范字。

十五　中间：gyang/cang ~ 中、央、甲、足、干、当、壮、丈、张、庄、章、彰、争、江、讲、降

标准壮语 gyang 表示"中间"的意思，上述对译汉字中，"中、央"当属意译，其他的才是对音汉字。对音汉字的中古音韵地位及广西汉语方言读音如下：

甲：见母，咸开二，狎韵，入声；白话平话[kap₃]，官话[₂khia]；

足：精母，通合三，烛韵，入声；白话[tsuk₃]/[tuk₃]，平话[tʃok₃]，官话[₂tsu]；

干：见母，山开一，寒韵，平声；白话[₂kɔn]，平话官话[₂kan]；

当：端母，宕开一，唐韵，平声；白话[₂tɔŋ]，平话[₂taŋ]，官话[₂taŋ]；

壮：庄母，宕开三，漾韵，去声；白话[tɕɔŋ²]，平话[tʃaŋ²]/[tʃøŋ²]，

[①] 蓝庆元：《壮汉同源词借词研究》，中央民族大学出版社 2005 年版，第 226 页。

官话[tsuaŋ²]；

丈：澄母，宕开三，养韵，上声；白话[tsœŋ²]，平话[tʃɤŋ²]，官话[tsaŋ²]；

张：知母，宕开三，阳韵，平声；白话[˪tsœŋ]，平话[˪tʃɤŋ]，官话[˪tsaŋ]；

庄：庄母，宕开三，阳韵，平声；白话[˪tsɤŋ]，平话[˪tʃaŋ]/[˪tʃøŋ]，官话[˪tsuaŋ]；

章：章母，宕开三，阳韵，平声；白话[˪tsœŋ]，平话[˪tsɤŋ]，官话[˪tsaŋ]；

彰：章母，宕开三，阳韵，平声；白话[˪tsœŋ]，平话[˪tsɤŋ]，官话[˪tsaŋ]；

争：庄母，梗开二，耕韵，平声；白话平话[˪tʃaŋ]/[˪tʃɤŋ]，官话[˪tsəŋ]；

江：见母，江开二，江韵，平声；白话[˪kɔŋ]，平话[˪kaŋ]/[˪tʃaŋ]，官话[˪kiaŋ]/[˪tsiaŋ]；

讲：见母，江开二，讲韵，上声；白话[°kɔŋ]，平话[°kaŋ]/[°tʃaŋ]，官话[°kiaŋ]；

降：见母，江开二，绛韵，去声；白话[kɔŋ²]，平话[kaŋ²]/[tsaŋ²]，官话[kiaŋ²]。

gyang「中间」的声母是[kj]，韵母是[aːŋ]，收[ŋ]尾；声调是壮语第1调，与汉语的阴平调相对应。[kj]在壮语中发生腭化，读为[tɕ]/[ɕ]，据《壮语通用词与方言代表点词汇对照汇编》①的记录，gyang「中间」在田阳就读 cang「中间」，李方桂《2005》②记录的"中间"就是[čaaŋ²⁴]，说明各地确实发生了腭化。所以，gyang「中间」的一个方言变体为 cang「中间」。

gyang/cang「中间」的韵尾是[ŋ]，"甲、足、干"三个韵尾不吻合，先排除。"当"的声母[t]与 gyang/cang「中间」的声母不吻合，也排除。剩下的字分为两类，一类是"壮、丈、张、庄、章、彰、争"，无论在哪个方言，声母读塞擦音[tɕ]/[ts]/[tʃ]。另一类"江、讲、降"声母除了有塞音[k]的读法外，在平话中发生了腭化，读为[ts]/[tʃ]。壮语的 gyang 也发生了腭化，有变体 cang。因此，对音汉字的规范字也尽量选择在汉语发生[k]>[tɕ]/[ts]/[tʃ]腭化的字，故不能选第一类"壮、丈、张、庄、章、彰、争"，要在第二类"江、讲、降"中选。gyang/cang 是壮语第1调，与汉语的阴平调相吻合，只有"江"是阴

---

① 广西区民语委研究室：《壮语通用词与方言代表点词汇对照汇编》，广西民族出版社 1998 年版，第 331 页。

② 李方桂：《剥隘土语·下册·李方桂全集7》，清华大学出版社 2005 年版，第 561 页。

平字，能吻合。"江"在平话官话中，其声母都既可读[k]，也可读[ts]/ [tʃ]，且统计数据表明，频率最高的是"江"，我们推介"江"为 gyang/cang「中间」的对音汉字的规范字。

十六　前面：naj ~ 纳、那、拿、哪、面、前

壮语的"前面"读 naj，naj 的本义是"脸"，所以会出现"面"的对译，属意译。用"前"来对译也属于意译。对音汉字有"纳、那、拿、哪"，其中古音韵地位及广西汉语方言读音如下：

纳：泥母，咸开一，合韵，入声；白话平话[nap₂]，官话[₅na]；

那：泥母，果开一，箇韵，去声；白话平话[na²]/[na²]/[ˤna]/[₅na]，官话[na˥]；

拿：泥母，假开二，麻韵，平声；白话平话官话[₅na]；

哪：泥母，果开一，哿韵，上声；白话平话[₅na]/[ˤna]/[ˤna]/[na²]，官话[ˤna]。

naj「前面」是壮语第3调，与汉语的阴上调相对应。"纳、那、拿、哪"这几个字，"那"做了 naz「水田」的对音汉字的规范字 (参见本章第四节)，这里不能再用；"拿"声调是阳平，与 naj「前面」的壮语第3调对不上；"纳"是个入声字，也不合适。只有"哪"，官话中念上声，在白话平话中也有读为阴上调的，似能与 naj 的壮语第3调对上。所以，我们推介"哪"为 naj「前面」的对音汉字的规范字。

十七　根部：rag ~ 腊、络、乐

植物在土中生长的"根部"读 rag，通过隐喻在地名中表地域的低处。rag「根部」的对音汉字有"腊、络、乐"，其中古音韵地位及广西汉语方言读音如下：

腊：来母，咸开一，盍韵，入声；白话平话[lap₂]，官话[₅la]；

络：来母，宕开一，铎韵，入声；白话[lɔk₂]，平话[lak₂]，官话[₅lo]；

乐：来母，宕开一，铎韵，入声；白话[lɔk₂]，平话[lak₂]，官话[₅lo]。

rag「根部」的声母是[r]；韵母是[aːk]，收[k]尾；声调是壮语第8调，与汉语的阳入调相对应。"腊、络、乐"这几个字，平话读音的主元音都是[a]，

与 rag「根部」的主元音对应。"腊"在白话平话中，韵母收[p]尾，显然不合适。"络、乐"两字音韵地位一致，其平话的声韵调均与 rag「根部」相吻合，"络"有个"纟"，提示 rag「根部」作为根部的形状，更适合。虽然"络"的使用频率不是最高的，但是，我们还是要推介"络"作为 rag「根部」的对音汉字的规范字。

十八　根部：goek ~ 根、可、古、哥、果、顿、棍、谷、峪、角、各、格、局、菊、椈、曲

植物露在泥土外面的"根部"，壮语读 goek，通过隐喻在地名中表处所的源头。上述汉字中"根"是意译字，其他都是对音汉字，它们的中古音韵地位及广西汉语方言读音如下：

可：溪母，果开一，哿韵，上声；白话[ʰho]，平话[ʰkho]，官话[ʰkho]；

古：见母，遇合一，姥母，上声；白话[ʰku]，平话[ʰko]，官话[ʰku]；

哥：见母，果开一，歌韵，平声；白话官话[˨ko]，平话[˨ko]/[˨ku]；

果：见母，果合一，果韵，上声；白话官话[ʰko]，平话[ʰku]/[ʰko]；

顿：端母，臻合一，慁韵，去声；白话[tɐn˥]，平话[tən˥]，官话[tɐn˥]；

棍：见母，臻合一，慁韵，去声；白话[kuɐn˥]，平话[kuən˥]，官话[kuən˥]；

谷：见母，通合一，屋韵，入声；白话[kuk˨]/[kok˨]，平话[kok˨]，官话[˨ku]；

峪：中古无，广西方言少读，估计是自造字，造字原理是"山+谷"；

角：见母，江开二，觉韵，入声；白话[kɔk˨]/[kak˨]，平话[kak˨]，官话[˨ko]；

各：见母，宕开一，铎韵，入声；白话[kɔk˨]/[kɛk˨]，平话[kak˨]/[køk˨]，官话[˨ko]；

格：见母，梗开二，陌韵，入声；白话平话[kak˨]/[kɛk˨]，官话[˨kə]；

局：群母，通合三，烛韵，入声；白话[kuk˨]/[kok˨]，平话[kok˨]，官话[˨ky]；

菊：见母，通合三，屋韵，入声；白话平话[kuk˨]/[kok˨]，官话[˨ky]；

椈：中古无，广西方言少说，估计也是自造字，形声字"木+菊"，其读音可以比照"菊"读[kok˨]，加个"木"字旁，表明其意义；

曲：溪母，通合三，烛韵，入声；白话[khuk₂]/[khok₂]，平话[khok⁷²]，官话[ₑkhy]。

上述汉字，先说"峪"，这是个自造字，造字的初衷是比照"谷"的读音读[kok₂]，加个"山"字旁表明意义。但是，汉字中"峪"有个现成的读音 yù，读书人会按照普通话的读音来读。所以，"峪"不是好的选择。

"可、古、哥、果、顿、棍"是非入声字，对音的是在官话层次。"谷、角、各、格、局、菊、梮、曲"是入声字，对音的是在白话或平话层次。基于"立足于中古平话"原则，非入声字不选，要选入声字。goek「根部」是壮语第 7 调，理应对应汉语的阴入调，"局"是阳入字，对不上，要排除。"谷"适合做 guk「虎」的对音汉字的规范字（参见本章第八节）。"角"是 goeg「角落」的汉语借词，也不能用（参见本章第四节）。"各"的白话虽然有[kɔk₂]的读音，但平话读音却以[kak₂]/[køk₂]为主；"格"在白话平话中的读音是[kak₂]/[kɛk₂]，与 goek「根部」有差异，所以"各、格"也不合适。声韵调最相近的就是"菊、梮、曲"了，这几个字的频率都不太高。由于"梮"比较少用，能避免汉语成词，而且有个"木"字旁提示意义，我们推介"梮"为 goek「根部」的对音汉字的规范字。

十九　头部: gyaeuj/caeuj ~ 头、周、川、苟、古、吉、吊、丘、圻、邱、久、交、九、旧、教、介、加、甲、上

"头部"是身体部位，通过隐喻在地名中表处所的前端。上述的"头、上"属意译，要排除。据张均如、梁敏、欧阳觉亚等（1999）[①]的记录，北部壮语的"头部"有[kjau³]/[tɕau³]两种读音，转写为标准壮文为 gyaeuj/caeuj「头部」。可见，壮语的"头部"一词的声母在壮语方言中发生过[kj]>[tɕ]的腭化。上述对音汉字的中古音韵地位及广西汉语方言读音如下：

周：章母，流开三，尤韵，平声；白话[ₑtsɐu]，平话[ₑtɕɐu]，官话[ₑtsou]；

川：昌母，山合三，仙韵，平声；白话平话[tshyn¹]/[tshun¹]，官话

[①] 张均如、梁敏、欧阳觉亚等：《壮语方言研究》，四川民族出版社 1999 年版，第 639 页。

[tsʰøn¹];

苟：见母，流开一，厚韵，上声；白话[˚kɐu]，平话[˚kou]，官话[˚kəu]；

古：见母，遇合一，姥母，上声；白话[˚ku]，平话[˚ko]，官话[˚ku]；

吉：见母，臻开四，质韵，入声；白话平话[kɐt˳]，官话[˳ki]；

吊：端母，效开四，萧韵，去声；白话平话[tiuˀ]，官话[tiauˀ]；

丘：溪母，流开三，尤韵，平声；白话[˳ʃɐu]，平话[˳ʃɐu]/[˳khieu]，官话[˳tsʰiu]；

坵：溪母，流开三，尤韵，平声；白话少讲，平话[˳ʃɐu]/[˳khieu]，官话[tsʰiu¹]；

邱：溪母，流开三，尤韵，平声；白话[˳ʃɐu]，平话[˳khieu]，官话[˳tɕhiou]/[˳khiou]；

久：见母，流开三，有韵，上声；白话平话[˚kɐu]/[˚tɕau]，官话[˚kiou]；

交：见母，效开二，肴母，平声；白话[˳kɐu]，平话[˳tʃau]/[˳kau]，官话[˳kiau]；

九：见母，流开三，有韵，上声；白话[˚kɐu]，平话[˚kəu]/[˚tʃəu]，官话[˚kiou]；

旧：群母，流开三，宥韵，去声；白话[kɐuˀ]，平话[kɐuˀ]/[tʃueˀ]，官话[kiouˀ]；

教：见母，效开二，效母，去声；白话[kɐuˀ]，平话[tʃauˀ]/[kauˀ]，官话[kiauˀ]；

介：见母，蟹开二，怪韵，去声；白话[kaiˀ]，平话[kaiˀ]/[tsaiˀ]，官话[kaiˀ]/[tsɛˀ]；

加：见母，假开二，麻韵，平声；白话平话[˳ka]，官话[˳kja]/[˳tsja]；

甲：见母，咸开二，狎韵，入声；白话平话[kap˳]，官话[˳khia]/[˳tsia]。

gyaeuj/caeuj「头部」的声母是[kj]/[tɕ]，韵母是[au]（音色跟[ɐu]相似）；声调是壮语第3调，与汉语的阴上调对应。上述汉字中，"吊"的声母是[t]，与 gyaeuj/caeuj「头部」的声母[kj]/[tɕ]对不上，先排除。余下的声母分为三组。第一组，"周、川"只有塞擦音声母[ts]一读，对应壮语的 caeuj（[tɕau³]）「头部」。第二组，"苟、古、吉"只有塞音声母[k]一种读法，对应壮语的 gyaeuj（[kjau³]）「头部」。第三组，"丘、坵、邱、久、交、九、旧、教、介、加、甲"，有的方言声母读[k]，有的方言声母读[tɕ]/[tʃ]/[ts]。读[k]时能与 gyaeuj（[kjau³]）「头部」对应，读[tɕ]/[tʃ]/[ts]时，能与 caeuj（[tɕau³]）「头部」对应。第三组的字也反映了辅音的[kj]>[tɕ]的腭化，这个变化跟壮语是同步的。既然壮语[kjau³]>[tɕau³]，我们在选择对音汉字的规范字的时候，该汉字最好也能反映[kj]>[tɕ]/[tʃ]的变化。这样的话，第一组和第二组的字就不合适了，只能从第三组中选。gyaeuj/caeuj「头部」是壮语第3调，应该与汉语阴上调对应。在第三组的字中，只有"久、九"是阴上字。尽管"九"的频率比"久"高一点，但是"九"是汉语的数词，很容易汉语成词，还是"久"比较合适。我们推介"久"为 gyaeuj/caeuj「头部」的对音汉字的规范字。

二十 头部：laeuj ~ 柳

据张均如、梁敏、欧阳觉亚等（1999）的记录[①]，钦州、邕南、隆安、扶绥、上思、崇左等地的"头部"读[hlau³]/ [lau³]，我们用标准壮文转写为 laeuj「头部」。这些地方的壮语地名，发现用"柳"来对音 laeuj「头部」。"柳"的中古音韵地位及广西汉语方言读音如下：

柳：来母，流开三，有韵，上声；白话[˦leu]，平话[˦lou]，官话[˦liu]。

laeuj「头部」声母是[l]，韵母是[au]（音色接近于[ɐu]），声调是壮语第3调，应与汉语的阴上调相对应。"柳"在白话平话中的声母韵母读音与 laeuj「头部」吻合，声调是阳上，与 laeuj「头部」的壮语第3调不吻合。由于我们的数据库只发现一个"柳"字，只能推介"柳"为 laeuj「头部」的对音汉字的规范字。

二十一 头部：hu ~ 头、呼、科、户、和

据张均如、梁敏、欧阳觉亚等（1999）的记录[②]，宁明、龙州、大新等地的"头部"读[hu¹]/ [wuə¹]，我们用标准壮文转写为 hu「头部」。宁明、龙州、大新等地的壮语地名，发现"头、呼、科、户、和、可"来对音 hu「头部」。显然，"头"属于意译，其余的才是对音汉字。这些对音汉字的中古音韵地位及广西汉语方言读音如下：

呼：晓母，遇合一，模韵，平声；白话[˨fu]/[˨wu]，平话[˨fu]/[˨hou]，官话

[①] 张均如、梁敏、欧阳觉亚等：《壮语方言研究》，四川民族出版社1999年版，第639页。
[②] 张均如、梁敏、欧阳觉亚等：《壮语方言研究》，四川民族出版社1999年版，第639页。

[₋hu];

科：溪母，果合一，戈韵，平声；白话[₋fo]，平话[₋hu]，官话[₋kho]；

户：匣母，遇合一，姥韵，上声；白话[wu²]/[hu²]，平话[hu²]/[⁼hou]，官话[⁼hu]；

和：匣母，果合一，过韵，去声；白话[₋wɔ]，平话[₋hoʔ]/[₋hou]，官话[₋hoʔ]；

hu「头部」的声母为擦音[h]，韵母是[u]。上述汉字各方言中的声母只有[h]一种读音的字是"呼、户、和"，方言中有[kh]/[h]两种读音的字是"科、可"。显然，"呼、户、和"三个字更为适合。从声调看，hu「头部」是壮语第1调，对应汉语的阴平调，这三个字只有"呼"是阴平字。统计数据也表明，"呼"的频率较高。所以，我们推介"呼"为 hu「头部」的对音汉字的规范字。

二十二　头部：du/duz ~ 都、涂、拖

据张均如、梁敏、欧阳觉亚等（1999）[①]的记录，德靖土语的"头部"读[thu¹]/[thu²]，郑贻青（1996）[②]明确指出，[thu¹]是早期汉语借词的读音。我们认为是汉语借词"头（頭）"。林连通、郑张尚芳（2012）将"头（頭）"上古音拟为 doo[③]，蓝庆元（2001）[④]指出："侯韵来源于上古侯部，它向中古的变化有以下过程：o>u>əu，u 是 o 和əu的中间环节。"壮语"豆"在北部壮语中大多读[tu⁶]，南部壮语大多读[thu⁵]/[thu⁶]，反映了这一环节。"头（頭）"以"豆"为声旁，读[thu¹]/[thu²]，声母韵母都与"豆"相对应。韵母相同，都是[u]；声母为[th]，南部壮语早期借入的定母如"豆、糖、地"读送气（蓝庆元，2005）[⑤]，定母借入南部壮语有双数调，也有单数调，且对应整齐，即德保"头（頭）[thu²]、豆[thu⁶]、糖[thy:ŋ²]"是双数调，对应靖西"头（頭）[thu¹]、豆[thu⁵]、糖[thy:ŋ¹]"的单数调。我们将德靖土语的

---

① 张均如、梁敏、欧阳觉亚等：《壮语方言研究》，四川民族出版社1999年版，第639页。
② 郑贻青：《靖西壮语研究》，广西民族出版社2013年版，第279页。
③ 林连通、郑张尚芳：《汉字字音演变大字典》，江西教育出版社2012年版，第1949页。
④ 蓝庆元：《壮语中古汉语借词及汉越语与平话的关系》，《民族语文》2001年第3期。
⑤ 蓝庆元：《汉壮同源词借词研究》，中央民族大学出版社2005年版，第37页。

[thu¹]/[thu²]用标准壮文记录为 du/duz「头部」。

上述对音汉字的中古音韵地位及广西汉语方言读音如下：

都：端母，遇开一，模韵，平声；白话[₋tu]，平话[₋tu]/[₋tou]，官话[₋tu]；

涂：定母，遇开一，模韵，平声；白话[₋thu]，平话[₋tu²]/[₋to²]，官话[₋thu²]；

拖：透母，果开一，歌韵，平声，白话平话官话[₋thɔ]。

按蓝庆元（2001）的观点，"头部"一词在汉语里发生的演变是[o]>[u]>[əu]。上述汉字刚好反映了这一演变前一部分："拖"[o]>"都、涂"[u]。既然 du/duz「头部」是汉语借词，按"汉语借词还原"的原则，规范化用回本字"头"即可。可问题是，今天在白话平话官话中，没有任何一个方言"头"的韵母读[u]的，基本是[əu]/[ou]。用今天"头"的读音去对应 du/duz「头部」还是对不上，不方便读。从声韵调看，"都"在白话平话官话中与壮语 du 相吻合，但是"都"已被推介为 dou/du「门」的对音汉字的规范汉字了（参见本章第六节），此处不能再用。du/duz「头部」的标准壮文写法看不出读送气音，但德靖土语是读送气音的（张均如等，1999，639），声调有第 1 调也有第 2 调，那么选择在白话官话中声母为送气、声调为阳平的"涂"也是可以的。我们推介"涂"为 du/duz「头部」的对音汉字的规范字。

二十三 尾部：dang～尾、味、当、汤、塘、唐、堂、凳、卓

南部壮语的 dang 是"尾部"的意思，身体部位隐喻为方位，表示某个处所的末端。上述汉字中，"尾"是意译。在白话平话中，"尾"与"味"音近，所以"味"表示"尾"，也属于意译。其余的字是 dang「尾部」的对音汉字，它们的中古音韵地位及广西汉语方言读音如下：

当：端母，宕开一，唐韵，平声；白话[₋pɔŋ]，平话[₋taŋ]/[₋tøŋ]，官话[₋taŋ]；

汤：透母，宕开一，唐韵，平声；白话[₋pɔŋ]，平话[₋taŋ]/[₋tøŋ]，官话[₋thaŋ]；

塘：定母，宕开一，唐韵，平声；白话[₋phɔŋ]，平话[₋taŋ]，官话[₋thaŋ]；

唐：定母，宕开一，唐韵，平声；白话[₋thɔŋ]，平话[₋taŋ]，官话[₋thaŋ]；

堂：定母，宕开一，唐韵，平声；白话[₌thɔŋ]，平话[₌taŋ]，官话[₌taŋ]。
凳：端母，曾开一，嶝韵，去声；白话[teŋ⁼]/[taŋ⁼]，平话[teŋ⁼]，官话[tən⁼]；
卓：知母，江开二，觉韵，入声；白话[tʃok₌]，平话[tʃuk₌]，官话[₌tso]。

dang「尾部」的声母是[t]；韵母是[a:ŋ]，收[ŋ]尾；声调是壮语第1调，对应汉语的阴平调。上述汉字的"当、汤、塘、唐、堂、凳"的声母韵母基本与 dang「尾部」吻合，只有"卓"似乎相差比较远。关于"卓"，我们的解释是："卓"是知母字，汉语方言中有"知"母读如"端"母的现象，即知母读为[t]，如客家话的"知道"就说[₌ti][tek⁼]（本字是"知得"）。"卓"的韵母收[k]尾，容易发生阳入对转，即[ok]>[aŋ]（关于"阳入对转"，参见本章第四节）。如果这样分析，"卓"的读音会是这样的：[taŋ]<[tʃok]，也就是说，有个方言的"卓"声母读[t]，韵母发生了阳入对转，壮族的知识分子就用"卓"来对音 dang「尾部」。这个方言发生对音的时代比较早。总体来看，在壮语地名的对音汉字中，知母读如端母的现象还是比较少的，知母还是以读塞擦音为主的。所以，我们推介 dang「尾部」的对音汉字的规范字还是不选知母字"卓"，要从"当、汤、塘、唐、堂、凳"中选。dang「尾部」是壮语第1调，与汉语的阴平调相吻合。"塘、唐、堂"是阳平字，"凳"是阴去字，都不合适。而"当、汤"是阴平字，声调吻合，且从统计结果看，"汤"的频率最高。所以，我们推介"汤"为 dang「尾部」的对音汉字的规范字。

二十四 后面：laeng ~ 罢、海、北、伦、浪、郎、龙、冷、楞、另、后、背、后背、后面

壮语的 laeng 是"人体的后背"的意思，地名中的语义是"后面"。用"后""背"来对译，甚至用"后背""后面"来对译，都属于意译。其对音汉字有"罢、海、北、伦、浪、郎、龙、冷、楞、另"，它们的中古音韵地位及广西汉语方言读音如下：

罢：并母，蟹开二，蟹母，上声；白话平话[pa⁼]，官话[pa⁼]；
海：晓母，蟹开一，海韵，上声；白话[ʰɔi]，平话[ʰxai]，官话[ʰhai]；
北：帮母，曾开一，德韵，入声；白话平话[pɛk₌]，官话[₌pə]；

第二章　对音汉字的语言学分析及规范字推介　◆◇◆

伦：来母，臻合三，谆韵，平声；白话[˨lən]，平话[˨lən]/[˨lun]；

浪：来母，宕开一，宕韵，去声；白话[lɔŋ²]，平话[laŋ²]，官话[laŋ²]；

郎：来母，宕开一，唐韵，平声；白话[˨lɔŋ]，平话官话[˨laŋ]；

龙：来母，通开三，钟韵，平声；白话平话官话[˨luŋ]/[˨loŋ]；

冷：来母，梗开二，梗韵，上声；白话[˦laŋ]，平话[˦leŋ]/[˦laŋ]，官话[lən²]；

楞：来母，曾开一，登韵，平声；白话平话[˨ləŋ]，官话[lən²]；

另：来母，梗开四，径韵，去声；白话[leŋ²]，平话[lɔŋ²]，官话[lin²]。

laeng「后面」的声母是[l]，韵母是[aŋ]（音色与[əŋ]相近），收[ŋ]尾。"罢、北"两个字，声母韵母都相差很大，可能是"背"的音近字。"背"是后背的意思，跟 laeng「后面」就是意译关系。"海"的声母韵母与 laeng「后面」的声母韵母也对应不上，其间的对译情况不明。"伦、浪、郎、龙、冷、楞、另"应该是对音的汉字。laeng「后面」的声调是壮语第 1 调，与汉语的阴平调相对应，可是"伦、浪、郎、龙、冷、楞、另"竟没有一个是阴平字，其中，频率最高的是"浪"，但它已经被推介为 langh「宽」的对音汉字的规范字（参见本章第十节），这里不能再用了。在白话平话中都能与 laeng「后面」对应的是"楞"，比较合适，使用度也不算低。所以，我们推介"楞"为 laeng「后面」的对音汉字的规范字。

二十五　后面：laeb ~ 立

田阳、隆安、大新、崇左、龙州、德保、靖西以及标准语"后面"laeng 有个变体 laeb「后面」，对音汉字各县都用"立"。它的中古音韵地位及广西汉语方言读音如下：

立：来母，深开三，缉韵，入声；白话[ləp˨]，平话[ləp˨]，官话[˨li]。

laeb「后面」的声母是[l]；韵母是[ap]（音色跟[əp]很接近），收[p]尾；声调是壮语第 8 调，对应汉语的阳入调。"立"在白话平话中的读音和声韵调都与 laeb「后面」相吻合。更何况，只有"立"一个字，所以，推介"立"为 laeb「后面」的对音汉字的规范字。

第十节 描述类

描述类的用字，通常在地名中充当修饰限制的成分，一般由形容词充当。这一类共 30 个词，其使用频率如表 2-12 所示。

一 长：raez～力、律、略、吉、立、亮、细、里、利、雷、梨、黎、犁、来、厘、长

标准壮语"长"读 raez，用"长"对译属于意译。对音汉字有"力、律、略、吉、立、亮、细、里、利、雷、梨、黎、犁、来、厘"，它们的中古音韵地位及广西汉语方言读音如下：

力：定母，曾开三，职韵，入声；白话[lek₂]，平话[lək₂]，官话[₅li]；

律：来母，臻合三，术韵，入声；白话[lɐt₂]，平话[lət₂]，官话[₅ly]；

略：来母，宕开三，药韵，入声；白话[lœk₂]，平话[lɛk₂]，官话[₅liɔ]；

吉：见母，臻开三，质韵，入声；白话[kɐt₂]，平话[kət₂]，官话[₅ki]；

立：来母，深开三，缉韵，入声；白话[lɐp₂]，平话[ləp₂]，官话[₅li]；

亮：来母，宕开三，漾韵，去声；白话[lœŋ²]，平话[lɛŋ²]，官话[liaŋ²]；

细：心母，蟹开四，霁韵，去声；白话[ɬɐi²]，平话[ɬɐi²]，官话[ɬi²]；

里：来母，止开三，止韵，上声；白话[ᶜlei]，平话[ᶜləi]，官话[ᶜli]；

利：来母，止开三，至韵，去声；白话[lɐi²]，平话[ləi²]，官话[li²]；

雷：来母，蟹合一，灰韵，平声：白话[₅lui]，平话[₅loi]，官话[₅lɐi]；

梨：来母，止开三，脂韵，平声；白话[₅lɐi]，平话[₅ləi]，官话[₅li]；

黎：来母，蟹开四，齐韵，平声；白话[₅lɐi]，平话[₅lai]，官话[₅li]；

犁：来母，蟹开四，齐韵，平声；白话[₅lɐi]，平话[₅lɐi]，官话[₅li]；

来：来母，蟹开一，咍韵，平声；白话[₅lɐi]/[₅ləi]，平话[₅lai]，官话[₅lai]；

厘：来母，止开三，之韵，平声；白话[₅li]/[₅ləi]，平话[₅li]/[₅ləi]，官话[₅li]。

第二章　对音汉字的语言学分析及规范字推介

表 2-12　描述类壮语地名对译汉字统计

描述类 1

标准壮文	raez/reiz/raiz/laez 长	siz lih/siq 长	sang 高	sung/sungh/sungj 高	daemq 矮	moq/mawh 新	moiq 新	gaeuq 旧	saeq 小	ningq 小
地名普查的壮文及含义										
北部壮语 桂北土语 河池巴马	长5、雷1、力2		桑10、昌3、上1			么5、莫1		旧1、扣1		
北部壮语 桂北土语 河池环江			昌1							
北部壮语 桂北土语 河池东兰	雷3		桑4			么3、目1				
北部壮语 桂北土语 河池金城江	长1、细1		高1、上1		矮1	么1、新1		旧1		
北部壮语 桂北土语 河池天峨			上2、仓1			新3、么3、莫1				
北部壮语 桂北土语 柳州融安										
北部壮语 桂北土语 河池罗城			商1			么1、新1				小4
柳江土语 来宾合山					灯1					

续表

描述类 1

标准壮文			raez/reiz/raiz/laez 长	siz lih/siq 长	sang sang 高	sung/sungh/sungi 高	daemq daemq 矮	moq moq/mawh 新	moiq moiq 新	gaeuq gaeuq 旧	saeq saeq 小	ningq ningq 小
地名普查的壮文及含义												
北部壮语	柳江土语	来宾忻城										
		来宾兴宾										
		柳州柳城			尝1							
		柳州柳江	长2		高1							
		河池宜州	长2		桑3、晟1			新8				
	红水河土语	河池都安	力4、律4、梨1		桑1	崇1	屯1、等1	新1			小1	
		河池大化	力4、雷2、律1、黎1		桑1		登1	么4、磨2、务1、暮1		旧2	小9	
		贵港港北	梨1								隧1	
											岁1	宁1

第二章 对音汉字的语言学分析及规范字推介

续表

描述类1

标准壮文	raez/reiz/raiz/laez 长	siz lih/siq 长	sang sang 高	sung sung/sungj 高	daemq daemq 矮	moq moq/mawh 新	moiq moiq 新	gaeuq gaeuq 旧	saeq saeq 小	ningq ningq 小
地名普查的壮文及含义										
北部壮语 红水河土语 贵港桂平	犁1		生1					旧1		
贵港覃塘										
柳州鹿寨			赏2			么1				
来宾武宣										
来宾象州	长1					新5			小3	
邕北土语 百色平果			桑4、散1	松3						
右江土语 百色田东			桑9、高6、伞1		登1、灯1、典1、低1					
百色田阳	黎5、力2、亮2、里1					新22、么1		旧4		

续表

描述类 1

标准壮文		raez	siz	sang	sung	daemq	moq	moiq	gaeuq	saeq	ningq
地名普查的壮文及含义		raez/reiz/raiz/laez 长	lih/siq 长	sang 高	sung/sungh/sungj 高	daemq 矮	moq/mawh 新	moiq 新	gaeuq 旧	saeq 小	ningq 小
北部壮语	桂边土语 河池凤山	雷3、米2		桑6			幺1、磨1、摸1		旧1		宁3
	百色乐业										
	百色西林	里1		桑3、徕1			幺2、务1				
南部壮语	邕南土语 钦州	黎3、犁1、利1		桑1			磨1				
	防城港市	利2、黎1				邓1	幺1				
	防城上思	厘1									
	南宁隆安	力2、里1、略1		桑1、相1	松1		布6、茂1		旧5	细1	

第二章 对音汉字的语言学分析及规范字推介

续表

描述类 1

标准壮文		raez	siz	sang	sung/sungh/sungj	daemq	moq/mawh	moiq	gaeuq	saeq	ningq
地名普查的壮文及含义		raez/reiz/raiz/laez 长	lih/siq 长	sang 高	sung/sungh/sungj 高	daemq 矮	moq/mawh 新	moiq 新	gaeuq 旧	saeq 小	ningq 小
南部壮语	左江土语	崇左大新		力5、立3、息2、长2、习1、锡1、西1、昔1、时1、席1、益1	高10	松6、送1、申1、酸1		新10		旧1		
		崇左江州		力1	高1			新3		旧1		
		崇左龙州		里2	上2	松2、丰1、从1		新7	美1	旧4、姑1	润1、细1	
		崇左天等	利3、梨1、长1		高3、上1	松6、冲2、送1、中1			新17、美3	旧17、交1	小5、细4、西2、四2、昔2、邃1	
		崇左宁明		历1		松1、末1		新4		旧1		
		崇左凭祥										

续表

描述类 1

标准壮文		raez/reiz raiz/laez	siz lib/siq	sang sang	sung sung/sungh sungj	daemq daemq	moq/ moq/mawh	moiq moiq	gaeuq gaeuq	saeq saeq	ningq ningq
地名普查的壮文及含义		长	长	高	高	矮	新	新	旧	小	小
南部壮语	百色德保	力1、里1、吉1、力2									
	百色靖西	力10、梨6、立2、黎1			松3	登1、沌1、茶1、底1	新1	新8、美1	旧10、老1		

描述类 2

标准壮文		lueng/ rungz	hung hungz/ hung	laux laux/ lanz	daih daih	gaeb gyab/gaeb/ geb	gvanh/gangj gvangq/vangz/ vuengz	langh/raeng langh/langx langz	laeg naeg/ ndaek/ laeg	vang/vengz vang	daengh daengh
地名普查的壮文及含义		大	大	大	大	狭长	宽大,广阔	宽	深	横	竖
北部壮语	河池巴马	大6、洪2、宏1、丰1		劳6、老3					腊5、而1		灯1
	河池环江		哄1、丰1	老7、劳1	大1		光1、官1	浪2		王1	
	河池东兰									往1、王1	登1

第二章　对音汉字的语言学分析及规范字推介

续表

描述类 2

标准壮文	lueng	hung	laux	daih	gaeb	gvangq	langh	laeg	vang/vengz	daengj
地名普查的壮文及含义	luengj/rungz 大	hungz/hung 大	laux/lanz 大	daih 大	gyah/gaeh/geh 狭长	gvanh/gangj/gvangq/vangq/vuengz 宽大、广阔	ang/raeng/langh/langx/langz 宽	naeg/ndaek/laeg 深	vang 横	daengh 竖
北部壮语　桂北土语　河池金城			老2、大2		甲1	光1、官1				
河池天峨			劳6、老2		甲2	港1	没1、伦1		望1、狂1、汪1	
柳州融安										
河池罗城										
来宾合山										
柳江土语　来宾忻城										
来宾兴宾										

广西壮语地名规范字研究

续表

描述类 2

标准壮文	lueng	hung	laux	daih	gaeb	gvangq	langh	laeg	vang/vengz	daengj
地名普查的壮文及含义	luengj/rungz 大	hungz/hung 大	laux/lamz 大	daih 大	gyab/gaeb/geb 狭长	gvanh/gangj/gyangq/vangq/vuengz 宽大，广阔	lang/raeng/langh/langzv 宽	naeg/ndaek/laeg 深	vang 横	daengh 竖
北部壮语 — 柳江土语 — 柳州柳城				大1						
北部壮语 — 柳江土语 — 柳州柳江				大21、大2、代1						
北部壮语 — 柳江土语 — 河池宜州		洪4、篓1								
北部壮语 — 红水河土语 — 河池都安	龙1		老4	大2	奸1	光1、况1	琅1、浪1	勒4、狼1	住1	
北部壮语 — 红水河土语 — 河池大化								勒4		
北部壮语 — 贵港港北		空1		大5		降1		六1		屯1
北部壮语 — 贵港桂平									横1	

第二章　对音汉字的语言学分析及规范字推介

续表

描述类 2

标准壮文	lueng	hung	laux	daih	gaeb	gvangq	langh	laeg	vang/vengz	daengj
地名普查的壮文及含义	luengj/rungz 大	hungz/hung 大	laux/lanz 大	daih 大	gyab/gaeh/geb 狭长	gvanh/gangj/gvangq/vangq/vuengz 宽大、广阔	lang/raeng/langh/langz 宽	naeg/ndaek/laeg 深	vang 横	daengh 坚
北部壮语　红水河土语　贵港覃塘										
北部壮语　红水河土语　柳州鹿寨										
北部壮语　红水河土语　来宾武宣				大1						
北部壮语　红水河土语　来宾象州				大8、代1						
北部壮语　邕北土语　百色平果		洪3、红1	老1		鸡1					
北部壮语　右江土语　百色田东		洪8、礦1	老2、劳1、粗1			官1		勒1	旺3	
北部壮语　右江土语　百色田阳	乔1、龙2	洪8、磺1	老11、大8、劳1、佬1			广1		勒5、力1、深1	旺4	

续表

描述类 2

标准壮文			lueng	hung	laux	daih	gaeb	gvangq	langh	laeg	vang/vengz	daengj
地名普查的壮文及含义			hueng/rungz 大	hungz/hung 大	laux/lanz 大	daih 大	gyab/gaeb/geb 狭长	gvanh/gangj/gvangq/vangz/vuengz 宽大、广阔	lang/raeng/langh/langxz 宽	naeg/ndaek/laeg 深	vang 横	daengh 竖
北部壮语	桂边土语	河池凤山			劳11、老7、大5、捞2							
		百色乐业			劳1		甲1	王1	浪1、伦1	勒2、深1、腊1	旺1	等1
		百色西林		洪1、拱1、孟1	老5、劳1、老1			广1				
南部壮语	邕南土语	钦州						广1		爱1	汪5、旺1、黄1、龙1、皇1	
		防城港市										
		防城上思					协1、洞1					
		南宁隆安	隆1、陇1	空9、洪1、雍1、姜1						深2、勒1、略1	横2	

第二章　对音汉字的语言学分析及规范字推介

续表

描述类2

标准壮文		lueng	hung	laux	daih	gaeb	gvangq	langh	laeg	vang/vengz	daengj
地名普查的壮文及含义		luengj/rungz 大	hungz/hung 大	laux/lanz 大	daih 大	gvab/gaeh/geb 狭长	gvanh/gangj/gvangq/vangq/vuengz 宽大、广阔	lang/raeng/langh/langz 宽	naeg/ndaek/laeg 深	vang 横	daengh 竖
南部壮语	崇左大新	大19、隆7、龙7、陇3、罗1	宏1						深4、得2、纳1	横2、筐1	
	崇左江州	陇2、弄2、龚1							勒1	汪1、横1	
左江土语	崇左龙州	龙6、隆6、大4、弄1							勒1	匡2、横1	等1、邓1
	崇左天等	龙1、大1			大34、打2、驮1	急2	汪2	朗1			
	崇左宁明	大9、龙6、隆3、弄2					广1、王1	浪4	勒5、力4、律1、深1	旺3、汪2、横1、黄1、王1	等3
	崇左凭祥	隆2、龙1							勒1	横1	

广西壮语地名规范字研究

续表

描述类 2

标准壮文	lueng	hung	laux	daih	gaeb	gvangq	langh	laeg	vang/vengz	daengj
地名普查的壮文及含义	luengj/rungz 大	hungz/hung 大	laux/lanz 大	daih 大	gyab/gaeb/geb 狭长	gvanh/gangj/gvangh/vangq/vuengz 宽大、广阔	lang/raeng/langh/langz 宽	naeg/ndaek/laeg 深	vang 横	daengh 竖
南部壮语 — 百色德保	大6、龙5、隆保4、陇1	洪1、叒1			吉2		浪2	乐1、桂1		
南部壮语 — 德靖土语 百色靖西	大26、隆15、龙4、陇1					广3、光2、况1	朗2	朝5、深4、力1、泥1	横1、框1、光1	

描述类 3

标准壮文	heu	geu	hau	gau	loeg	rengx	noix	nding/ndeng	henj	ndaem
地名普查的壮文及含义	heu 青色	geu 青色	hau 白色	gau 白色	luz/loeg 绿色	leg/rengx/lengx 干旱	noix 少	ndeng/lieng 红色	henj 黄色	ndaem/naem 黑色
北部壮语 桂北土语 — 河池巴马			好11			良4、炼2、林1	肉1	岭2、宁1、领1		
北部壮语 桂北土语 — 河池环江			好2			旱1、领1	肉1		显1	
北部壮语 桂北土语 — 河池东兰								领1、红1		眼1、英1

第二章 对音汉字的语言学分析及规范字推介

续表

描述类 3

标准壮文	heu	geu	hau	gau	loeg	rengx	noix	nding/ndeng	henj	ndaem
地名普查的壮文及含义	heu 青色	geu 青色	hau 白色	gau 白色	luz/loeg 绿色	leg/rengx/lengx 干旱	noix 少	ndeng/lieng 红色	henj 黄色	ndaem/naem 黑色
北部壮语 桂北土语 河池金城江			白1、好1					红1	显1	
北部壮语 桂北土语 河池天峨			好1、号1					岭1、令1		
北部壮语 桂北土语 柳州融安										
北部壮语 桂北土语 河池罗城										
北部壮语 柳江土语 来宾合山										
北部壮语 柳江土语 来宾忻城										
北部壮语 柳江土语 来宾兴宾										
北部壮语 柳江土语 柳州柳城			白3、好4							
北部壮语 柳江土语 柳州柳江										

· 283 ·

续表

描述类 3

标准壮文		heu heu 青色	geu geu 青色	hau hau 白色	gau gau 白色	loeg luz/loeg 绿色	rengx leg/rengx/ lengx 干旱	noix noix 少	nding/ndeng ndeng/lieng 红色	henj henj 黄色	ndaem ndaem/naem 黑色
地名普查的壮文及含义											
北部壮语	柳江土语 河池宜州										
	河池都安			好3、皓1			亮1				
	河池大化			好1			良1				
红水河土语	贵港港北						俩1				
	贵港桂平			皽1			良1				
	贵港覃塘			好2							
	柳州鹿寨					六1			岭3		
	来宾武宣								岭1、丁1	显1	念1
	来宾象州										
右江土语	百色平果			好1							

· 284 ·

第二章 对音汉字的语言学分析及规范字推介

续表

描述类 3

	标准壮文	heu	geu	hau	gau	loeg	rengx	noix	nding/ndeng	henj	ndaem
	地名普查的壮文及含义	heu 青色	geu 青色	hau 白色	gau 白色	luz/loeg 绿色	leg/rengx/lengx 干旱	noix 少	ndengj/lieng 红色	henj 黄色	ndaem/naem 黑色
北部壮语	右江土语 百色田东	晓 1			告 1						
	右江土语 百色田阳			号 2、皓 1、沿 1		六 2、绿 1			红 9、宁 2、定 1、良 1	显 1	
	桂边土语 河池凤山			好 8、耗 4、号 3			岭 3、年 1	内 2	令 4、另 1		
	桂边土语 百色乐业		归 1、秋 1	嵩 4		绿 1		内 1	令 1、林 1		
南部壮语	邕南土语 百色西林										
	邕南土语 钦州	晓 3									
	邕南土语 防城港市										
	邕南土语 防城上思						良 1、岭 1、灵 1、兰 1	内 4、造 1	宁 3、红 1、滩 1、灵 1		黑 1、念 1、秾 1、林 1
	邕南土语 南宁隆安										

续表

描述类3

标准壮文		heu	geu	hau	gau	loeg	leg/rengx/lengx	noix	nding/ndengj/lieng	henj	ndaem/naem
地名普查的壮文及含义		heu 青色	geu 青色	hau 白色	gau 白色	luz/loeg 绿色	leg/rengx/lengx 干旱	noix 少	ndengj/lieng 红色	henj 黄色	ndaem 黑色
南部壮语	左江土语 崇左大新		巧1、乔1					内10	红7、岭3、陵1、凌2、零1		
	崇左江州		巧3、青1				岭2	内2	宁1		
	崇左龙州							内9	红2、灵1		
	崇左天等	浩1				六2、渌1	良1、岭1、两1	内1	红4、顶1		
	崇左凭祥								丁1、红1		钦1、黑1
	德靖土语 百色德保		桥1		皓7、筆1、耋1	乐1	岭1	内1	宁3、红1		
	百色靖西								灵5、零5、红4、凌2、宁1、铭1、正1	现2	黑3

第二章　对音汉字的语言学分析及规范字推介　◆◇◆

raez「长」的声母是[r]；韵母是[ai]（音色与[ɐi]/[ɜi]/[ei]相近），无韵尾。如前所述，壮语的声母[r]在各方言变化很大，最常见的是变成[l]，也有一些变[s]。上述汉字中大多数如"力、律、略、立、亮、里、利、黎、犁、来、厘"的声母都读[l]，还有个"细"字，汉语的声母读擦音[ɬ]，跟声母[r]的变体[s]对应。"吉"的声母为[k]，其对应关系尚不清楚。raez「长」的声调是壮语第2调，对应汉语的阳平调。因此"力、律、略、吉"这几个入声字不合适，"亮、细、里、利"这几个字是非阳平调，也不合适。"雷、梨、黎、犁、来、厘"这几个阳平字，"雷"是合口韵母，白话平话中有个合口读音，音色与 raez「长」不太接近；"来"在白话平话中的韵母音色与 raez「长」也不太接近。比较接近的是"梨、黎、犁、厘"这四个字，"厘"的使用频率太低。"梨"是汉语借词，按"汉语借词还原"的原则，用作 leiz「梨」的对音汉字的规范字（参见本章第七节），此处不能用。"犁"容易汉语成词。相比之下，"黎"的使用频率稍高一些，所以，推介"黎"为 raez「长」的对音汉字的规范字。

二　长：siz ~ 力、历、立、息、益、习、锡、昔、席、西、莳、四、里

本章第三节，我们讨论过 raengz>saengz「地下溶洞、深潭」，说明南部的左江土语发生了[r]>[s]的演变。raengz>saengz 是晚近的演变，发生在地名的汉语与壮语对音时代之后，所以，对音汉字都反映了 raengz/laengz「地下溶洞、深潭」的音值，并没有反映 saengz「地下溶洞、深潭」的音值。

"长"这个词，标准壮文是 raez。在左江土语中，"长"还读为 siz（实际音值[ɬi²]），说明声母也发生了[r]>[s]的演变。与 raengz>saengz「地下溶洞、深潭」不同的是，raez>siz「长」的演变发生在地名的汉语壮语对音之后，其对音汉字有不少直接反映 siz「长」的音值。上述对音汉字的中古音韵地位及广西汉语方言中的读音如下：

力：定母，曾开三，职韵，入声；白话[lek₂]，平话[lək₂]，官话[₅li]；
历：来母，梗开三，锡韵，入声；白话[lik₂]，平话[lək₂]，官话[₅li]；
立：来母，深开三，缉韵，入声；白话[lep₂]，平话[ləp₂]，官话[₅li]；
息：心母，曾开三，职韵，入声；白话[ɬik₂]，平话[ɬek₂]，官话[₅si]；
益：影母，梗开三，昔韵，入声；白话[jek₂]，平话[ek₂]/[ək₂]，官话[₅ʔi]；

习：邪母，深开三，缉韵，入声；白话[tsɐp˨]，平话[tsəp˨]，官话[˨si]；
锡：心母，梗开四，锡韵，入声；白话[ɬek˨]/[ɬɜk˨]，平话[ɬək˨]，官话[˨ɬi]；
昔：心母，梗开三，昔韵，入声；白话[ɬek˨]，平话[ɬək˨]/[ɬek˨]，官话[˨ɬi]；
席：邪母，梗开三，昔韵，入声；白话[tsik˨]，平话[tʃək˨]，官话[˨si]；
西：心母，蟹开四，齐韵，平声；白话[˨ɬɐi]，平话[˨ɬɐi]，官话[˨ɬi]；
莳：中古无，广西方言少讲；
四：心母，止开三，至韵，去声；白话[ɬi˧]/[ɬɐi˧]，平话[ɬəi˧]，官话[si˧]；
里：来母，止开三，止韵，上声；白话[˥li]/[˥lei]，平话[˥ləi]，官话[˥li]。

上述对音汉字，无论白话平话读什么音，其官话的读音除"益"之外，都是[li]/[ɬi]/[si]，与 siz「长」的声母韵母相对应。所以，我们相信发生 raez>siz「长」演变的时间比较晚近，用官话的读音去对音 siz「长」。siz「长」是壮语第 2 调，与汉语的阳平调相吻合。上述汉字的官话音，除了"西、四、里"不是阳平字，其他都是阳平字。从统计的频率看，"昔"字的频率稍微高一点，所以，我们推介"昔"为 siz「长」的对音汉字的规范字。

三 高：sang ~ 散、伞、徕、赏、上、尝、昌、仓、相、桑、商、丧、生、高

北部壮语的"高"读 sang，用"高"来对译属于意译。对音汉字有"散、伞、徕、赏、上、尝、昌、仓、相、桑、商、丧、生"，它们的中古音韵地位及广西汉语方言读音如下：

散₁：心母，山开一，翰韵，去声；白话[ɬan˧]，平话[ɬan˧]，官话[san˧]；
散₂：心母，山开一，旱韵，上声；白话[˥ɬan]，平话[˥ɬan]，官话[˥san]；
伞：心母，山开一，旱韵，上声；白话[˥ɬan]，平话[˥ɬan]，官话[˥san]；
徕：广西方言少讲，读过书的人会读[lai˨]或[lai˧]；
赏：书母，宕开三，养韵，上声；白话[˥sœŋ]/[˥ʃiaŋ]，平话[˥ʃeŋ]，官话[˥saŋ]；
上₁：禅母，宕开三，养韵，上声；白话[˥sœŋ]/[˥ʃeŋ]，平话[˥ʃeŋ]/[˥saŋ]，官话[saŋ˧]；
上₂：禅母，宕开三，漾韵，上声；白话[sœŋ˧]，平话[saŋ˧]，官话[saŋ˧]；

尝：禅母，宕开三，阳韵，平声；白话[ˌtshœŋ]，平话[ˌʃŋ]，官话[ˌtshaŋ]；
昌：昌母，宕开三，阳韵，平声；白话[ˌtshœŋ]，平话[ˌtʃhɛŋ]，官话[ˌtshaŋ]；
仓：清母，宕开一，唐韵，平声；白话[ˌtshoŋ]/[ˌtshaŋ]，平话[ˌtʃhaŋ]，官话[ˌtshaŋ]；
相：心母，宕开三，阳韵，平声；白话[ˌɬœŋ]，平话[ˌɬɛŋ]，官话[ˌɕiaŋ]；
桑：心母，宕开一，唐韵，平声；白话[ˌɬoŋ]/[ˌɬaŋ]，平话[ˌɬaŋ]，官话[ˌsaŋ]；
商：书母，宕开三，阳韵，平声；白话[ˌsœŋ]，平话[ˌʃŋ]，官话[ˌsaŋ]；
丧：心母，宕开一，唐韵，平声；白话[ˌɬoŋ]/[ˌɬaŋ]，平话[ˌɬaŋ]，官话[ˌsaŋ]；
生：生母，梗开二，庚韵，平声；白话[ˌsaŋ]，平话[ˌsaŋ]，官话[ˌʂəŋ]。

从声母看，sang「高」是擦音[s]，音色与[ɬ]/[ʃ]/[s]都能对应，与塞擦音[tsh]/[tʃh]也能对应，因为壮语多数方言尚未有独立的塞擦音音位，塞擦音[tsh]/[tʃh]往往混读为擦音[ɬ]/[s]。按照这个条件，只有"徕"不吻合。从韵母看，sang「高」的韵母是[a:ŋ]，收[ŋ]尾；按照这个条件，"散、伞、徕"的韵尾不吻合。从声调看，sang「高」是壮语第1调，与汉语的阴平调对应；按照这个条件，阴平字有"昌、仓、相、桑、商、丧、生"这几个字。先说"昌、仓"，尽管壮语中塞擦音和擦音多不对立，但是汉语中的塞擦音和擦音普遍对立，"昌、仓"是塞擦音[tsh]/[tʃh]声母，说汉语的人不方便读。"相"在白话平话官话中的韵母与 sang「高」韵母也对应不好。而"商"只是官话的韵母对应，平话白话并不对应。声韵调在平话官话中都能对应上的只有"桑、丧"两个字，统计数据表明，"桑"的频率很高。所以，我们推介"桑"为 sang「高」的对音汉字的规范字。

四 高：sung～申、酸、崇、送、从、宋、丰、冲、中、松

南部壮语"高"读 sung，与北部壮语的 sang「高」互为地域变体。sung「高」的对音汉字有"申、酸、崇、送、从、宋、丰、冲、中、松"，其中古音韵地位及广西汉语方言读音如下：

申：书母，臻开三，真韵，平声；白话[ˌsɐn]，平话[ˌʃŋ]/[ˌsən]，官话[ˌsən]；

酸：心母，山合一，桓韵，平声；白话[ˌɬyn]，平话[ˌɬun]，官话[ˌnɔŋ]；

崇：崇母，通合三，东韵，平声；白话[˛tshuŋ]，平话[˛tsoŋ]，官话[˛tshuŋ]；

送：心母，通合一，送韵，去声；白话[ɬuŋ²]，平话[ɬoŋ²]，官话[suŋ²]；

从：从母，通合一，钟韵，平声；白话[˛tshuŋ]，平话[˛tʃoŋ]，官话[˛tshuŋ]；

宋：心母，通合一，宋韵，去声；白话[ɬuŋ²]，平话[ɬoŋ²]，官话[suŋ²]；

丰：敷母，通合三，东韵，平声；白话[˛fuŋ]，平话[˛foŋ]，官话[˛foŋ]；

冲：澄母，通合三，钟韵，平声；白话[˛tʃhuŋ]，平话[˛tshoŋ]，官话[˛tshuŋ]；

中：知母，通合三，东韵，平声；白话[˛tsuŋ]，平话[˛tsoŋ]，官话[˛tsuŋ]；

松：心母，通合三，冬韵，平声；白话[˛ɬuŋ]，平话[˛ɬoŋ]，官话[˛suŋ]。

从声母看，sung「高」是擦音[s]，音色与[ɬ]/[ʃ]/[s]都能对应，与塞擦音[tsh]/[tʃh]也能对应，因为壮语多数方言尚未有独立的塞擦音音位，塞擦音[tsh]/[tʃh]往往混读为擦音[ɬ]/[s]。按照这个条件，只有"丰"不吻合。"丰"声母读[f]，看似跟擦音[s]/[ɬ]不吻合，其实在广西的某些平话白话中，声母读[ɬ]的会变读为[f]。根据陈海伦、林亦（2009）①记录，在其他白话平话中读[ɬen]的"辛、新"，在木格白话中都读[fen]。正是[ɬ]与[f]之间的转换导致某些民间知识分子把汉语的"丰"由原来的[˛fuŋ]读为[˛ɬuŋ]，从而用来与sung「高」对音。但是，这种情况毕竟出现的频率比较低，先排除。从韵母看，sung「高」的韵母是[uŋ]，收[ŋ]尾。按这个条件，"申、酸"的韵母不吻合，也排除。从声调看，sung「高」是壮语第1调，与汉语的阴平调对应。"崇、送、从、宋"不是阴平字，也不合适。由此看来，只能从"冲、中、松"三个字里选了。"冲、中"声母读塞擦音[tʃh]/[tsh]和[ts]，尽管壮语中塞擦音和擦音多不对立，但是汉语中的塞擦音和擦音普遍对立，选"冲、中"的话，说汉语的人不方便读。所以，真正声韵调都吻合的只有"松"字，从统计数据看，"松"的频率也是最高的。所以，我们推介"松"为sung「高」

---

① 陈海伦、林亦主编：《粤语平话土话方音字汇·第一编 广西粤语、桂南平话部分》，上海教育出版社2009年版，第252页。

的对音汉字的规范字。

五　矮：daemq ~ 灯、登、屯、等、典、低、邓、岑、底、茶、沌、矮

壮语的"矮"读 daemq，用"矮"对译属于意译。对音汉字有"灯、登、屯、等、典、低、邓、岑、底、茶、沌"，它们的中古音韵地位及广西汉语方言读音如下：

灯：端母，曾开一，登韵，平声；白话[₋teŋ]/[₋taŋ]，平话[₋teŋ]，官话[₋tən]；

登：端母，曾开一，登韵，平声；白话[₋teŋ]/[₋taŋ]，平话[₋teŋ]，官话[₋tən]；

屯：定母，臻合一，魂韵，平声；白话[₋thɐn]，平话[₋ten]，官话[₋tən]；

等：端母，曾开一，等韵，上声；白话[ᶜteŋ]，平话[ᶜtaŋ]，官话[ᶜtəŋ]；

典：端母，山开四，铣韵，上声；白话[ᶜtin]，平话[ᶜtin]，官话[ᶜten]；

低：端母，蟹开四，齐韵，平声；白话[₋tei]，平话[₋tei]，官话[₋ti]；

邓：定母，曾开一，嶝韵，去声；白话[teŋ²]/[taŋ²]，平话[teŋ²]，官话[təŋ²]；

岑：崇母，深开三，侵韵，平声；白话[₋khɐm]，平话[₋kɐm]/[₋tʃɐm]，官话[₋tshən]；

底：端母，蟹开四，荠韵，上声；白话[ᶜtei]，平话[ᶜtei]，官话[ᶜti]；

茶：澄母，假开二，麻韵，平声；白话[₋tsha]，平话[₋tsa]，官话[₋tsha]；

沌：定母，臻合一，混韵，上声；白话[ten²]，平话[ten²]，官话[tən²]。

从声母看，daemq「矮」的声母是[t]。上述汉字多数读[t]，只有"岑、茶"不读。"岑"与[t]的对应，也许来源于"岑"的某个方言声母读[k-l-]，其[l]发生塞化，前置辅音消失，变成[t]，从而可以用来与[t]对音（此音变的解释参见潘悟云，2013①）。"茶"是澄母字，属于知组，知组字在早期读端母的[t]（参见本章第九节 dang「尾部」的对音汉字"卓"的论述）。从韵母看，daemq「矮」的韵母是[am]（音色接近[ɐm]），收[m]尾，上述汉字符合这一条件的只

---

① 潘悟云：《东亚语言中的"土"与"地"》，《民族语文》2013 年第 5 期。

有"岑"。但是,"岑"的声母在今天多数方言中都不读[t]了,所以,这也不符合。从声调看,daemq「矮」是壮语第 5 调,与汉语的阴去调相吻合。上述汉字竟然没有一个是阴去字。相对来说,"登"的使用频率稍微多一点,所以,我们推介"登"为 daemq「矮」的对音汉字的规范字。

六 新: moq~ 莫、目、摸、么、磨、务、墓、布、茂、新

北部壮语的"新"读 moq,用"新"对译属意译。对音汉字有"莫、目、摸、么、磨、务、墓、布、茂",其中古音韵地位及广西汉语方言读音如下:

莫: 明母,宕开一,铎韵,入声;白话[mɔk₂],平话[muk₂],官话[₅ɔ];

目: 明母,通合三,屋韵,入声;白话[mok₂]/[muk₂],平话[mok₂],官话[₅mu];

摸: 明母,宕开一,模韵,入声;白话[₅mo],平话[₅mo],官话[₅mo];

么: 中古无,广西方言少说,一般会将普通话音折合读作[₅mo];

磨: 明母,果合一,过韵,去声;白话[mɔ²],平话[mu²]/[mou²],官话[mɔ²];

务: 微母,遇合三,遇韵,去声;白话[mu²],平话[mu²],官话[ʔu²];

墓: 明母,遇开一,暮韵,去声;白话[mu²]/[mu²],平话[mo²],官话[mu²];

布: 帮母,遇合一,暮韵,去声;白话[pu²]/[pəu²],平话[pu²]/[pou²],官话[pu²];

茂: 明母,流开一,候韵,去声;白话[mɐu²],平话[mɐu²]/[mau²],官话[mau²];

从声母看,moq「新」的声母是[m],上述汉字的声母都吻合。从韵母看,moq「新」的韵母是[o],无韵尾。上述汉字中,"莫、目"是有韵尾的入声字,不合适。"务、布、茂"字在所有的方言中,韵母都没有读[o]的,也不合适。"磨"白话官话读[ɔ],平话不读。所有方言中韵母都是[o]的,只有"摸、么"两字。moq「新」的声调是壮语第 5 调,对应汉语的阴去调,"摸、么"两字都不是阴去字。"么"在普通话中是个虚词,韵母和声调都很弱,念为 me。如果选"么"为规范汉字,我们势必要根据汉语方言的读音折合出一个普通话音 mō,这样的弊端是增加了一个普通话读音,今后字典要标注为"么 mō:广西地名用字"。而"摸"就没有这个弊端。

出于尽量不增加现代汉字的语音语义的考量，推介"摸"为 moq「新」的对音汉字的规范字。

七 新：moiq ~ 美、新

北部壮语的 moq「新」在南部壮语读音发生变化，郑贻青（1996）记录为[mɔːi⁵]①，我们用标准壮文转写为 moiq「新」。靖西、宁明、天等三县用汉字"美、新"来对译。"新"显然属意译，对音汉字只有一个"美"。由于只有这一个汉字，所以推介"美"为 moiq「新」的对音汉字的规范字。

八 旧：gaeuq ~ 旧、扣、姑、交、老

gaeuq 是汉语借词"旧"（蓝庆元，2005）②，按照"汉语借词还原"的原则，推介"旧"为壮语 gaeuq「旧」的对音汉字的规范字。

九 小：saeq ~ 隧、岁、细、泗、西、四、昔、遂、小

壮语的 saeq「小」就是汉语借词"细"（蓝庆元，2005）③，按照"汉语借词还原"的原则，推介"细"为壮语 saeq「小」的对音汉字的规范字。

十 小：ningq ~ 宁、小

壮语的 ningq 是"小"的意思，用"小"对译属意译。目前，我们的材料里只发现一个对音汉字"宁"，只好推介"宁"为 ningq「小」的对音汉字的规范字。

十一 大：lueng ~ 龙、弄、隆、陇、罗、龚、大

南部壮语的"大"读 lueng，用"大"对译属意译。对音汉字有"龙、弄、隆、陇、罗、龚"，它们的中古音韵地位及广西汉语方言读音如下：

龙：来母，通合三，钟韵，平声；白话[luŋ]，平话[loŋ]，官话[luŋ]；

---

① 郑贻青：《靖西壮语研究》，广西民族出版社 2013 年版，第 223 页。
② 蓝庆元：《壮汉同源词借词研究》，中央民族大学出版社 2005 年版，第 223 页。
③ 蓝庆元：《壮汉同源词借词研究》，中央民族大学出版社 2005 年版，第 257 页。

弄：来母，通合一，送韵，去声；白话[ʰnoŋ]，平话[ʰloŋ]，官话[ʰloŋ]；

隆：来母，通合三，肿韵，平声；白话[˪luŋ]，平话[˪luŋ]，官话[˪luŋ]；

陇：来母，通合三，钟韵，上声；白话[ˈluŋ]，平话[ˈloŋ]，官话[ˈloŋ]；

罗：来母，果开一，歌韵，平声；白话[˪lo]，平话[˪la]/[˪lo]，官话[˪lo]；

龚：见母，通合三，钟韵，平声；白话[˪kuŋ]，平话[˪koŋ]，官话[˪koŋ]。

lueng「大」的声母是[l]，上述汉字的声母基本都是[l]，只有"龚"的声母不是[l]。"龚"能用来跟lueng「大」对音，推测"龚"可能原来有过复辅音声母[kl]的阶段。现在看来，这种情况是比较罕见的，先排除。lueng「大」的韵母是[u:ŋ]，收[ŋ]尾。上述汉字中，"罗"的白话平话官话的读音都不吻合，"罗"也要排除。lueng「大」的声调是壮语第1调，对应汉语的阴平调。"龙、弄、隆、陇"这几个汉字，声母韵母都吻合，可是没有一个是阴平字。从统计频率看，"龙"最高，其次是"隆"。但是为了避免"龙"被望文生义为"江河中的龙"之意，我们推介"隆"为lueng「大」的对音汉字的规范字。

十二 大：hung ~ 洪、红、磺、宏、哄、孟、丰、雍、空、烘、轰

壮语"大"读hung，可能跟lueng「大」的历史相关，二者的读音互为变体。hung「大」的对音汉字有"洪、红、磺、宏、哄、孟、丰、雍、空、烘、轰"，它们的中古音韵地位及广西汉语方言读音如下：

洪：匣母，通合一，东韵，平声；白话[˪huŋ]，平话[˪hoŋ]，官话[˪xuŋ]；

红：匣母，通合一，东韵，平声；白话[˪huŋ]，平话[˪hoŋ]，官话[˪xuŋ]；

磺：匣母，宕合一，唐韵，平声；白话[˪wɔŋ]，平话[˪huŋ]，官话[˪xuaŋ]；

宏：匣母，梗合二，耕韵，平声；白话[˪huŋ]，平话[˪hoŋ]，官话[˪xuŋ]；

哄：匣母，通合一，董韵，上声；白话[ˈhuŋ]，平话[ˈhoŋ]，官话[ˈxuŋ]；

孟：明母，梗开二，映韵，去声；白话[maŋ²]，平话[meŋ²]/[maŋ²]，官话[muŋ²]；

丰：敷母，通合三，东韵，平声；白话[˪fuŋ]，平话[˪foŋ]，官话[˪fuŋ]；

雍：影母，通合三，钟韵，平声；白话[˪juŋ]，平话[˪joŋ]，官话[˪juŋ]；

空：溪母，通合一，东韵，平声；白话[˪huŋ]，平话[˪hoŋ]，官话[˪khuŋ]；

烘：晓母，通合一，东韵，平声；白话[ʰuŋ]，平话[ʰoŋ]，官话[xuŋ]；
轰：晓母，梗合二，诗韵，去声；白话[ʰuŋ]，平话[ʰoŋ]，官话[xuŋ]。

hung「大」的声母是[h]，上述汉字大多数的声母都读[h]/[x]，与hung「大」的声母能对应，只有"丰、孟、雍"这三个字无论在哪个方言中，声母都不是[h]/[x]。"丰"，部分汉语方言[f]和[h]相混，导致用"丰"混读为[ʰuŋ]，用来对音壮语的hung「大」。"孟"是鼻音声母[m]，鼻音清化后，音色很像擦音。壮侗语族的侗水语支目前鼻音清化现象比较普遍，而台（壮）语支鼻音清化现象并不多见。不排除壮语的早期也存在鼻音清化现象，"孟"读[ʰuŋ]，就可以跟hung「大」对音。壮语中[j]和[h]本来就有互转现象，如郑贻青（1996）①就记录靖西的"集市"有两种说法[ha:ŋ⁵]和[ja:ŋ⁵]，就是这种相互演变的体现（参见本章第六节）。"雍"的声母是[j]，就可以用来与hung「大」对音。这三个字声母都经过比较曲折的音转，然后才与hung「大」对音，数量也比较少，所以，我们先排除。hung「大」的韵母是[uŋ]，收[ŋ]尾。上述汉字只有"磺"的官话音对不上，其他字的各个方言的读法都能吻合。hung「大」是壮语第1调，与汉语的阴平调相吻合，剩下来的阴平字只有"空、烘、轰"三个了。"空"是个多音字，还有去声的读法；另外"空"的官话读法声母为[kʰ]，不是很好的选择。"烘"虽然在白话平话官话中的声韵调都吻合，但"烘"也是多音字，还有去声的读法。所以，最好的选择就是"轰"。因此，我们推介"轰"为hung「大」的对音汉字的规范字。

十三　大：laux ~ 劳、老、佬、捞、大、粗

北部壮语的laux，意思是"大、粗壮"，上述对译汉字中"大、粗"属于意译。对音的汉字只有"劳、老、佬、捞"四个，它们的中古音韵地位及广西汉语方言读音如下：

劳：来母，效开一，豪韵，平声；白话[lɐu]，平话[lau]，官话[lau]；
老：来母，效开一，皓韵，上声；白话[ˀlɐu]，平话[ˀlau]，官话[ˀlau]；
佬：中古无，白话[ˀlu]，官话[ˀlau]；

---

① 郑贻青：《靖西壮语研究》，广西民族出版社2013年版，第206页。

捞：来母，效开一，豪韵，平声；白话[₁lau]/[₁lɐu]，平话[₁lau]/[₁lɐu]，官话[₁lau]。

laux「大」的声母是[l]，韵母是[a:u]。上述这几个对音汉字，声母和韵母基本还能对应。laux「大」是壮语第4调，与汉语的阳上调对应，"劳"是阳平字，"佬"是阴上字，"捞"是阴平字，只有"老"是阳上字。"老"的声母韵母在白话平话官话中都能与laux「大」相对应。从统计数据看，"老"的频率也是比较高的，所以，我们推介"老"为laux「大」的对音汉字的规范字。

十四　大：daih～太、代、大、打、驮

壮语daih就是汉语借词"大"，"大"的中古音韵地位及广西汉语方言读音如下：

大：定母，果开一，箇韵，去声；白话平话[tai²]，官司话[ta²]。

所以，根据"汉语借词还原"的原则，用"大"作为daih「大」的对音汉字的规范字。

十五　狭长：gaeb～甲、奸、鸡、协、洞、急、吉

壮语"狭长"读gaeb，也有方言变体haeb/heb。据蓝庆元（2005）[①]记录，gaeb/haeb/heb就是汉语借词"狭"。根据"汉语借词还原"的原则，用"狭"作为gaeb「狭长」的对音汉字的规范字。

十六　宽大、广阔：gvangq～官、光、港、广、汪、王、况、降

壮语"宽大、广阔"读gvangq，对音汉字有"官、光、港、广、汪、王、况、降"，它们的中古音韵地位及广西汉语方言读音如下：

官：见母，山合一，桓韵，平声；白话[₁kun]，平话[₁kun]，官话[kuan]；
光：见母，宕合一，唐韵，平声；白话[₁kɔŋ]，平话[₁kuŋ]，官话[₁kuaŋ]；
港：见母，江开二，讲韵，上声；白话[ˊkɔŋ³]，平话[ˊkaŋ]，官话[ˊkaŋ]；
广：见母，宕合一，荡韵，上声；白话[ˊkuɔŋ]，平话[ˊkoŋ]，官话[ˊkuaŋ]；

[①] 蓝庆元：《壮汉同源词借词研究》，中央民族大学出版社2005年版，第257页。

第二章 对音汉字的语言学分析及规范字推介

汪：影母，宕合一，唐韵，平声；白话[ˬwɔŋ]，平话[ˬwaŋ]，官话[ˬɵuaŋ]；

王：云母，宕合三，阳韵，平声；白话[ˬwɔŋ]，平话[ˬhuŋ]，官话[ˬɵuaŋ]；

况：晓母，宕合三，漾韵，去声；白话[khɔŋ˥]，平话[khuaŋ˥]，官话[khuaŋ˥]；

降：见母，江开二，绛韵，去声；白话[kɔŋ˥]，平话[kaŋ˥]/[tʃaŋ˥]，官话[kiaŋ˥]。

从声母看，壮语 gvangq「宽大、广阔」的声母是 gv[kw]。上述汉字，大多数读[k]/[kh]，只有"汪、王"没有读[k]/[kh]。"汪、王"分别是影母字和云母字，根据潘悟云（1997）《喉音考》①，影母的上古拟音为[*q]，云母的上古拟音为[*G]。前述壮语的"乌鸦"读 ga，本字是汉语借词"乌"字，"乌"就是影母字（参见本章第八节），这说明影母、云母读音与[k]和[kh]非常近似。根据林连通、郑张尚芳（2012）的记录，"汪、王"的上古音，高本汉分别拟作[qʷaaŋ][Gʷaŋ]②。所以，"汪、王"与 gvangq「宽大、广阔」的对音，时间可能很早，早于中古时期，我们不用做对音汉字的规范字的选择依据。

从韵母看，gvangq「宽大、广阔」的韵母是[a:ŋ]，收[ŋ]尾。"官"字收[n]尾，不符合这个要求，先剔除。剩下的"光、港、广、况、降"字，白话读音韵母没有一个符合这个要求的。符合这个要求的平话官话的读音只有"港"和"况"。

从声调看，gvangq「宽大、广阔」是壮语第5调，与汉语的阴去调相对应。符合这个要求的只有"况"。我们觉得这个"况"字也不是最好的选择，因为"况"无论在哪个方言中都读送气音声母，但是 gvangq「宽大、广阔」却是个不送气的声母。虽然北部壮语没有送气塞音与不送气塞音的对立，但是汉语的对立却很明显，选用"况"还是不方便汉语人来读。从统计结果看，"光"的使用频率是最高的，我们推介"光"为 gvangq「宽大、广阔」的对音汉字的规范字。

---

① 潘悟云：《喉音考》，《民族语文》1997年第5期。
② 林连通、郑张尚芳：《汉字字音演变大字典》，江西教育出版社2012年版，第523、730页。

十七　宽：langh～伦、浪、瑯、朗

壮语"宽"读 langh，对音汉字有"伦、浪、瑯、朗"，它们的中古音韵地位及广西汉语方言读音如下：

伦：来母，臻合三，谆韵，平声；白话[˰lɐn]，平话[˰lən]，官话[˰łən]；

浪：来母，宕开一，宕韵，去声；白话[lɔŋ˨]/[laŋ˨]，平话[laŋ˨]，官话[laŋ˨]；

瑯：来母，宕开一，唐韵，平声；广西方言少讲；

朗：来母，宕开一，荡韵，上声；白话[lɔŋ˦]/[ˀloŋ]，平话[ˀlaŋ]，官话[ˀlaŋ]。

langh「宽」的声母是[l]，韵母是[a:ŋ]，收[ŋ]尾；声调是壮语第6调，对应汉语的阳去调。上述汉字"伦、浪、瑯、朗"的声母都能对应，从韵母看，"伦"收[n]尾，不合适。从声调看，"瑯"是阴平调，"朗"是阳上调，也不合适。"浪"是阳去字，而且"浪"在平话官话中的声母韵母都与 langh「宽」相吻合，统计数据也表明，"浪"的使用频率最高。所以，我们推介"浪"为 langh「宽」的对音汉字的规范字。

十八　深：laeg～爱、而、桂、泥、纳、得、狼、腊、律、六、略、乐、力、勒、深

壮语的"深"读 laeg，用"深"对译，属于意译，其他的是对音汉字。上述对音汉字的中古音韵地位及广西汉语方言读音如下：

爱：影母，蟹开一，代韵，去声；白话[ɔi˨]，平话[ai˨]，官话[ŋai˨]；

而：日母，止开三，之韵，平声；白话[˰ji²]，平话[˰lɯ]，官话[˰ɚ]；

桂：见母，蟹合四，霁韵，去声；白话[kuɐi˨]，平话[kuɐi˨]/[kəi˨]，官话[kuəi˨]；

泥：泥母，蟹开四，齐韵，平声；白话[˰nɐi]，平话[˰nɐi]，官话[˰ni]；

纳：泥母，咸开一，合韵，入声；白话[nap˨]，平话[nap˨]，官话[˰na]；

得：端母，曾开一，德韵，入声；白话[tɐk˨]/[tak˨]，平话[tɐk˨]，官话[˰tə]；

狼：来母，宕开一，唐韵，平声；白话[˰lɔŋ]，平话[˰laŋ]，官话[˰laŋ]；

腊：来母，咸开一，盍韵，入声；白话[lap˨]，平话[lap˨]，官话[˰la]；

律：来母，臻合三，术韵，入声；白话[lɐt˨]/[lat˨]，平话[lət˨]，官话[˰li]；

六：来母，通合三，屋韵，入声；白话[luk₂]，平话[lok₂]，官话[₂lu]；

略：来母，宕开三，药韵，入声；白话[lœk₂]，平话[lɛk₂]，官话[₂lɔ]；

乐：来母，宕开一，铎韵，入声；白话[lɔk₂]，平话[lak₂]，官话[₂lɔ]；

力：来母，曾开三，职韵，入声；白话[lek₂]，平话[lək₂]，官话[₂li]；

勒：来母，曾开一，德韵，入声；白话[lɛk₂]/[lak₂]，平话[lɛk₂]/[lak₂]，官话[₂lə]。

从声母看，laeg「深」的声母是[l]。上述汉字在方言中的读音多数是[l]，只有"爱、桂、泥、纳、得"不是[l]。这几个字与 laeg「深」的曲折的语音和语义对应关系，一时还不明白，这几个不选。从韵母看，laeg「深」的韵母是[ak]，收[k]尾。"而、狼、腊、律"这几个字的韵尾不吻合，吻合的是"六、略、乐、力、勒"这几个字。从声调看，laeg「深」是壮语第 8 调，与汉语的阳入调对应。"六、略、乐、力、勒"都是阳入字，"六、略"的主元音与 laeg「深」主元音相差也较大，再加上"六"已经被推介为 lueg「山谷」的对音汉字的规范字了（参见本章第二节），也不适合。"乐、力"平话音的声韵调都对应，但在白话官话中的音色相差较大。只有"勒"白话平话的声韵调吻合，且官话的主元音音色也吻合。统计数据还表明，"勒"的频率最高。因此，我们推介"勒"为 laeg「深」的对音汉字的规范字。

十九　横：vang/vengz ~ 横、王、往、望、狂、汪、旺、黄、龙、皇、筐、匡、框、光、枉

壮语的 vang/vengz 意思是"横"。其实，vang/vengz「横」就是汉语借词"横"。"横"的中古音韵地位、各家中古拟音及广西汉语方言读音如下：

横：匣母，梗合二，庚韵，平声；白话[₂waŋ]，平话[₂wɛŋ]；

各家中古拟音：高本汉[ɣwɐŋ]；王力[ɣwɐŋ]；李荣[ɣuɐŋ]；邵荣芬[ɣuɐŋ]。[①]

壮语的 vang/vengz「横」声韵调与中古拟音吻合，也与白话平话的"横"吻合。所以，按照"汉语借词还原"的原则，用"横"作为 vang/vengz「横」

---

① 摘自林连通、郑张尚芳《汉字字音演变大字典》，江西教育出版社 2012 年版，第 623 页。

的对音汉字的规范字。

二十 竖：daengj ~ 灯、登、屯、邓、等

壮语的"竖"读 daengj，对音的汉字有"灯、登、屯、邓、等"，它们的中古音韵地位及广西汉语方言读音如下：

灯：端母，曾开一，登韵，平声；白话[₋tɐŋ]/[₋taŋ]，平话[₋taŋ]，官话[₋tən]；

登：端母，曾开一，登韵，去声；白话[₋tɐŋ]/[₋taŋ]，平话[₋tɐŋ]，官话[₋tən]；

屯：定母，臻合一，魂韵，平声；白话[₋then]/[₋than]，平话[₋tɐn]，官话[₋thən]；

邓：定母，曾开一，登韵，去声；白话[tɐŋ²]，平话[tɐŋ²]，官话[tən²]；

等：端母，曾开一，等韵，上声；白话[ᶜtɐŋ]，平话[ᶜtɐŋ]，官话[ᶜtən]。

从声母看，daengj「竖」是[t]，上述汉字全都符合此要求。从韵母看，daengj「竖」是[aŋ]（音色与[ɐŋ]相近），收[ŋ]尾。上述汉字"屯"在任何方言中的韵母都不符合此要求，其余的字除官话外，都合乎此要求。从声调看，daengj「竖」是壮语第 3 调，与汉语的阴上调对应。"灯、登、邓"都不是阴上字，只有"等"的声韵调都合适，而且统计数据表明"等"的使用频率最高，还有著名的地名"天等"。所以，我们推介"等"为 daengj「竖」的对音汉字的规范字。

二十一 青色：heu ~ 浩、晓

二十二 青色：geu ~ 归、秋、乔、桥、巧、青

二十三 白色：hau ~ 好、号、皓、浩、耗、敲、蒿、白

二十四 白色：gau ~ 告、考、靠、皓、毫

两个"青色"和两个"白色"放一块儿来讨论。

第二章　对音汉字的语言学分析及规范字推介

标准壮语的"青色、白色"分别读 heu、hau。用"青、白"来对译的属意译。"青色"的读法在别的方言中还有变体,李方桂(2005)记录的龙州壮语,"青色"就是[khe:u³³][1],卢业林(2011)记录大新壮语的"青色"为[kʰe:u¹][2],我们将这些记录用标准壮文转录为 geu。显然,heu「青色」和 geu「青色」互为方言变体。"白色"的另外一个读音,郑贻青(2013)记录为[kha:u¹][3],用标准壮文转写为 gau。显然,hau「白色」和 gau「白色」也互为方言变体。heu 和 geu「青色」、hau 和 gau「白色」反映了[h]>[k]还是[k]>[h]?结合汉语历史音韵学的研究成果,用我们熟悉的两个汉字来说明。"皓、毫"两字,都是匣母字,在今天广西的汉语方言中、在普通话中只读声母[h]。据潘悟云《喉音考》[4],古代匣母字与见母字大量谐声、通假,它们的声旁是"告""高","告""高"都是见母字,声母读[k]。"皓、毫"用读[k]的"告""高"作声旁,说明原来"皓、毫"是读[k]的。这说明,汉语曾经发生过[k]>[h]的演变,有些字在汉语的这个方言读[k],在汉语的另外一个方言又读[h],如"巧、敲、考"等字,就是这个演变的体现。用汉语反观壮语,我们认为"青色""白色"的演变是 geu>heu「青色」、gau>hau「白色」。

heu「青色」主要分布在北部壮语区和部分南部壮语区。其对音汉字只有两个:"浩、晓",它们的中古音韵地位及广西汉语方言读音如下:

浩:匣母,效开一,晧韵,上声;白话[˨heu],平话[ˢhau]/[hau²],官话[hau²];

晓:晓母,效开四,筱韵,上声;白话[ˢhɛu]/[ˢhiu],平话[ˢhiu],官话[ˢhiau]。

geu「青色」也主要分布在南部壮语区,北部的桂边土语区有一点。其对音汉字有"归、秋、乔、桥、巧",它们的中古音韵地位及广西汉语方言读音如下:

---

[1] 李方桂:《龙州土语·李方桂全集 3》,清华大学出版社 2005 年版,第 243 页。
[2] 卢业林:《大新壮语语法调查与研究》,硕士学位论文,广西大学,2011 年,第 4 页。
[3] 郑贻青:《靖西壮语研究》,广西民族出版社 2013 年版,第 220 页。
[4] 潘悟云:《喉音考》,《民族语文》1997 年第 5 期。

归：见母，止合三，微母，平声；白话[₁kuɐi]，平话[₁kuəi]，官话[₁kuəi]；

秋：清母，流开三，尤韵，平声；白话[₁tshɐu]，平话[₁tshou]，官话[₁tshiou]；

乔：群母，效开三，宵韵，平声；白话[₂khiu]，平话[₂kiu]，官话[₂khiau]/[₂tshiau]；

桥：群母，效开三，宵韵，平声；白话[₂khiu]，平话[₂kiu]，官话[₂khiau]/[₂tɕhiau]；

巧：溪母，效开二，巧韵，上声；白话[ʰhau]/[ʰhɐu]，平话[ʰkhiu]，官话[ʰkhiau]。

heu「青色」与 geu「青色」的对音汉字，有如下特点：

（1）heu「青色」的对音汉字"浩、晓"两个字，声母只读[h]。

（2）geu「青色」的对音汉字声母有一类是跟[h]没有关系的，如"归、秋、乔、桥"。另一类是声母有[k]与[h]两变体的，"巧"字在平话官话中读为[k]，在白话中读为[h]。"巧"出现在大新县和崇左县，这两个县的主流汉语方言为左江流域的粤语（白话），而白话的"巧"是读[h]。这种对音状况，说明在大新县和崇左县的壮语，有的乡镇读 geu「青色」，有的乡镇读 heu「青色」，处在[k]>[h]的演变过程中。

heu「青色」、geu「青色」的对音汉字的规范字的推介，我们考虑分为两个词来对待。记为 heu「青色」的是单纯的声母[h]，我们选择"晓"，一来因为"晓"的韵母与 heu「青色」更为接近；二来因为从统计数据看，"晓"的频率更高，所以我们推介"晓"为 heu「青色」的对音汉字的规范字。从 geu「青色」的汉字看，其分布的地区正在发生[k]>[h]的演变，比较合适的做法就是选择一个也正在发生[k]>[h]演变的汉字来对应，合适的字就是"巧"字。所以，我们推介"巧"为 geu「青色」的对音汉字的规范字。

hau「白色」的对音汉字有"好、号、皓、浩、耗、敲、蒿"，它们的中古音韵地位及广西汉语方言读音如下：

好：晓母，效开一，晧韵，上声；白话[ʰhou]，平话[ʰhau]，官话[ʰhau]；

号：匣母，效开一，号韵，去声；白话[hou²]，平话[hau²]，官话[hau²]；

皓、浩：匣母，效开一，晧韵，上声；白话[hu²]/[₂hou]，平话[hau²]，官话[hau²]；

耗：晓母，效开一，号韵，去声；白话[hɐu²]，平话[hau²]，官话[hau²]；

敲：溪母，效开二，肴韵，平声；白话[₁hau]，平话[₁hau]/[₁khau]，官话

[ₑkhau];

蒿：晓母，效开一，豪韵，平声；白话[ₑhou]，平话[ₑhau]，官话[ₑhau]。

gau「白色」的对音汉字有"告、考、靠、皓、毫"，它们的中古音韵地位及广西汉语方言读音如下：

告：见母，效开一，号韵，去声；白话[kɐu²]/[kou²]，平话[kau²]，官话[kau²]；

考：溪母，效开一，晧韵，上声；白话[ᶜhau]，平话[ᶜkhau]，官话[ᶜkhau]；

靠：溪母，效开一，号韵，去声；白话[khau²]，平话[khau²]，官话[khau²]；

皓：匣母，效开一，晧韵，上声；白话[ₑhou]，平话[hau²]，官话[xau²]；

毫：匣母，效开一，豪韵，平声；白话[ₑhɐu]，平话[ₑhau]，官话[ₑxau]。

hau「白色」的对音汉字的声母可分为两类，一类在所有方言中都读[h]，即"好、号、皓、浩、耗、蒿"，另一类有[h]和[kh]两个变体，即"敲"。gau「白色」的对音汉字的声母有三类，一类在所有方言中都读[k/kh]，即"告、靠"，一类在所有方言中都读[h]，即"皓、毫"，还有一类在方言中有[h]和[kh]两个变体的，即"考"。

hau「白色」与 gau「白色」这两个要分为两个词还是合为一个词？从具体的分布来看分为两个词比较好。先看 gau「白色」。gau「白色」的分布地区与 geu「青色」基本重合，都在右江以南以西的地区。值得注意的是，"靠、皓、毫"三个字，出现在靖西县，"靠"只读[k]，跟 gau「白色」对音似乎没问题，"皓、毫"如前述，在上古时期虽然读过[kh]，但是在中古以后的汉语方言中只有[h]一种读法了。这种情况似乎说明，在靖西县的共时系统中，既有某个乡镇读[k]，也有某个乡镇读[h]，靖西县目前处在[k]>[h]的演变中。这个情况跟 geu「青色」是一样的。所以，对 gau「白色」的对音汉字规范字的选择，也是要挑一个声母有[k]和[h]两个方言变体的字，对应壮语 gau「白色」的两个声母变体[k]与[h]。gau「白色」的所有对音汉字"告、考、靠、皓、毫"中，符合这个条件的就只有"考"。所以，我们推介"考"为 gau「白色」的对音汉字的规范字。

再看 hau「白色」。hau「白色」则分布在除右江以西之外的所有北部壮语区。其对音汉字声母除"敲"以外，都只读[h]。而"敲"出现在贵港，用来对音的声母是读[kh]还是[h]呢？我们推测是读[h]的。一方面，根据张均如、梁敏、欧阳觉亚（1999）[①]的记录，贵港壮语的"白"读为 hau「白色」。另一方面，贵港的汉语方言，多见于白话，平话官话罕见，而读[kh]声母的"敲"，基本在平话官话中。基于这两方面，我们判断，大部分北部壮语的"白色"，声母是单纯的[h]，应该在声母只读[h]的对音汉字"好、号、皓、浩、耗、蒿"中选。这几个字中，"好"的频率很高，而"皓"的语义很契合，但是关于这两个字的声调，前者是上声调，后者是去声调，对不上。hau「白色」是壮语的第 1 调，与汉语的阴平调相对应。这几个字中，只有"蒿"是阴平字。从声韵调的对应看，我们推介"蒿"为 hau「白色」的对音汉字的规范字。

二十五　绿色：loeg ~ 六、绿、渌、乐

loeg 就是汉语借词"绿"，参见蓝庆元（2005）[②]，所以，根据"汉语借词还原"的原则，采用"绿"为 loeg「绿色」的对音汉字的规范字。

二十六　干旱：rengx ~ 林、兰、年、良、灵、炼、亮、俩、两、岭、领、旱

壮语的"干旱"读 rengx，用"旱"来对译属意译。对音的汉字有"林、兰、年、良、灵、炼、亮、俩、两、岭、领"，它们的中古音韵地位及广西汉语方言读音如下：

林：来母，深开三，侵韵，平声；白话[ˌlɐm]，平话[ˌləm]，官话[ˌlin]；
兰：来母，山开一，寒韵，平声；白话[ˌlan]，平话[ˌlan]，官话[ˌlan]；
年：泥母，山开四，先韵，平声；白话[ˌnin]，平话[ˌnin]，官话[ˌnen]；
良：来母，宕开三，阳韵，平声；白话[ˌlœŋ]，平话[ˌlɛŋ]，官话[ˌliaŋ]；
灵：来母，梗开四，青韵，平声；白话[ˌliŋ]/[ˌleŋ]，平话[ˌləŋ]，官话[ˌlin]；
炼：来母，山开四，先韵，去声；白话[lin³]，平话[lin³]，官话[len³]；
亮：来母，宕开三，漾韵，去声；白话[lœŋ³]/[lɛŋ³]，平话[lɛŋ³]，官话[liaŋ³]；
俩：来母，宕开三，养韵，上声；白话[ˀlœŋ]/[ˀlɛŋ]，平话[ˀlɛŋ]，官话[ˀliaŋ]；

[①] 张均如、梁敏、欧阳觉亚等：《壮语方言研究》，四川民族出版社 1999 年版，第 766 页。
[②] 蓝庆元：《壮汉同源词借词研究》，中央民族大学出版社 2005 年版，第 31 页。

两：来母，宕开三，养韵，上声；白话[ˀlœŋ]/[ˀlɛŋ]，平话[ˀlɛŋ]，官话[ˀliaŋ]；

岭：来母，梗开三，静韵，上声；白话[ˀlɛŋ]，平话[ˀləŋ]/[ˀlɛŋ]，官话[ˀliŋ]；

领：来母，梗开三，静韵，上声；白话[ˀlɛŋ]/[ˀlɛŋ]，平话[ˀləŋ]/[ˀlɛŋ]，官话[ˀliŋ]。

先看声母，rengx「干旱」的声母是[r]，它在壮语中变化很多，最主要的有[l]。上述汉语的声母都是[l]，符合要求。再看韵母，rengx「干旱」的韵母是[e:ŋ]，收[ŋ]尾。上述汉字的"林、兰、年、炼"不收[ŋ]尾，对不上，先排除。最后看声调，rengx「干旱」的声调是壮语第 4 调，与汉语的阳上调对应。"亮"是阳去字，"良、灵"是阳平字，不符合要求。"俩、两、岭、领"是阳上字，其中"俩、两"容易望文生义为"两个"的数字义，也不很理想。"岭、领"两相比较，"岭"是常用的山岭义，而且被用为 lingq「陡坡」的对音汉字的规范字（参见本章第二节）。所以，我们推介"领"为 rengx「干旱」的对音汉字的规范字。

二十七　少：noix ~ 内、造

壮语的"少"读 noix，对译的汉字只有"内、造"两个汉字，它们的中古音韵地位及广西汉语方言读音如下：

内：泥母，蟹合一，队韵，去声；白话[nui²]/[nɔi²]，平话[noi²]，官话[nəi²]；

造：从母，效开一，晧韵，上声；白话[tsɐu²]，平话[tsau²]，官话[tsau²]。

从语音上看，"造"不是对音汉字。这一例出现在隆安，mboqnoix 卜造，意思是水很少的泉。"造"就是汉字"少"，是对 noix「少」的意译。因为汉语官话"少"读擦音声母[s]，"造"在汉语中是塞擦音[ts]，但是壮语多数方言没有独立的塞擦音音位。壮语人在读汉语的塞擦音时与擦音混淆了，也就是说，壮语人说汉语的时候，"少[s]"和"造[ts]"的声母是相混的。这么一来，noix「少」的对音汉字只有一个"内"了。所以，只能用"内"作为 noix「少」的对音汉字的规范字。

二十八 红色：nding/ndeng ~ 铭、正、丁、定、顶、滩、领、岭、令、良、另、林、灵、零、陵、凌、宁、红

壮语"红色"读 nding/ndeng，用"红"来对译属于意译。对音的汉字有"铭、正、丁、定、顶、滩、领、岭、令、良、另、林、灵、零、陵、凌、宁"，它们的中古音韵地位及广西汉语方言读音如下：

铭：明母，梗开四，青韵，平声；白话[₋miŋ]，平话[₋meŋ]/[₋mɯŋ]，官话[₋miŋ]；

正：章母，梗开三，清韵，平声；白话[₋tʃhiŋ]，平话[₋tseŋ]，官话[₋tsəŋ]；

丁：端母，梗开四，青韵，平声；白话[₋tiŋ]，平话[₋teŋ]，官话[₋tiŋ]；

定：定母，梗开四，径韵，去声；白话[tiŋ²]/[teŋ²]，平话[təŋ²]，官话[tiŋ²]；

顶：端母，梗开四，迥韵，上声；白话[ᶜtiŋ]，平话[ᶜteŋ]/[ᶜtɯŋ]，官话[ᶜtiŋ]；

滩：透母，山开一，寒韵，平声；白话[₋than]，平话[₋tan]，官话[₋than]；

领：来母，梗开三，静韵，上声；白话[ᶜleŋ]/[ᶜleŋ]，平话[ᶜləŋ]/[ᶜleŋ]，官话[ᶜliŋ]；

岭：来母，梗开三，静韵，上声；白话[ᶜleŋ]，平话[ᶜləŋ]/[ᶜleŋ]，官话[ᶜliŋ]；

令：来母，梗开三，劲韵，去声；白话[liŋ²]，平话[ləŋ²]，官话[liŋ²]；

良：来母，宕开三，阳韵，平声；白话[₋lœŋ]，平话[₋leŋ]，官话[₋liaŋ]；

另：来母，梗开四，径韵，去声；白话[liŋ²]，平话[ləŋ²]，官话[liŋ²]；

林：来母，深开三，侵韵，平声；白话[₋lɐm]，平话[₋ləm]，官话[₋lin]；

灵：来母，梗开四，青韵，平声；白话[₋liŋ]/[₋leŋ]，平话[₋ləŋ]，官话[₋lin]；

零：来母，梗开四，青韵，平声；白话[₋liŋ]/[₋leŋ]，平话[₋ləŋ]，官话[₋lin]；

陵：来母，曾开三，蒸韵，平声；白话[₋liŋ]/[₋leŋ]，平话[₋ləŋ]，官话[₋lin]；

凌：来母，曾开三，蒸韵，平声；白话[₋liŋ]/[₋leŋ]，平话[₋ləŋ]，官话[₋lin]；

宁：泥母，梗开四，青韵，平声；白话[₋neŋ]/[₋niŋ]，平话[₋neŋ]，官话[₋niŋ]。

先看声母。nding/ndeng「红色」是标准壮语的读音，声母是先喉塞音[ʔd]。这个声母的音色跟[t][l][n]的音色都有点像。[ʔd]>[n]还是壮语的一个常见演变（参见本章第九节），如：

第二章 对音汉字的语言学分析及规范字推介

表2-13 北部壮语与南部壮语[ʔd]>[n]的音变

字义	北部壮语《壮汉词汇》[1]	南部壮语（郑贻青，2013）[2]
得	[ʔdai³]	[nai³]
好	[ʔdei¹]	[nai¹]
里面	[ʔdaɯ¹]	[nɔ:i¹]
红色	[ʔde:ŋ¹]	[ne:ŋ¹]

郑贻青（1996）记录的[ne:ŋ¹]，就可以用标准壮文转录为 neng「红色」。上述对音汉字的声母分为三类：[t]类的"丁、定、顶、滩"，[l]类的"领、岭、令、良、另、林、灵、零、陵、凌"和[n]类的"宁"。[t]类和声母[l]类都跟 nding/ndeng「红色」的声母相对应，[n]类直接跟壮语方言的变体 neng「红色」的声母吻合。而"铭、正"两字的声母无论是跟 nding/ndeng「红色」还是跟 neng「红色」的声母差异都比较大，可先排除。从声母着手，选择[t]类、[l]类还是[n]类，颇为为难。先说[l]类。[l]类在壮语地名中，最常见的情况是跟壮语[r][l]声母对音。正因为这样，上述[l]类字中，有的已经被别的词选做规范字了，如领~rengx「干旱」（参见本节前文）、岭~lingq「陡坡」（参见本章第二节）、良~rengz「平地」（参见本章第四节）、林~loemq「下陷处」（参见本章第四节）、凌~raengz「地下溶洞、深潭」（参见本章第三节）。再说[n]类。[n]类字只有一个"宁"字，是单纯的[n]声母。如果选择[n]，意味着壮语的"红色"已经完全发生 nd>n 的演变。但是，实际情况却不是这样。目前所见南部壮语的材料，"红色"是声母以[ʔd/d]为主，如龙州[de:ŋ¹]（李方桂，2005）[3]、大新[ʔde:ŋ¹]（卢业林，2011）[4]、田阳巴别乡[ʔde:ŋ²]（孟飞雪、朱婷婷、黄涓，2015）[5]，声母都是[ʔd/d]。目前，声母读为[n]

---

[1] 广西壮族自治区少数民族语言文字工作委员会：《壮汉词汇》，广西民族出版社1984年版，第563、569、573页。
[2] 郑贻青：《靖西壮语研究》，广西民族出版社2013年版，第191、215、220、222页。
[3] 李方桂：《龙州土语·李方桂全集3》，清华大学出版社2005年版，第227页。
[4] 卢业林：《大新壮语语法调查与研究》，硕士学位论文，广西大学，2011年，第46页。
[5] 孟飞雪、朱婷婷、黄涓：《田阳壮语的语音、词汇》，《百色学院学报》2015年第5期。

只见于郑贻青的记录[ne:ŋ]¹①。郑著记的是靖西县城的发展，乡下都还是以[ʔd]为主。靖西县第一次地名普查的材料全部记为 ndeng，笔者曾参加 2017 年的第二次地名普查，采录了靖西县 19 个乡镇的地名录音，基本都记为 ndeng。这些情况说明，尽管[nd]>[n]是演变的规律，但是在壮语的"红色"这个词中，[n]还不是主流。所以，选用[n]类的字也不是最好的选择。另外，[n]类只有一个"宁"字，是形容词 ningq「小」唯一的对音汉字，ningq「小」对音汉字的规范汉字只能用"宁"（见本节上文），与这里冲突了。

nding/ndeng 是壮语第 1 调，与汉语的阴平调对应，[l]类字中竟然没有一个是阴平字，似乎也不是最好的选择。如此，从声母方面的筛查来看，比较合适的是在[t]类声母字中选了。[t]与[ʔd]，其音色本来就是很接近的，广西很多方言的平话白话的声母[t]就带有[ʔd]的色彩。再看韵母，nding/ndeng「红色」或 neng「红色」的韵母是[iŋ]/[eŋ]，上述汉字除"滩、良"之外，都符合这个要求。从声调看，nding/ndeng「红色」或 neng「红色」是壮语第 1 调，应与汉语的阴平调相对应。上述汉字，只有"丁"属阴平字。

综合上述，符合条件的字就是"丁"，其声母是[t]，韵母读[iŋ]/[eŋ]，声调是阴平。所以，我们推介"丁"作为 nding/ndeng「红色」的对音汉字的规范字。

二十九　黄色：henj ~ 显、眼、英、现

壮语的"黄色"读 henj，对音的汉字有"显、眼、英、现"，它们的中古音韵地位及广西汉语方言读音如下：

显：晓母，山开四，铣韵，上声；白话[ʰhin]，平话[ʰhin]/[ʰjin]，官话[ʰhen]；
眼：疑母，山开二，产韵，上声；白话[ʰŋan]，平话[ʰȵan]，官话[ʰØien]；
英：影母，梗开三，庚韵，平声；白话[˩jiŋ]，平话[˩əŋ]，官话[jin]；
现：匣母，山开四，霰韵，去声；白话[jin²]，平话[jin]/[hin²]，官话[hen²]。

从上述汉字的声母韵母综合来看，对音的层次是官话，而不是平话和白话。henj 是壮语第 3 调，对应汉语的阴上调，上述汉字只有"显"是阴

---

① 郑贻青：《靖西壮语研究》，广西民族出版社 2013 年版，第 211 页。

上字，而且统计数据显示，"显"的使用频率稍微高一些。我们推介"显"为 henj「红色」的对音汉字的规范字。

三十　黑色：ndaem ~ 念、林、秾、钦、黑

壮语的"黑色"读 ndaem，用"黑"对译属于意译。对音的汉字有"念、林、秾、钦"，其中古音韵地位及广西汉语方言读音如下：

念：泥母，咸开四，桥韵，去声；白话平话[nim³]，官话[nien³]；

林：来母，深开三，侵韵，平声；白话平话[ˬlɐm]/[ˬləm]，官话[ˬlin]；

秾：中古无；白话[ˬnuŋ]，平话[ˬnoŋ]，官话[ˬnoŋ]；

钦：溪母，深开三，侵韵，平声；白话[ˬham]/[ˬjɐm]，平话[ˬham]/[ˬkham]，官话[ˬtshin]。

ndaem「黑色」的声母是[ʔd]，这个声母音色与[t][l][n]都接近。上述的汉字，"念、林、秾"都符合这个要求，不符合要求的就是"钦"。用"钦"对应 ndaem「黑色」发生在龙州。龙州、大新一带的壮语，"阴森"一词读音为[ˬkham]，用"钦"来作为记音汉字。我们推测[ˬkham]「阴森」为汉语的"阴"字。"阴"是影母字，高本汉的上古拟音为[qrɯm]（林连通、郑张尚芳，2012）[①]。如果一个地方林木很多，阴森、光线暗，就显得很黑。所以，用[ˬkham]「阴森」来对译 ndaem「黑色」属于曲折意译。我们先排除"钦"字。

ndaem「黑色」的韵母是[am]，收[m]尾，音色与[ɐm]/[əm]很接近。上述汉字"秾"不符合要求。"念"在白话平话中读[nim³]、官话读[nɛn³]，主元音音色跟 ndaem「黑色」相差很大。我们推测，"念"是个训读字，承载的读音是另外一个词。平话白话中有个读为[ˤnɐm]的词，是"想"的意思，"想"就是"念"。[ˤnɐm]「想/念」与 ndaem「黑色」的声母韵母是相吻合的。所以，从韵母看，"念"训读为[ˤnɐm]、"林"读为[ˬlɐm]，跟 ndaem「黑色」的韵母是吻合的。

ndaem「黑色」是壮语第 1 调，对应汉语的阴平调。声母韵母符合要

---

① 林连通、郑张尚芳：《汉字字音演变大字典》，江西教育出版社 2012 年版，第 1838 页。

求的"念、林"都不是阴平字,况且"林"已被选为 loemq「凹陷下沉处」的对音汉字的规范字,此处不能再用。剩下只有"念"字了。统计数据显示,"念"的使用频率不算低。所以,我们推介"念"作为 ndaem「黑色」的对音汉字的规范字。

第三章 常见壮语地名对音汉字的规范字推介表

第一节 推介表汇总

本章开列 198 个壮语地名常用词语的对音汉字规范字的推介表。依据第二章的分析,汉语方言选择平话与官话作为代表。"声""韵""调"分别代表"声母"、"韵母"和"声调"。声母的对应取音值相同或相近,韵母的对应主要指主元音的音值相近,平话考虑韵尾相同,而官话则忽略韵尾。声调的对应则指调类相同。"声""韵""调"能对应的打√,不能对应的填○。"频率"是指备选字在某个词的全部对音汉字中的使用率,备选的汉字使用率高的打√,使用率不高的填○。

表 3-1 天类壮语地名对音汉字的规范字推介

序号	标准壮文	对音汉字		规范字推介							频率
		南部壮语	北部壮语	字	平话			官话			
					声	韵	调	声	韵	调	
1	fax 天	法、发		法				√	√	○	√
2	mbwn 天		门、闷	闷	√	√	○				√

表 3-2　山岭类壮语地名对音汉字的规范字推介

序号	标准壮文	对音汉字 南部壮语	对音汉字 北部壮语	字	平话 声	平话 韵	平话 调	官话 声	官话 韵	官话 调	频率
1	bya 石山	岜、巴、邑、崖、八、叭、坡、保、宝、坝、把、拔、表、标、排、卜、派		岜	√	√	√	√	√	√	√
2	baq 土坡	岜、巴、坝、马、百、八、捌、破、把、帕、白		坝	√	√	√	√	√	√	√
3	gya 石山		加、架、茄、界、炸、榨	炸	√	√	○	√	√	○	○
4	ca 石山	沙、差、查		砂	√	√	√	√	√	√	√
5	ndoi 土岭		累、磊、雷、蕾、垒、内、类、理、林、胎、堆、对	堆	√	√	√				○
6	ndongj 土岭		弄、农、龙、陇、伦、仑、崇、喽	崇	√	√	√	√	○	○	○
7	dat 山崖	达、塔、大、得、驮、必		达	√	√	√	√	○	√	√
8	ndanq 山崖	限、朗、丹、担、但、旦		旦	√	√	√	√	√	√	√
9	lueg 山谷		六、陆、禄、绿、渌、簏、乐、洛、落、足、朔、罗、逻、路、露、共、下、漆	六	√	√	√	√	√	○	√
10	rungh 山间平地		弄、舁、荣、龙、陇、拢、笼、隆、峒、洞、岽、同、洪、足、供、崇	舁	√	√	√	√	√	√	√
11	geng 山岗		更、岜、埂、埗、耕、姜、京、惊、经、基、硬、杏、倖、岗、根	岜	√	√	√	√	√	√	√
12	geuq 山坳		叫、教、究、娇、巧、交、乔、扣、喊、鉴、吉、更、根、刚	叫	√	√	√	√	√	√	√

第三章 常见壮语地名对音汉字的规范字推介表

续表

序号	标准壮文	对音汉字		规范字推介							频率
		南部壮语	北部壮语	字	平话			官话			
					声	韵	调	声	韵	调	
13	gemh 山坳		琴、芩、俭、检、简、乾、见、建、件、更、勤、京、甲、吉、感、现、延、安	俭	√	√	√	√	√	○	○
14	gamj 岩洞		干、关、甘、敢、感	敢	√	√	√	√	√	√	
15	congh 洞、窟窿		重、中、从、冲、雄	重	√	√	√	√	○	○	
16	nguemz/ ngimz/ ngamz/ ngaemz 岩洞	岩、银、颜、玄、乜、安		汉语借词"岩"							
17	bo 山坡		坡、怕、普、播、保、卜、甫、波、婆、博、剥、浦、埔、部、堡、咘、布、板、巴、簸、北、奈、莫、把	汉语借词"坡"							
18	hongj 山沟		哄、洪、福、红、烘、拱、龙、巷	哄	√	√	√	√	√	√	√
19	lingq 陡坡		岭、令、领、林、零、灵、凌、冷、楞、另、浪、亮	岭				√	√	○	√
20	banz 斜坡		盘、班、盆、板、彭、帮、平、办、巴	盘				√	√	√	
21	baiz 山的斜坡面	排、牌、拜、派、巴		排	√	√	√	√	√		
22	aiq 隘口	爱、隘		汉语借词"隘"							
23	ngauh 山坳	傲、坳、拗、熬、獒		汉语借词"坳"							
24	ndangq 山脊、坡地		南、朗、良、浪	塑	√	√	√	√	√	○	

313

表 3-3 河流类壮语地名对音汉字的规范字推介

序号	标准壮文	对音汉字		字	规范字推介						频率
		南部壮语	北部壮语		平话			官话			
					声	韵	调	声	韵	调	
1	dah 河	大、多、妥、驮、拖、他（含北部的右江土语）		驮	√	√	○				√
2	dah 河		达、打、答	打				√	√	○	○
3	mboq 泉	沧、门、富、莫、漠、摸、么、坡、布、木、幕、慕、墓、波、母、磨、泊、咘、务、猛、卜、和、窝		沛	√	√	√	√	√	√	○
4	rij 溪	利、尾、委、伟、辉、挥、里、礼、哩、令、垒、喜、威、吕、会、渭、馗、奎、魁、西、洗、泗、鱼		礼	√	√	√	√	√	√	○
5	daemz 池塘	凼、防、顶、廷、平、腾、坛、潭、屯、寻、錯、敦、墩、贪、单、登、淡		替	√	√	√				○
6	gwz/gw 水塘	渠、魁、溪、启、克、决、吉、革、堪、其、奇		渠	√	√	√				√
7	raengz 地下溶洞、深潭	郎、浪、朗、良、沧、仑、伦、林、淋、恒、龙、冷、隆、楞、塄、沴、棱、凌、零、灵、玲、莫、宏、及		泐	√	√	√				○
8	vaengz 深潭		荒、王、旺、汪、黄、防、往、文、横、洛、楞、营	王	√	√	√	√	√	√	○
9	cingj 水井	呈、井、信、仅、正			汉语借词"井"						
10	mieng 沟		勉、孟、梦、闷、蒙、明、芒	孟	√	√	○				√
11	raemx 水	林、淋、年、隆、沦、伦、仑、榄、兰、淦		淦	○	√	√				○
12	naemx 水	仁、内、南、念、稔、淰、唸		淰				√	√	√	√
13	dingh 山塘、沼泽		定、廷、庭、停、亭、顶、丁	定	√	√	√	√	√	○	√

第三章 常见壮语地名对音汉字的规范字推介表

续表

序号	标准壮文	对音汉字 南部壮语	对音汉字 北部壮语	规范字推介 字	平话 声	平话 韵	平话 调	官话 声	官话 韵	官话 调	频率
14	raiq 河滩		崖、涞、赖、濑、拉	濑	√	√	○	√	√	√	√
15	dan 河滩	滩、旦、丹、单、难		汉语借词"滩"							

表3-4 田地类壮语地名对音汉字的规范字推介

序号	标准壮文	对音汉字 南部壮语	对音汉字 北部壮语	规范字推介 字	平话 声	平话 韵	平话 调	官话 声	官话 韵	官话 调	频率
1	naz 水田	那、哪、纳、拿、南、拉		那	√	√	○	√	√	○	√
2	reih 旱地	力、立、里、零、利、赖、来、在		利	√	√					√
3	doengh 大片平地、田野	东、懂、董、栋、冻、同、洞、峒、垌、动、弄		垌	√	√		√	√		√
4	cauz 槽形地	朝、稠、酬、曹、筹、嘈、槽		汉语借词"槽"							
5	bingz 平地	平、坪、扁、宾、坛、白、瓶、品、榜、那、林		汉语借词"坪"							
6	rengz 平地	良、连、林、灵、力、烟、岭、利		良	√	√	√				√
7	ceh 水泡地	切、者、节、社、舍、谢、峙		谢				√	○	○	
8	suen 园子	元、存、先、孙		孙	√	√		√	√		
9	namh 泥土	南、喃、兰、牙		埔	√	√	○	√	○	○	
10	boengz 烂泥	逢、甫、蚌、芒、蒙、棒、碰		逢	○	√	√	√	√	√	
11	langx 积水洼地		浪、龙、郎、朗	朗	√	√	√	√	√	○	
12	sa 沙	沙、杂、瑞、柴、来、才、载、吉		汉语借词"沙"							
13	req 沙砾	易、烈、列、且、累、也、力、例、喜、乞、溪、器、碣、砾、利、林		列				√	√	○	

续表

序号	标准壮文	对音汉字		字	规范字推介						频率
		南部壮语	北部壮语		平话			官话			
					声	韵	调	声	韵	调	
14	rin 石头	领、兴、亨、英、音、阴、因、引、岭、林、磷、令、仁、另、哩、论、空、肆、欣		欣				√	√	√	○
15	din 石头	天、电、吞、腾、丁		天	√	√	√				√
16	gumz 洼地、坑	勒、寨、种、逐、柏、叭、盆、勿、模、对、等、登、底、同、覃、翁、凹、意、供、共、贡、更、肯、坤、昆、岑、坑、琴、果、群、勤、孔、谷、克、菊、禁、噤、钦、渠、近		琴	√	√	√				○
17	coeg 洼地	逐、足、凹、钦、谷、枯、根、角、直		逐	√	√	√				√
18	goeg 角落	谷、角、局、翁、十、多、隆、壳、果、曲、六、国、个、克、枯		汉语借词"角"							
19	gungx 角落	共、贡、弓、孔、哥、空、控、凹、合、枯、扣、仲		贡	√	√	○	√	√	○	√
20	gungj 弯曲	公、贡、供、孔、巩、弓、龚、宫		汉语借词"拱"							
21	da 村名词头	驮、多、大、打、达、固		多	√	√	√				○
22	ga 村名词头		加、建	加	√	√	√				√
23	lak 崩塌处	拉、啦、兰、良、烈、落、络、乐、陆、腊		落	√	√	○				○
24	loemq 凹陷下沉处	论、乱、伦、仑、林、落、腊、任、万、罗		林	√	√	○				○

第三章 常见壮语地名对音汉字的规范字推介表

表3-5 村街行政单位类壮语地名对音汉字的规范字推介

序号	标准壮文	对音汉字		规范字推介						频率
		南部壮语	北部壮语	字	平话			官话		
					声	韵	调	声	韵	调	
1	mbanj 村庄	板、榜、班、办、盘、环、迈		板	√	√	√	√	√	√	√
2	manj 村庄	晚、万、慢、曼、敏、满、皿、蛮		晚	√	√	○				√
3	haw 集市		圩、书、核、勿	汉语借词"圩"						
4	fawh 集市	伏、埠		汉语借词"埠"						
5	hangq/hangh 集市	汉、巷、行		巷	√	√	√				√
6	gai 集市	街、皆、佳、关		汉语借词"街"						
7	cu/cou 州府	州、周、洲		汉语借词"州"						
8	viengz 军营	营、仁		汉语借词"营"						

表3-6 人工地物类壮语地名对音汉字的规范字推介

序号	标准壮文	对音汉字		规范字推介						频率
		南部壮语	北部壮语	字	平话			官话			
					声	韵	调	声	韵	调	
1	vai 水坝		外、歪、怀、槐	歪	√	√	√	√	√	√	√
2	bai 水坝	派、排、巴、把		派	√	√	○	√	√	○	√
3	sok 码头	足、苏、作、索、溯、朔		朔	√	√	√	√	√	√	√
4	ranz 家	兰、栏、郎、林、连		兰	√	√	√	√	√	√	√
5	gonh 庠斗	贯、冠、卷、群		贯	√	√	√	√	√	√	√
6	dou/du 门	都、豆、度、斗		都	√	√	√	√	√	√	√
7	lae 楼梯	累、垒、耐、黎		垒	√	√	○	√	√	○	√
8	ruz 船		略、乐、六、录、陆、炉、鲁、芦、胪	胪	√	√	√	√	√	√	○
9	liz/lwz 船	力、勿、而、侣		而	√	√	√				√

续表

序号	标准壮文	对音汉字		规范字推介						频率
		南部壮语	北部壮语	字	平话			官话		
					声	韵	调	声	韵	调	
10	ciengz 城墙	城、祥、墙、常、长、仁、成		汉语借词"城"						
11	caih/saih 山寨	才、寨、赛、晒、在、再		汉语借词"寨"						
12	yiuz 窑	尧、窑、腰、瑶		汉语借词"窑"						
13	giuz 桥梁	桥、乔、求、娇、轿、孔、扎		汉语借词"桥"						
14	miuh 庙宇	庙、杳、苗、闹		汉语借词"庙"						
15	six 土地庙	社、设、晒、习、则、寺、穴、舌、什、岖		汉语借词"社"						
16	loh 道路	乐、路、鲁、罗		汉语借词"路"						
17	doh 渡口	渡、度、驮		汉语借词"渡"						
18	moh 坟墓	莫、木、模、墓、膜、务、咘		汉语借词"墓"						
19	loek 水车	六、乐		汉语借词"辘"						
20	diengz 草棚	廷、腾、亭、定、塘、田、停		汉语借词"亭"						
21	gya 家	加、家		汉语借词"家"						

表 3-7 植物类壮语地名对音汉字的规范字推介

序号	标准壮文	对音汉字		规范字推介						频率
		南部壮语	北部壮语	字	平话			官话			
					声	韵	调	声	韵	调	
1	ndoeng 森林	陇、笼、拢、龙、隆、弄、聋、崇、东、冬、洞、秾、农、浓、侬、用、林		侬	√	√	○	√	√	○	○
2	faex 树木		肥、费、飞	费	√	√	√	√	√	√	
3	maex 树木	米、美、迷、枚、密、糜、梅		米	√	√	√	√	√	○	○
4	go 棵、此地	各、国、谷、哥、歌、戈、棵、颗、高、科、枯、古、果、可、苦、个、过		古	√	√	○			√	

第三章 常见壮语地名对音汉字的规范字推介表 ◆◇◆

续表

序号	标准壮文	对音汉字 南部壮语	对音汉字 北部壮语	字	平话 声	平话 韵	平话 调	官话 声	官话 韵	官话 调	频率
5	haz/yaz 茅草	合、活、或、压、押、旱、甲、要、哈、毫、河、何、荷、禾、化、虾、霞、贺、牙、迓、芽、雅、鸦、亚、下、夏		夏	√	√	○				
6	mak 果子	莫、麦、麻、妈、马		麻				√	√	○	○
7	caz 茶树	查、刷、茶		汉语借词"茶"							
8	gaeu 藤蔓	口、高、欧、沟、勾、厚、狗、求、球、考、扣		沟	√	√	√	√	√	√	○
9	raeu 枫树	友、有、优、又、佑、腰、尤、楼、漏、陋、留、劳、洪、寿		楼	√	√	√	√	√	√	○
10	gyaeu 枫树	秋、求、球、九、邱、优		邱	√	√	√	√	√	√	○
11	bug 柚子		布、卜、朴	卜	√	√	√	√	√	√	○
12	bangz 柚子	榜、旁、庞、绑		庞	√	√	√	√	√	√	○
13	rungz 榕树	龙、雄、荣、弄、隆、容		汉语借词"榕"							
14	nim 桃金娘	稔		稔	√	√	√	√	√	√	○
15	vaiq 棉花	外、歪		外	√	√	○	√	√	√	○
16	it 葡萄	以、依、日、益、一、乙		乙	√	√	√				
17	maenj 李子树	麦、密、敏、闵、闷		敏	√	√	√				
18	dauz 桃树	桃、道、头		汉语借词"桃"							
19	leiz 梨树	力、利、立、黎、梨、烈、利、历、留		汉语借词"梨"							
20	coengz 松树	虫、崇、从		从	√	√	√	√	√	√	○
21	ge 松树	者、这、车、结		结	√	√	√	√	√	√	○
22	gauj 樟树	考、糕、高		高	√	√	√	√	○	√	

续表

序号	标准壮文	对音汉字		规范字推介							
		南部壮语	北部壮语	字	平话			官话			频率
					声	韵	调	声	韵	调	
23	ngox 芦苇	俄、饿、峨、五、伍、我		莪	√	√	○	√	√	○	○
24	va 花	花、化、话		汉语借词"花"							

表 3-8　动物类壮语地名对音汉字的规范字推介

序号	标准壮文	对音汉字		规范字推介							
		南部壮语	北部壮语	字	平话			官话			频率
					声	韵	调	声	韵	调	
1	vaiz 水牛	来、委、歪、外、怀、淮、槐		怀	√	√	√				√
2	cwz 黄牛		色、则、习、节、社、球、徐、除	徐	√	√	√				√
3	moz 黄牛	诺、合、没、莫、漠、嘆、模、谟、磨、魔、么		磨	√	√	√	√	√	√	√
4	ngwz 蛇		额	额				√	√	√	√
5	nguz/ngouz 蛇	偶、吴		吴	√	√	√				√
6	lingz 猴子	令、岭、怜、良、凌、宁、灵、陵、伶、玲		灵	√	√	√	√	√	√	○
7	gaeng 乌猿	更		更	√	√	√	√	√	√	√
8	guk 虎		古、福、谷、可	谷	√	√	√	√	√	√	√
9	sw 虎	西、泗、慈		慈				√	√	○	√
10	mui 熊	美、米、梅、妹		妹	√	√	○	√	√	√	○
11	bing 蚂蟥、水蛭	炳、边、清、兵		兵	√	√	√	√	√	√	√
12	mou/mu 猪	目、布、某、谋、茂、么、母、姆、墓、模、务、亩、巫		母	√	√	○	√	√	√	√
13	raih 野猪	在、奶、来、赖		赖	√	√	√	√	√	√	√

第三章 常见壮语地名对音汉字的规范字推介表

续表

序号	标准壮文	对音汉字		规范字推介						频率
		南部壮语	北部壮语	字	平话			官话		
					声	韵	调	声	韵	调	
14	yiengz 羊	羊、阳、洋、扬、咩、杨		汉语借词"羊"						
15	lungz 龙	龙、陇、弄、隆		汉语借词"龙"						
16	roeg/noeg 鸟	六、育		鸺	√	√	√			
17	enq 燕子	燕、院		汉语借词"燕"						
18	ga 乌鸦	加、瓜、个、果、家、歌		夏	√	√	√	√	√	○
19	a 乌鸦	鸦、亚、雅		汉语借词"鸦"						
20	max 马	莫、母、吗、妈		汉语借词"马"						
21	ma 狗	华、巴、马、犸、麻、妈、吗		吗	√	√	√	√	√	○
22	meuz 猫	庙、苗、否、妙		汉语借词"猫"						
23	bit 鸭	贫、平、笨、别、弼、笔、必		必	√	√	√			√
24	gaeq 鸡	贵、机、界、计、桂、开、基、记		汉语借词"鸡"						
25	hanq 鹅	堪、喊、汗、限、旱、罕、汉		汉	√	√	√	√	√	√

表 3-9 方位类壮语地名对音汉字的规范字推介

序号	标准壮文	对音汉字		规范字推介						频率
		南部壮语	北部壮语	字	平话			官话		
					声	韵	调	声	韵	调	
1	fag 对面、那边	发、伏、法、扶、福、乏、伐、佛		伏	√	√	√			√
2	baih 处所、那边		派、排	墩	√	√	√	√	√	○
3	henz 旁边	沿、贤、力		贤	√			√		○

续表

序号	标准壮文	对音汉字		字	规范字推介						频率
		南部壮语	北部壮语		平话			官话			
					声	韵	调	声	韵	调	
4	gwnz 上面		都、更、肯、加、近、根、琴、金、敬、垠、勤、恳、群	勤	√	√	√				○
5	nw 上面	汝、女、勒		女	√	√	○				○
6	dingz/daengz 上面	登、吞、邓、灯、丁、仃、兴、定、挺、顶、鼎、等、腾、成、亭、停、廷、庭、叮		廷	√	√	√	√	√	√	
7	bak 出入口	巴、坝、怕、甫、潘、瀑、崩、把、宝、百、佰、柏、白、北、八、迫、柏、苗		百	√	√	√				√
8	laj 下面		拉、加、沙、喇、忑、腊、乐	拉				√	√	○	√
9	dawz/dawj 下面	忑、顿、德、其、地、多、大、登、丁		忑	√	√	○	√	√	√	○
10	yah 下面	亚、雅、牙、夏			汉语借词"下"						
11	rog 外面		落、六、乐、绿、录、腊、作	录	√	√	√				√
12	nog 外面	糯、诺		诺	√	√	√	√	√	○	
13	ndaw/noi 里面	内、累、徕、礼、能、勒、雷		累	√	√	○	√	√	○	○
14	leix 里面	列、礼			汉语借词"里"						
15	gyang/cang 中间	甲、足、干、当、壮、丈、张、庄、章、彰、争、江、讲、降		江	√	√	√	√	√	√	√
16	naj 前面	纳、那、拿、哪		哪	√	√	√	√	√	○	
17	rag 根部	腊、络、乐		络	√	√	√				○

第三章 常见壮语地名对音汉字的规范字推介表

续表

序号	标准壮文	对音汉字 南部壮语	对音汉字 北部壮语	字	平话 声	平话 韵	平话 调	官话 声	官话 韵	官话 调	频率
		九方位类									
18	goek 根部	可、古、哥、果、顿、棍、谷、峪、角、各、格、局、菊、楖、曲		楖	√	√	√				○
19	gyaeuj/caeuj 头部	周、川、苟、古、吉、吊、丘、坵、邱、久、交、九、旧、教、介、加、甲		久	√	√	√	√	√		○
20	laeuj 头部	柳		柳	√	√	○				√
21	hu 头部	呼、科、户、和		呼				√	√	√	√
22	du/duz 头部	都、涂、拖		涂				√	√	√	○
23	dang 尾部	当、汤、塘、唐、堂、凳、卓		汤	√	√	√	√	√	√	√
24	laeng 后面	罢、海、北、伦、浪、郎、龙、冷、楞、另		楞	√	√	○	√	○		√
25	laeb 后面	立		立	√	√	√				√

表3-10 描述类壮语地名对音汉字的规范字推介

序号	标准壮文	对音汉字 南部壮语	对音汉字 北部壮语	字	平话 声	平话 韵	平话 调	官话 声	官话 韵	官话 调	频率
1	raez 长	力、律、略、吉、立、亮、细、里、利、雷、梨、黎、犁、来、厘		黎	√	√	√				√
2	siz 长	力、历、立、息、益、习、锡、昔、席、西、蒔、四、里、		昔				√	√	√	√
3	sang 高		散、伞、徕、赏、上、尝、昌、仓、相、桑、商、丧、生	桑	√	√	√	√	√	√	√

续表

序号	标准壮文	对音汉字		规范字推介						频率
		南部壮语	北部壮语	字	平话			官话		
					声	韵	调	声	韵	调	
4	sung 高	申、酸、崇、送、从、宋、丰、冲、中、松		松	√	√	√	√	√	√	√
5	daemq 矮	灯、登、屯、等、典、低、邓、岑、底、茶、沌		登	√	√	0	√	√	○	√
6	moq 新		莫、目、摸、么、磨、务、墓、布、茂	摸	√	√	○	√	○	○	○
7	moiq 新	美		美	√	√	○				√
8	gaeuq 旧	扣、姑、交、老		汉语借词"旧"							
9	saeq 细	隧、岁、细、泗、西、四、昔、遂		汉语借词"细"							
10	ningq 小	宁		宁	√	√	○	√	√	√	√
11	lueng 大	龙、弄、隆、陇、罗、龚		隆	√	√	√	√	√	○	○
12	hung 大	洪、红、磺、宏、哄、孟、丰、雍、空、烘、轰		轰	√	√	√	√	√	√	○
13	laux 大		劳、老、佬、捞	老	√	√	√	√	√	○	√
14	daih 大	太、代、大、打、驮		汉语借词"大"							
15	gaeb 狭长	甲、奸、鸡、协、洞、急、吉		汉语借词"狭"							
16	gvangq 宽大、广阔	官、光、港、广、汪、王、况、降		光	√	√	○	√	√	○	√
17	langh 宽	伦、浪、琅、朗		浪	√	√	√	√	√	○	√
18	laeg 深	爱、而、桂、泥、纳、得、狼、腊、律、六、略、乐、力、勒		勒	√	√	○				√
19	vang/vengz 横	横、王、往、望、狂、汪、旺、黄、龙、皇、筐、匡、框、光		汉语借词"横"							
20	daengj 竖	灯、登、屯、邓、等		等	√	√	√	√	√	√	√
21	heu 青色		浩、晓	晓	√	√	○				√

续表

序号	标准壮文	对音汉字		规范字推介							频率
		南部壮语	北部壮语	字	平话			官话			
					声	韵	调	声	韵	调	
22	geu 青色	归、秋、乔、桥、巧		巧	√	√	○	√	√	○	√
23	hau 白色		好、号、皓、浩、耗、敲、蒿	蒿	√	√	√	√	√	√	○
24	gau 白色	告、考、靠、皓、亳		考	√	√	○				○
25	loeg 绿色	六、绿、渌、乐		汉语借词"绿"							
26	rengx 干旱	林、兰、年、良、灵、炼、亮、俩、两、岭、领		领	√	√	√				○
27	noix 少	内、造		内	√	√					√
28	nding/ndeng 红色	铭、正、丁、定、顶、滩、领、岭、令、良、另、林、灵、零、陵、凌、宁		丁	√	√	√	√	√	√	○
29	henj 黄色	显、眼、英、现		显				√	√	√	√
30	ndaem 黑色	念、林、秾、钦		念	√	√	○				√

第二节　本著的创新之处和学术价值

一　创新之处

（一）观点创新

少数民族语地名的规范化，以往的看法一般是排除方言的影响，直接用民族语的标准语与汉语的普通话相对应，得出一个普通话音，再循音觅字。本著首次提出不废方言、兼顾通语、音值相近、音类对应等基本原则，在做到规范化的同时，也保留地名历史文化，在一定程度上避免了"规范化=简单化"的弊端。这是本著最重要的理论创新之处。本著的规范化原则还兼顾方块壮字、兼顾同语族语支的使用情况，使得地名规范化在纵向上有历史价值，在横向上也有比较的价值。

（二）材料创新

以往的学者做壮语地名的研究基本上都从张声震的《广西壮语地名选集》中选取若干地名，简单地分析一下。殊不知当年编纂的《广西壮语地名选集》提取的地名都是向标准语靠拢、能用标准语写下来的地名，南部壮语有很多不能用标准语记录的地名都未选入。本著突破《广西壮语地名选集》的桎梏，从地名普查的材料入手，收集了很多未用标准音记录的地名，我们根据壮汉语对音和语音演变的规律为其标注壮文，然后纳入我们的统计范围。所以，本著的材料是壮文研究史上使用地名较为齐全的。

（三）方法创新

第一个方法，语言学方法与地名研究相结合。本著主要做地名方面的研究，但是研究方法不限于地名学或历史地理学的方法，还结合了历史语言学、方言学的理论和方法来研究地名的用字情况。第二个方法，数据统计法。以往做壮语地名规范化的研究，基本做法是：提出一些原则，列举若干地名进行论证。由于缺乏大规模的统计，无法考虑实际的使用频率，没有量化基础，结论的科学性弱。本著是广西壮文界首次大规模对实际地名做出统计，在量化的基础上进行研究，力求增强结论的科学性和可信度。

（四）成果的实用性加强

以往的壮语地名规范化研究，实用性较弱。专家从纯理论出发，推衍转写音系，依据音系择字，而不是从实际的地名用字中择字，所以至今无法开出一份系统的规范字推介表，政府管理部门做管理时无所依据。广西壮族自治区民政厅在着手第二次地名普查时，就委托我们的研究团队开始地名规范化的研究工作。所以本著始于与政府部门的合作，目的就是最终列出一份系统的《常见壮语地名对音汉字的规范字推介表》，给政府部门提供有效的参考。

二 学术价值

（一）文化学价值

地名是历史文化的活化石，本著对大规模的地名用字进行频率统计，这本身就是语言学、文化学、地名学等学科的一份重要的新材料。

（二）语言学价值

1. 词典编纂的价值。本著收集了很多以往标准壮文工具书未收集的词语，并根据读音标注上了壮文，对壮语史的研究、壮语词典的编纂有直接的推动作用。

2. 历史音韵学、词源学的价值。本著对地名用字进行逐字的语言学分析，多数地名用字的汉壮对音都发生在汉语的中古时期，与汉语的平话相对应。有些对音发生在汉语的近现代时期，与汉语的西南官话相对应。但是本著发现有少数对音并不是发生在中古也不是近现代，而是可能发生在中古之前，需要分别对壮汉语的读音进行上古的构拟才能核对，这些资料对历史音韵学、词源学有很高的价值。

3. 接触语言学。地名中反映的语言接触最为典型的就是汉语与壮语接触。广西壮族一直处在汉语汉字文化圈，受不同时期的汉语影响是肯定的。首先，方块壮字的构形方式、形旁和声旁，都在汉字系统内才能解读出来。其次，壮语地名中使用了大量的汉语借词，层次浅的汉语借词比较容易识别，层次深的汉语借词不太容易识别，也有的可能就是汉语壮语共同的同源词。本著在语言接触方面有些贡献，比如明确指出壮语的 haw「墟」、fawh「埠」是汉语借词，回答了学界的一些纠缠不清的问题。本著对汉语借词地名的规范做了"汉语借词还原"的处理，但是由于语言接触的层次性，这一原则适用于中古层次的汉语借词，而早于中古的汉语借词另行处理。最后，壮语地名中所使用的汉字，承载了中古和近现代两个层次的读音，本著识别出来，并作为规范的基本原则。这些都是基于语言接触做出的调整和研究。

另外，广西是个多民族和谐共处的地区，境内除了汉族、壮族，还有瑶族、苗族、毛南族、仫佬族、京族等其他少数民族，地名中有掺杂其他少数民族语的痕迹。但是，广西的壮族是少数民族中的主流，其他少数民族的地名会被壮语地名覆盖或借助壮语地名表现出来。如何将别的少数民族语地名识别出来，是本著无法解决的问题，希望今后的研究能在此基础上进行下去。

4. 历史学、民族学的价值。本著对一些历史地名的对音考证，揭示地区的主流汉族与壮族的接触状况，其地名用字及对音的变化正能反映汉族与壮族的不断交融、地位兴替等状况，有一定的历史学和民族学方面的研究价值。

5. 行政管理学的价值。本著直接为行政管理部门的管理提供材料，一方面地名规范化可参照本成果，另一方面今后新地的命名、旧地的更名以及其他跟地名管理相关的工作都可以参照这些材料。

6. 旅游文化管理方面的价值。旅游资源的开发不可避免地涉及地名。在地名的含义解读、地名用字的选择以及推介规范字读音等方面，可参照本著的成果。

第三节　两个相关的问题

中华人民共和国测绘总局、中国文字改革委员会于 1965 年 5 月 12 日发布、1976 年 6 月修订了《少数民族语地名汉语拼音字母音译转写法》。《德宏傣语地名汉字译音规则》（CH/T4006-1998）和《西双版纳傣语地名汉字译音规则》（CH/T4014-1999）两份规则，就是对国家颁布的《少数民族语地名汉语拼音字母音译转写法》的具体实施。两份"规则"既提出对音汉字的规范字，又做了音译转写，是壮侗语地名规范的先锋之作。到现在为止，这方面的工作也一直在做。戴红亮（2012）[①]就提出，现阶段少数民族语地名规范化工作中，有音译转写法和对音汉字法两种办法，这两种办法构成四种

[①] 戴红亮：《西双版纳傣语地名研究》，中央民族大学出版社 2012 年版，第 187 页。

第三章 常见壮语地名对音汉字的规范字推介表

方案：

（1）对音汉字法和音译转写法并存，尽量弥合两者在标音上的差距。

（2）先进行对音汉字法标注少数民族地名，然后在此基础上进行少数民族语地名的音译转写法。

（3）国内采用对音汉字法，国际上采用根据少数民族语言的语音系统修改的音译转写法。

（4）在国内采用对音汉字法和国际音标标音法，在国际上采用国际音标标音法。

傣语跟广西的壮语同一语支，语音词汇有很多相近之处，《德宏傣语地名汉字译音规则》(CH/T4006-1998)和《西双版纳傣语地名汉字译音规则》(CH/T4014-1999)这两份规则很有参考价值。但是基于前面的论述，壮语地名对音汉字的规范化比德宏/西双版纳傣语地名的规范化难度大很多，此问题长期得不到解决，到目前为止都无法像德宏/西双版纳傣语地名那样，开出一份系统完善的清单来。直到第二次地名普查时，广西壮族自治区民政厅区划地名处作为地名管理部门，发觉壮语地名中一个词可对应若干个汉字，这样是很不规范的。随着第二次地名普查的进行，广西壮族自治区民政厅区划地名处委托我们专门就壮语地名的若干个对音汉字情况做一项摸底研究，给规范化提供基础。所以，目前我们做的这项研究，也只是推介了将近 200 个与壮语地名对音的规范汉字而已，只能做到部分常见的壮语地名，并未规范所有壮语地名。假设我们将壮语地名的对音汉字都进行了规范，都推介了规范汉字，会碰到两个特别实际的问题。

第一，大面积的更名。

比如，壮语的 lueg「山谷」我们推介使用汉字"六"，还有很多不用"六"的，比如用"陆、乐、禄、绿、渌、洛、落、麓、罗、逻、路、露"的数量也不少，如果都要选用规范的汉字"六"，那么就要将"陆、乐、禄、绿、渌、洛、落、麓、罗、逻、路、露"都做更名，涉及乡村、道路、身份证、地图等实际的问题。将如何处理，这是摆在管理部门面前的一道实际难题。我们不清楚 20 世纪 90 年代《德宏傣语地名汉字译音规则》(CH/T4006-1998)和《西双版纳傣语地名汉字译音规则》(CH/T4014-1999)

颁布之后，他们是如何解决这个问题的。

第二，音译转写。

《少数民族语地名汉语拼音字母音译转写法》规定，"少数民族语用拉丁字母的，音译转写以其文字为依据。跟《汉语拼音方案》中读音和用法相同或相近的字母，一律照写；不同或不相近的字母分别规定转写方式，文字不用拉丁字母的，根据文字的读音采用相应的汉语拼音字母表示。没有文字的，根据通用语音标记"。德宏/西双版纳傣语的文字系统来自缅文字母，不是拉丁字母，所以要根据其文字的读音转写为相应的汉语拼音字母。壮文的音译转写比德宏/西双版纳傣语简单，历史上壮语没有成型的文字系统（仿汉字的方块壮字不能算壮语的成型文字）。1958年研制的《壮文方案》是拼音的，用的就是拉丁字母，音译转写时直接照写拼音壮文或稍加改造就可以了。

我们推介的汉字，如果普通话的读音跟壮语相似，音译转写的读音与规范汉字的普通话读音是吻合的。如表3-11所示。

表3-11 音译转写与普通话读音相吻合的规范字

含义	拼音壮文	音译转写	规范汉字	规范字的普通话音
村屯	mbanj	mbanj	板	bǎn
石山	bya	bya	岜	bā
尾巴	dang	dang	汤	tāng
悬崖	dat	dat	达	dá
红色	nding	nding	丁	dīng
河滩	raiq	raiq	濑	lài
长	siz	siz	惜	xī
下面	laj	laj	拉	lā
水田	naz	naz	那	nà
河流	dah	dah	打	dǎ

上述普通话音与音译转写读音相吻合，规范化的价值很高，读起来很

方便顺畅。但是，依据我们的择字标准，不废方言，我们推介的某些规范汉字，选择了中古层次的平话、白话读音的字，规范字的普通话读音与音译转写读音对不上，甚至音值相差很远。如表3-12所示。

表3-12 音译转写与普通话读音不吻合的规范字

含义	拼音壮文	音译转写	规范字	规范字的普通话音
出入口	bak	bak	百	bǎi
山谷	lueg	lueg	六	liù
棵、此地	go	go	古	gǔ
村庄	manj	manj	晚	wǎn
水塘	gwz	gwz	渠	qú

从实用的角度看，普通话的读音与音译转写读音对不上，甚至音值相关很远，不方便读，这怎么办？《少数民族语地名汉语拼音字母音译转写法》还有一些特殊的规定，其中一条是："汉字译名如果原先来自少数民族语，后来变成汉语形式并且已经通用，可以按照汉字读音拼写，必要时括注音译转写的原名。"如果我们启用这条特殊规定，上述的不对应则处理如表3-13所示。

表3-13 音译转写与普通话读音不吻合的规范字的处理

含义	拼音壮文	音译转写	规范汉字	规范字的普通话音
出入口	bak	bǎi（<bak）	百	bǎi
山谷	lueg	liù（<lueg）	六	liù
棵、此地	go	gǔ（<go）	古	gǔ
村屯	manj	wǎn（<manj）	晚	wǎn
水塘	gwz	qú（<gwz）	渠	qú

这么处理后可以看出，此时的"百、六"已经转成汉语方言地名，可按汉语方言与普通话的对应规律折合出其普通话的读音，再根据普通话的读音来转写。这样的处理，一方面合乎广西地名的实际使用情况，对于"百

色""六景"这样的壮语地名，壮人读壮音，而当地的汉族人，平话的读平话音，白话的读白话音，大家都可以转成普通话的读音。经过历史发展的长河，壮族融合到汉族当中，壮语读音消退，只剩下汉语方言的读音，这样的地名被学术界称为"壮语底层地名"；另一方面也合乎广西地名的历史。现今广西的汉语方言地名，其前身有很多都是从壮语地名转变过来的，比如北流、合浦、苍梧、武鸣等，今天很难说清楚其真正的含义，只有参考民族语读音，通过古音构拟才能还原其语义。

参考文献

V 费都亚杰、颜海云:《关于壮语地名的汉译规范化问题》,《地名知识》1992年第2期。

白耀天:《"墟"考》,《广西民族研究》1981年第4期。

陈海伦、林亦主编:《粤语平话土话方音字汇·第一编 广西粤语、桂南平话部分》,上海教育出版社2009年版。

陈海伦、刘村汉主编:《粤语平话土话方音字汇·第二编 桂北、桂东及周边平话、土话部分》,上海教育出版社2009年版。

戴红亮:《汉译"通名"统一规范化的原则及意义——以壮傣语支语言为例》,《语言文字应用》2005年第2期。

戴红亮:《西双版纳傣语地名研究》,中央民族大学出版社2012年版。

邓玉荣、杨璧菀:《两广"塱"类地名字的音义》,《方言》2014年第2期。

广西区民语委研究室:《壮语通用词与方言代表点词汇对照汇编》,广西民族出版社1998年版。

广西壮族自治区地方志编纂委员会:《广西通志·汉语方言志》,广西人民出版社1998年版。

广西壮族自治区少数民族语言文字工作委员会:《壮汉词汇》,广西民族出版社1984年版。

广西壮族自治区少数民族语言文字工作委员会:《壮英汉词典》,民族出版社2005年版。

洪波:《壮语与汉语的接触史及接触类型》,载石锋、沈钟伟《乐在其中:王士元教授七十华诞庆祝文集》,南开大学出版社2004年版。

靖西县人民政府：《靖西县地名志》，靖西县地名委员会（内部资料）
　　1985年版。
蓝庆元：《壮汉同源词借词研究》，中央民族大学出版社2005年版。
蓝庆元：《壮语中古汉语借词及汉越语与平话的关系》，《民族语文》2001年
　　第3期。
李方桂：《剥隘土语·下册·李方桂全集7》，清华大学出版社2005年版。
李方桂：《侗台语论文集·李方桂全集2》，清华大学出版社2011年版。
李方桂：《龙州土语·李方桂全集3》，清华大学出版社2005年版。
李锦芳：《百越地名及其文化意蕴》，《中央民族大学学报》1995年第1期。
李连进：《平话音韵研究》，广西人民出版社2000年版。
林连通、郑张尚芳：《汉字字音演变大字典》，江西教育出版社2012年版。
卢业林：《大新壮语语法调查与研究》，硕士学位论文，广西大学，2011年。
孟飞雪、朱婷婷、黄涓：《田阳壮语的语音、词汇》，《百色学院学报》2015
　　年第5期。
潘悟云：《东亚语言中的"土"与"地"》，《民族语文》2013年第5期。
潘悟云：《汉语历史音韵学》，上海教育出版社2000年版。
潘悟云：《喉音考》，《民族语文》1997年第5期。
庞森权、刘静：《制定少数民族语地名汉字译写标准的基本规则》，载王胜三、
　　浦善新主编《方舆·行政区划与地名1601》，中国社会出版社2015年版。
覃凤余、林亦：《壮语地名的语言与文化》，广西人民出版社2007年版。
覃远雄：《广西地名用字"杏"的音义》，《辞书研究》2015年第6期。
韦树关：《释"圩（墟、虚）"》，《民族语文》2003年第2期。
吴小奕：《跨境壮语研究》，广西民族出版社2013年版。
《徐松石民族学文集》，广西师范大学出版社2005年版。
余瑾等：《广西平话研究》，中国社会科学出版社2016年版。
张均如、梁敏、欧阳觉亚、郑贻青、李旭练、谢建猷：《壮语方言研究》，
　　四川民族出版社1999年版。
张声震：《广西壮语地名选集》，广西民族出版社1988年版。
郑伟：《探索不同材料所反映的汉语以母字的音变》，《语言科学》2011年第

4期。

郑贻青:《靖西壮语研究》,广西民族出版社2013年版。

周耀文、罗美珍:《傣语方言研究》,民族出版社2001年版。

周振鹤、游汝杰:《方言与中国文化》,上海人民出版社1986年版。